스토리
세계사

8

현대편 · I

■ 일러두기

– 본문에 나오는 인명과 지명 등의 표기는 원칙적으로 국립국어원이 정한 외래어 표기법을 따랐으나, 저자의 요청이 있거나 관례로 굳어진 몇몇 경우는 예외로 했습니다.

– 고대편과 중세편은 각 장의 미주를 책 마지막 부분에 장별로 구분하여 함께 실었습니다. 근대편과 현대편은 미주를 따로 싣지 않고 책의 뒤쪽에 참고자료로 정리했습니다.

– 책 이름은 『 』, 잡지나 신문명은 《 》 개별 작품은 「 」으로, 영화나 연극, 미술작품 등의 제목은 〈 〉로 감싸서 표기했으며, 미주에서는 각 장별로 처음 나오는 책은 저자 등의 서지 정보를 다 수록했으며, 이후부터는 책 이름 이외의 서지 정보를 생략했습니다.

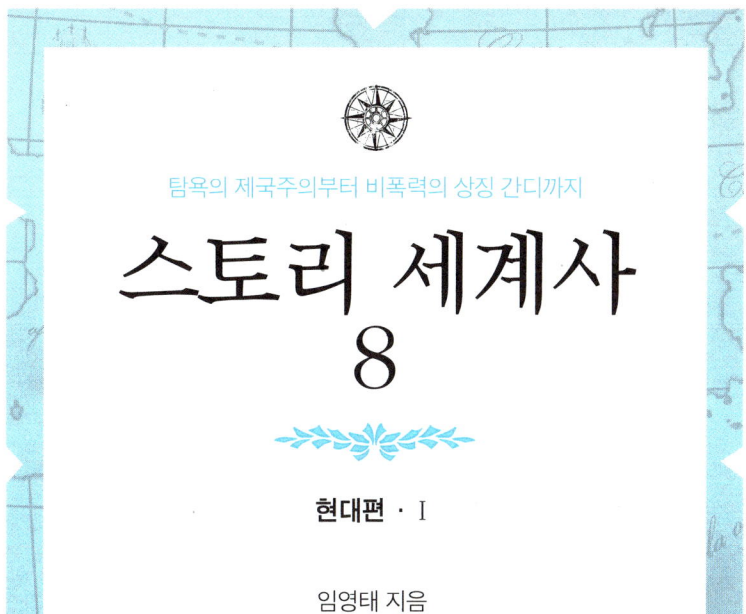

탐욕의 제국주의부터 비폭력의 상징 간디까지

스토리 세계사 8

현대편 · I

임영태 지음

21세기북스

역사의 삭은 과일에서 희망의 술을 뜨자

이어령

역사의 수레바퀴는 뒤로 돌리지 못한다. 그러나 역사의 녹화 테이프는 뒤로 돌릴 수 있다. 미래를 준비하기 위해 역사를 되돌아보는 일은 필수불가결한 일이다. 요즘 사람들은 과거의 일을 쳐다볼 겨를이 없다. 앞만 보고 달려가기에도 바쁜 탓이라 말한다.

그러나 역사를 되돌아보지 않고 앞만 보고 달려나가다 보면 사달이 나게 마련이다. '세월호' 사건이 그렇고 인사 난맥이 그렇고 우리의 경제가 그렇다. 과거에 이미 해답이 다 있는데도 불구하고 그 해답을 굳이 찾아보지 않은 채 앞으로 내달리기만 하기 때문에 큰일이 벌어지는 것이다.

앞만 보고 달리는 일을 잠시 멈추고 숨을 고르는 시간이 필요하다. 역사책을 읽는다는 것은 그런 의미에서 큰 가치가 있다. 그러나 요즘은 역사책마저도 요약본이 대세다. 몇 년도에 어떤 일이 있었고 누구누구는 몇 년도에 태어나서 몇 년도에 세상을 떠났다는 것만 아는 것은 역사를 제대로 이해한 것이 아니다.

역사에는 원인과 결과가 있다. 역사는 누구에게 어떻게 영향을 미쳤는지 분석하고 판단하는 총체적인 과정을 거쳐야 비로소 우리에게 필요한 길잡이가 되는 것이다. 역사를 아는 사람과 모르는 사람은 아주 큰 차이가 있다. 역사에 세상살이의 이치가 녹아있기 때문이다.

따라서 이번에 출간되는 『스토리 세계사』는 가뭄 끝의 단비와 같다. 역사를 겉핥기식이 아니라 속속들이 깨물어 먹게끔 해주기 때문이다. 처음부터 편안하게 읽어나가기만 하면 재미와 함께 세계사의 장면 장면들이 오롯이 떠오르기 때문이다. 또한 행간마다 녹아있는 저자 특유의 분석력은 각 사건이면 사건, 인물이면 인물들의 인과관계를 일목요연하게 보여주면서 역사의 인과관계를 조감도로 그려낸다.

기존의 역사책들, 우리가 교과서를 통해 배우고 책을 통해 알던 역사는 그리스에서 시작된 서양식 역사관에 의해 만들어진 것이다. 예를 들어 동양과 서양이 전쟁을 벌인 장면도 서양식으로 쓴 역사는 '동양의 누가 서양의 아무개 나라를 침입했'는 식의 설명이 고작이다. 전쟁의 원인을 제공한 것이 서양 쪽의 '아무개'라면 더더욱 그렇다.

『스토리 세계사』는 이제까지 서양인의 시각으로 본 세계의 역사를 동양인, 그것도 극동아시아의 작은 나라인 한국 역사학자의 시각으로 쓴 것이다. 그렇다고 해서 이 책이 국수주의적으로 쓰인 것은 아니다.

다만 세계 역사 속에서 한국인이 서야 할 정당한 자리를 차지하고, 보다 중립적인 시각으로 보편적인 인류의 삶을 이야기하고자 하는 것이다.

『스토리 세계사』는 인류 역사의 시작인 오스트랄로피테쿠스부터 2011년 12월 말 미국 오바마 행정부가 이라크 주둔 미군을 철수하고 아프가니스탄에 증파했던 일에 이르기까지 방대한 역사를 다루고 있다. 이것은 기존에 우리가 익히 알고 있던 반 룬이나 곰브리치의 역사서와 확연히 다른 점이다. 인류가 과거 천 년 동안 생산해낸 정보가 근래의 십 년 동안 생산해낸 것보다 적다고 한다. 시간은 빛의 속도로 흘러가는데 우리는 근 백 년쯤 전에 나온, 그것도 서양인의 시각으로 본 세계사의 늪에 빠져있었던 것이다.

『스토리 세계사』는 이밖에도 또 하나의 미덕을 갖추고 있다. 세계사 자체의 기술을 사건, 혁명, 인물, 테마 등으로 잘게 분류하여 하나의 사건이라도 입체적으로 바라볼 수 있게 도와준다는 것이다. 시간의 흐름에 따라 평면적으로 서술된 것이 아니라, 어떤 사건이나 특정한 인물이 어떤 경위로 역사에 등장하게 되었고, 어떤 영향을 끼쳤는지를 균형 잡힌 시각으로 보여준다. 따라서 인류의 과거와 현재를 바로 볼 수 있고, 앞으로 우리 삶이 어떻게 흘러갈 것인지에 대한 안목을 기를 수 있다.

역사, 그것은 나와 같으면서도 다른 사람들이 동시대를 살아가는 수평적인 기록들을 수직적으로 바라본 작업의 결과물이다. 씨줄과 날줄로 엮여있는 삶의 궤적들을 엄정한 눈으로 잘라내고 그 의미를 찾아내려고 노력한 『스토리 세계사』가 여러분에게도 많은 통찰을 안겨줄 수 있었으면 한다.

역사가 내포하고 있는 역설은, 행동으로 역사를 만들어가는데 그것을 말로 기술한다는 데에 있다. 저자는 비록 글로써 『스토리 세계사』를 서술했지만 그의 삶 자체가 양심과 함께 부단한 실천으로 일관된 것이었기에 이 책이 더욱 믿음을 준다는 점을 강조하고자 한다.

이제 우리는 『스토리 세계사』를 통해 역사의 삭은 과일에서 희망의 술을 떠야 할 시간이다.

|목차|

10권 | 현대편 · Ⅲ

1. 제국주의 시대

끝없는 탐욕, 그리고 힘이 지배하는 세계사

자본주의 최고 단계로서의 제국주의

서구의 근대 사회는 지리상의 발견과 고대 그리스 인문 정신의 부활이라는 르네상스로부터 시작된다. 지리상의 발견은 항해 기술의 발전, 미지의 세계에 대한 모험심과 도전 정신, 동방의 부에 대한 인간의 욕구가 낳은 결과였으며, 고대 그리스 인문 정신의 부활은 신이 지배하던 중세의 질곡에서 벗어나 인간을 탐구와 사고의 중심으로 놓고자 하는 노력의 성과였다. 지리상의 발견으로 서구는 무역과 상업을 세계로 확대할 수 있었으며, 신대륙과 동방의 식민지에서 가져온 부는 내부의 생산력 발전과 맞물려 산업 혁명의 원동력이 되었다. 그 과정에서 서구는 자본주의가 빠르게 발전했으며, 인문 정신에 기초한 인권 의식과 인간의 자유가 확대되면서 근대 시민 사회가 확립되었다.

서양 근대 사회는 과학 기술과 생산력 발전, 개인의 자유와 인권의 확대, 자유 경쟁 원리에 따른 자본주의 경제 제도의 확립이라는 성과를 거두었지만, 동시에 계급적 불평등의 확대 심화, 끝없는 탐욕과 이기심의 추구, 극단적인 배금주의와 물질만능주의 같은 부정적 측면도 함께 낳았다. 가장 심각한 문제는 서구가 아시아, 아프리카, 아메리카 등 비서구 지역을 식민지로 만드는 과정에서 나타났다. 서구에서 근대 사회의 성립 과정은 다른 측면에서 보면 서구 자본주의 세력에 의한 세계의 식민지화 과정이기도 했는데, 그것은 말과 글로 표현할 수 없는 심각한 죄악의 역사였다.

현대 세계의 문을 연 것은 일찍 자본주의를 이루어 힘을 기른 서구 유럽의 제국주의였다. 보통 제국주의라는 말은 '힘센 나라가 힘이 약한 다른 나라를 침략하는 행위'라는 뜻으로 쓰인다. 하지만 제국주의라는 말은 '역사적으로는 19세기 말부터 제1차 세계대전까지 유럽을 중심으로 선진 자본주의 국가들의 세계적인 팽창 정책'을 의미한다. 특히 레닌^{Vladimir Ilich Lenin}*은 제국주의**를 "자본주의 발전의 최고 단계"로 파악하여 자본주의 발전 과정에서만 나타나는 "자본주의의 특수한 단계"로 파악했다.

레닌은 제국주의에 대해 '가장 포괄적이고 역사적인 정의를 내렸다'고 평가된다. 레닌은 『자본주의의 최고 단계로서의 제국주의』에서

---

* 마르크스주의를 발전시켜 러시아에서 사회주의 혁명을 최초로 성공시킨 공산주의 운동의 거두. 러시아 혁명의 성공으로 마르크스의 자본주의 분석이론과 레닌의 사회주의 혁명이론을 결합한 '마르크스-레닌주의'가 탄생했다.

** (1)[정치] 군사적, 경제적으로 남의 나라 또는 후진 민족을 정복하여 큰 나라를 건설하려고 하는 침략주의적 경향. (2)[경제] 19세기 말경부터 시작된 자본주의의 최종 단계. 레닌이 사용한 용어로 독점 기업과 금융 자본의 지배가 이루어지고 자본의 수출이 특히 중요성을 갖는다. 국제(國際) 트러스트(trust)에 의한 세계 분할이 시작되어 자본주의 열강 사이에 영토 분할이 완료된 단계이며 자본가 계급과 노동자 계급 사이, 자본주의 열강들 사이, 자본주의 열강과 식민지 종속국 사이의 모순이 극대화된 것이 주된 특징이다. (다음 국어사전 참고)

제국주의를 자본주의의 독점단계로 규정하고 그 특징을 5가지로 기술했다.

(1) 생산과 자본의 집적이 고도의 단계에 달해, 경제생활에서 결정적 구실을 하는 독점체를 형성하기에 이르렀다. (2) 은행자본이 산업 자본과 융합하여 금융자본을 이루고, 이를 기초로 하여 금융과두제가 형성된다. (3) 상품수출과 구별되는 자본수출이 특별한 중요성이 있다. (4) 국제적 독점자본가단체가 형성되어 세계를 분할한다. (5) 자본주의 거대 열강에 의한 전 세계적 영토적 분할이 완료된다. 요컨대 제국주의란, 독점체와 금융자본의 지배가 확립되어 있고, 자본수출이 현저한 중요성을 가지고 있으면서, 국제 트러스트 간의 세계분할이 시작되고, 자본주의 거대 열강에 의한 지구 상의 모든 영토분할이 완료된 발전단계에 있는 자본주의이다.

제국주의의 발전과 함께 1914년에 영국, 프랑스, 러시아, 독일, 미국, 일본, 이탈리아 등 7대 열강에 의해 아프리카의 90퍼센트와 남태평양 군도의 대부분, 그리고 일본과 중국, 태국을 제외한 대부분의 아시아 국가들이 식민지로 전락했다.* 라틴아메리카 지역 국가들은 19세기를 통해 오랫동안의 스페인·포르투갈의 식민지에서 정치적 독립

---

* 아시아의 경우 중국은 서구 열강의 침략으로 반(半)식민지 상태였고, 동남아에서 유일하게 독립을 유지한 태국의 경우, 서쪽에서 세력을 확장하던 영국과 동쪽에서 세력을 확장하던 프랑스의 중간에 위치한 완충지였던 탓에 가까스로 독립을 지킬 수 있었다. 제국주의 침략에 앞장선 일본을 제외하고는 모든 아시아 국가들이 제국주의의 침략에 무방비로 노출되었던 것이다.

을 이루었으나 신흥 제국 미국과 서구 열강들의 정치적·경제적·문화적 영향력 아래 놓이게 되었다.[*] 하지만 제국주의 국가들의 식민지 확장에도 한계가 있었다. 지구는 한정되어 있었기 때문이다. 따라서 자본주의 국가들의 경제적 이익을 위한 영토 확장이 끝나 포화상태에 이르렀을 때 다른 나라의 식민지를 차지하기 위한 충돌이 일어나지 않을 수 없었다. 이러한 충돌은 결국 식민지의 재분할을 위한 세계전쟁으로 비화, 발전하게 되지 않을 수 없었다. 그것이 제1차 세계 대전이며, 제2차 세계 대전 또한 제국주의 간 식민지 쟁탈을 그 기본 내용으로 삼고 있다.

제국주의는 금융자본의 독점적 지배와 정치적 장악 위에서 성립되지만, 이는 오히려 자본주의의 위기를 가져오는 원인이 된다. 제국주의는 소수 금융재벌에게는 막대한 이익을 안겨주지만, 민중의 빈곤화와 사회 불만을 증대시키며, 그에 따라 노동자를 중심으로 한 사회 혁명 세력과 식민지 민중의 도전에 부딪히게 된다. 레닌은 자본주의의 모순과 문제점에 대해서 날카로운 비판의 칼날을 들이댔으며 이를 바탕으로 러시아에서 사회주의 혁명을 성공시켰다. 하지만, 그의 이론에 따른 사회주의 혁명의 실험은 70여년 만에 실패로 끝나고 말았다.

제국주의와 관련된 이론은 주로 사회주의자들에 의해 전개되

---

[*] 라틴아메리카의 경우는 미국이라는 신흥강국이 먼로 독트린을 통해 유럽의 간섭을 사실상 배제하고 나섰기 때문에, 그리고 과거 오랫동안 라틴아메리카를 지배해온 스페인이 몰락하면서 힘의 공백상태가 일정하게 발생한 상황이었기 때문에 정치적 독립이 가능했다. 하지만 실제로는 그 후의 과정에서 알 수 있듯이 라틴아메리카의 많은 나라들이 미국의 정치적 경제적 종속상태에 놓이게 된다.

었는데, 레닌 외에도 힐퍼딩Rudolf Hilferding*, 로자 룩셈부르크Rosa Luxemburg**의 제국주의론이 유명하다. 이들 전통적 사회주의자들 외에도 제2차 세계대전 이후 세계 자본주의의 발전 과정을 보면서 등장한 신제국주론이 있다. 이들 신제국주의론은 과거 구제국주의가 식민지를 물리적으로 직접 통치하면서 정치적 지배와 함께 경제적 초과이윤을 착취했다면 신제국주의는 간접 통치에 의한 신식민지의 정치·경제적 예속과 지배를 특징으로 한다고 파악하고 있다. 제3세계적 관점에서 세계 자본주의를 바라보았던 종속이론도 신제국주의론의 한 흐름이라 할 수 있다.

＊   오스트리아 태생 독일의 정치가. 오스트리아에서 마르크스주의를 발전시키는 데 공헌했으며, 1923, 1928년에는 독일 사회민주당 정부에서 재무장관을 지냈다. 힐퍼딩은 의학을 공부하다가 사회주의에 매혹되어 오토 바우어, 카를 카우츠키, 아우구스트 베벨과 협력했다. 1906년 베를린에 있는 독일 사회민주당 교육원의 강사가 되었다. 『마르크스 연구』 총서의 첫 권으로 출판된 그의 『뵘바베르크의 마르크스 비판』은 마르크스 사상에 독창적인 기여를 했다. 『금융자본』에서는 산업에 대한 은행의 영향력이 증대하면 독점기업과 카르텔이 나타나고, 이것을 통해 경제적 제국주의와 전쟁이 일어나게 된다고 주장했다. 이 저서는 그가 장차 독일 사회민주당의 주요이론가이자 재정전문가로 등장하게 되리라는 것을 예시해주었다. 1907~1915년 힐퍼딩은 독일 사회민주당의 주요간행물인 《전진》의 정치담당 편집자로서 활동했다. 제1차 세계대전이 발발하자 전쟁 채권 발행에 반대했고, 오스트리아 육군에 징집되어 이탈리아 전선에서 군의관으로 복무했다. 1920년경 독일 시민권을 얻었고, 독립사회민주당의 기관지인 《자유》의 편집장이 되었다. 1924년부터 국회의원으로 활동하다가 1933년 히틀러가 권력을 장악하자 독일에서 피신했다. 1934년 1월에는 국외로 망명한 독일 사회주의자들을 위해 프라하 계획을 기초했다. 베를린에서 발견된 공문서에 따르면 힐퍼딩은 프랑스인에게 붙잡혀 나치에게 넘겨진 뒤 파리의 어느 감방에서 목매달아 죽었다고 한다. (브리태니커 백과사전 참고)
＊＊ 폴란드 태생 독일의 혁명가.

로자 룩셈부르크(Rosa Luxemburg, 1871~1919년)

폴란드사회민주당과 독일 공산당의 전신인 '스파르타쿠스단'을 설립한 핵심 인물로서, 마르크스주의를 인간 본위로 해석하고 국제사회주의의 목표를 달성하기 위해 민주주의와 대중 혁명 운동의 필요성을 역설했다. 1919년 1월 스파르타쿠스 폭동 때 살해되었다. 중산층 유대 가정의 다섯 아이 가운데 막내로 태어난 룩셈부르크는 고등학교 시절부터 지하운동에 참여했으며, 당시 러시아 내에서 감옥생활을 한 많은 급진론자들의 경우처럼 스위스 취리히로 이주했고 법률학과 정치경제학을 전공하여 1878년 박사학위를 취득했다.

1898년 로자는 독일 시민권을 취득하기 위해 구스타프 뤼베크와 결혼했고 베를린에 살면서 제2인터내셔널의 최대 정파인 독일 사회민주당을 도왔다. 그녀는 사회민주당을 단번에 분열로 몰고간 수정주의 논쟁에 뛰어들게 된다. 1898년 독일의 수정주의자 에두아르트 베른슈타인은 마르크스의 이론이 기본적으로 시대상황에 맞지 않으며 사회주의는 고도로 산업화된 국가에서 의회나 노동조합이 압력을 행사하는 등의 점진적인 방법으로 이루어져야 한다고 주장했다. 룩셈부르크는 『사회개혁이냐 혁명이냐?』에서 혁명의 필요성을 사회주의의 정설로 주장하고, 의회란 부르주아의 도구에 불과할 뿐이라고 맞섬으로써 베른슈타인의 견해를 부인했다. 제2인터내셜의 지도적 이론가인 카를 카우츠키는 그녀의 생각에 공명했다.

1905년의 러시아 혁명은 그녀의 일생에 있어서 핵심을 이루는 사건이었다. 로자는 독일이야말로 사회주의 혁명을 가능하게 할 최적의 조건을 갖추고 있다고 생각했었으나 이제는 러시아가 사회주의 혁명의 불씨를 제공하게 되었다. 그녀는 바르샤바로 갔고 혁명투쟁에 가담했으나 투옥되었다. 『대중파업, 정당, 노동조합』에 반영되어 있는 로자 룩셈부르크의 이론은 이러한 경험으로부터 형성된 것이다. 룩셈부르크는 러시아와 서유럽의 사회주의를 승리로 이끄는 가장 중요할 뿐만 아니라 유일한 수단은 대중 운동이라고 썼다. 대중파업은 객관적인 사회상황으로부터 자연히 발생되며 노동자들은 과격화시키고 혁명을 진행시킨다는 것이다. 레닌이 정당조직의 규율을 강조한 데 비하여 그녀는 조직이란 투쟁의 과정에서 자연히 이루어지는 것이라 여겼다.

바르샤바 감옥에서 풀려난 로자 룩셈부르크는 1907~1914년 베를린의 사회민주당 학회에서 가르치며 『자본의 축적』을 저술했다. 로자는 제국주의를 자본주의가 저개 발지역으로 확산된 결과라고 분석했다. 그녀는 이 기간 동안에 대중 혁명을 선동하기 시작했고 아우구스트 베벨과 카를 카우츠키가 주도하는 독일 사회민주당 지도부와 완전히 결별하게 된다. 사회민주당이 독일의 제1차 세계대전 참전을 지지하고 나섰 을 때 로자 룩셈부르크는 즉각 반대의사를 표명했다. 그녀는 카를 리프크네히트를 비 롯한 극좌파 동지들을 규합하여 스파르타쿠스단을 조직했고, 혁명을 통하여 전쟁을 종식시키며 프롤레타리아 정부를 수립하려 했다. 감옥에 갇혀 있던 룩셈부르크는 유 니우스라는 가명으로 『사회민주주의의 위기』를 집필했는데, 이것이 곧 스파르타쿠스 단의 사상적 기초가 되었다. 로자는 여기서 레닌과 뜻을 같이하여 기존정부를 전복시 키고 세계대전으로 인한 대규모 학살을 방지하는 새로운 인터내셔널의 형성을 역설 했다.

1918년 11월 독일 혁명으로 출옥한 룩셈부르크와 리프크네히트는 좌파 진영을 새 로이 정비하기 위해 활동을 시작했다. 군중에게 미친 두 사람의 힘은 대단한 것이었 으며, 베를린에서 수차례 일어난 무력충돌에 직접 간여했다. 두 사람은 볼셰비키처 럼 노동자·병사 소비에트가 정권을 장악해야 한다고 주장했으나 보수적인 사회주 의 조직들과 군부에 의해 뜻이 좌절되었다. 같은 해 12월 그들은 독일 공산당을 창 설했지만 룩셈부르크는 당내 볼셰비키 세력을 견제하려고 했다. 사실 로자는 1922 년 그녀 사후에 발간된 『러시아 혁명』에서 러시아 공산당의 중농주의적이고 민족자 결주의적인 입장과 독재적인 테러 수단을 비판했다. 레닌의 중앙집권적 민주주의에 대항하여 룩셈부르크는 언제나 순수한 민주주의 신봉자로 남았다. 1919년 로자 룩 셈부르크와 카를 리프크네히트는 반혁명군에 의해 피살됨으로써 더이상 독일 공산 당을 이끌 수 없게 되었다.

식민지 개척의 선구자 스페인 · 포르투갈

레닌의 제국주의 정의는 자본주의의 본질과 속성에 대한 날카로운 분석을 담고 있지만 지나친 목적의식성 때문에 제한적인 의미가 있다. 왜냐하면 레닌의 제국주의 분석은 그의 사회주의 혁명 이론의 한 부분으로 나온 것으로서 제국주의에 대한 포괄적 이해에는 한계가 있기 때문이다. 레닌은 자본주의가 최고의 발전 단계인 독점 · 금융 자본주의, 즉 제국주의에서는 더 이상 극복할 수 없는 모순 상태에 빠져 파국적 상황을 맞이하게 될 것이며, 그에 따라 사회주의 혁명이 필연적이라는 점을 뒷받침하기 위하여 제국주의를 자본주의의 특수한 단계로 파악한 것이었다.

하지만 우리는 제국주의를 "19세기 후반부터 20세기 초반에 걸쳐 유럽을 중심으로 한 선진자본주의 국가들의 세계적인 팽창 정책"으로 파악함으로써 역사적인 흐름을 훨씬 더 역동적으로 살펴볼 수 있다. 그런 관점에서 제국주의를 바라보게 되면, 제국주의는 어느 날 느닷없이 생겨난 것이 아니라는 사실을 알 수 있다. 그것은 서양 근대 사회의 발전 과정에서 꾸준히 쌓여온 내용물이 종합된 결과였다. 즉, 15세기부터 시작되는 항해술의 발전과 그에 따른 유럽의 해외 진출의 역사, 그리고 18세기 이후의 산업 혁명과 그를 바탕으로 한 자본주의 발전에 따른 시장 개척의 요구가 종합된 결과가 바로 제국주의라고 말할 수 있는 것이다. 따라서 제국주의가 등장하는 과정은 결국 유럽의 해외 팽창과 식민지 확보와 긴밀하게 연관되어 있고, 그걸 제대로 파악하기 위해서는 근대 서양의 역사를 거슬러 올라가 살펴보아야 할 필요가 있다.

유럽에서 가장 먼저 유럽 아닌 지역에 식민지를 갖기 시작한 것은 포르투갈과 스페인이었다. 중세 시대 서양 문명의 중심으로 등장한 서유럽 변방에 머물던 이들 두 나라는 15세기부터 국외로 눈을 돌렸다. 서유럽에서는 도저히 경쟁이 안 되었기 때문에 밖으로 나갈 수 있었다고나 할까. 이들이 처음 국외로 나서게 된 동기는 동방과의 무역에서 가장 중요했던 향료의 원산지와 황금이 가득한 신비의 나라 인도로 가는 길을 바닷길을 찾기 위해서였다.

고대부터 서양에서 동방과의 무역에서 가장 중요한 자리를 차지하고 있던 것은 향료 무역이었지만, 이것은 일찍부터 지중해 연안을 장악한 이탈리아 몫이었다. 이탈리아 상인들은 아라비아 대상들이 동방 어딘가에서 나는 향료를 알렉산드리아나 시리아의 항구까지 실어오면 이를 받아 서유럽에 팔아 막대한 이윤을 남기고 있었다. 그러나 이들도 향료의 원산지가 어딘지는 몰랐다. 지금이야 그 원산지가 인도와 동남아의 여러 섬 지역이라는 사실을 누구나 알고 있지만, 당시 유럽에서는 막연히 인도의 어느 지역이라고만 알고 있었다. 아라비아 상인들은 중개 무역을 하는 이탈리아 상인들은 물론이고 유럽의 어떤 상인들에게 그 원산지를 알려주지는 않았던 것이다.

그래서 서유럽의 강국들과 힘을 겨룰 수 없었던 이베리아 반도의 두 나라는 향료의 원산지를 찾아, 황금의 땅을 찾아 새로운 미지의 세계를 향한 도전에 나서게 되었다. 동방 무역에서 가장 먼저 항로 개척에 나선 포르투갈이 관심을 둔 곳은 아프리카 지역이었다. 그들은 아프리카 해안을 따라 계속 내려가다가 결국 그 끝을 발견했다. 그곳을 돌아 동쪽으로 가면 인도를 발견할 수 있다고 믿어 '희망봉'이란 이름이 붙여졌다. 이렇게 해서 아시아로 가는 바닷길이 열렸다. 포르투갈은 인도와 아랍 상인들로부터 인도양 무역권을 빼앗을 수 있었고, 중국과 동남아까지 진출해 식민지를 확보할 수 있었다. 동쪽 항로를 포르투갈이 선점하자 스페인은 서쪽으로 진출했다. 서쪽으로 항해하여 인도에 이르기를 바랐던 콜럼버스를 지원함으로써 카리브 해 연안을 발견할 수 있었다. 그것은 아메리카 신대륙의 발견으로 이어졌다.

대항해 시대로 불리는 이 시기를 통해 유럽은 세계의 중심으로 설수 있는 발판을 마련하게 되었으며, 이베리아 반도는 유럽의 중심으로 서게 되었다. 동쪽 아시아로 간 포르투갈은 아라비아 상인들을 제치고 향료를 직수입해 종전 가격의 절반으로 판매했으며, 인도에서 차를 수입해 서유럽 문화를 풍요롭게 했다. 포르투갈은 중국에까지 진출해 중국에 서양 문물을 소개하고 새로운 문물도 서양에 전파하는 역할도 했다. 서쪽으로 진출한 스페인은 아메리카 신대륙에서 금과 은을 마음껏 가져왔다. 옥수수, 감자, 호박, 강낭콩, 면화, 토마토 등 여러 신종 작물들을 구대륙 퍼뜨림으로써 유럽의 식탁을 풍성하게 했고, 유럽의 기아 문제를 해결하는 데도 크게 기여했다.

유럽의 풍요는 곧 다른 세계의 고통이었다. 신대륙이라고 부르는 곳에도 오래전부터 사람들이 살고 있었는데, 이들 원주민에게는 지리상의 발견이 축복이 아니라 커다란 재앙이었다. 유럽인들은 원래 살던 사람들의 동의도 구하지 않고 땅을 차지했으며, 황금과 보석 등 값이 나가는 물건들을 마구 실어갔다. 더욱이 유럽인들이 처음 그 땅을 방문했을 때 그들을 따뜻이 맞아준 원주민을 노예로 만들었고, 군대를 동원하거나 천연두와 같은 몹쓸 질병을 퍼뜨리는 야만적인 수법을 사용했으며, 대량 학살도 서슴없이 자행했다. 나아가 그들은 오랫동안 유지해온 신대륙의 문명을 파괴하고, 원주민들의 종교를 부정하고 기독교를 강요했다. 이것은 문명의 이름으로 행해진 야만 그 자체였다.

이러한 과정을 통해 신대륙과 동방에서 부를 대량으로 확보한 스페인과 포르투갈, 특히 스페인은 단번에 유럽의 중심 국가로 떠올랐다. 하지만 스페인의 영광은 오래가지 않았다. 곧 바다에서 도전장을 내민 영국과 네덜란드에 밀려나고 말았기 때문이다. 대항해 시대 스페인과 포르투갈은 정복과 약탈, 동방 무역을 통해 신대륙과 아시아, 아프리카에서 유럽으로 부를 가져와 유럽을 세계의 중심으로 세우는 데 크게 기여했지만 그들의 역할은 그것으로 끝이었다.

네덜란드와 영국의 시대

스페인과 포르투갈의 뒤를 이어 등장한 것은 네덜란드와 영국이었다. 중세 시대 중개 무역으로 이름난 플랑드르 지방은 유럽 상권의 중심지 가운데 하나였다. 이런 전통을 이어받은 네덜란드는 17세기 모직물 산업과 조선업의 발전을 바탕으로 스페인과 포르투갈이 힘들여 닦아 놓은 대서양 항로에서 빠르게 상권을 장악해갔다. 네덜란드는 상권을 장악하기 위해 난립하고 있던 동인도 회사를 하나로 통합하고 인도, 말레이시아, 수마트라, 심지어 일본에까지 손길을 뻗었다. 이제 스페인을 대신해 네덜란드가 강자로 등장한 것이다.

그러나 네덜란드의 영광도 오래가지는 못했다. 영국이 앞을 가로막고 나섰기 때문이다. 섬 나라 영국은 원래부터 조선과 해운에서는 네덜란드에 절대 뒤지지 않는 실력을 갖추고 있었다. 그것은 영국이 본격적인 강국으로 등장하기 이전에 이미 스페인의 무적함대를 격파한 것에서도 알 수 있다. 복잡한 국내 사정 때문에 본격적으로 해외 무역 경쟁에 나서지 못하던 영국은 1651년 항해 조례를 계기로 네덜란드와 정면으로 대결하게 된다. 영국의 압박에 화가 난 네덜란드는 세 번에 걸쳐 영국과 싸움을 벌였지만, 강력한 기세로 떠오르는 영국을 이길 수가 없었다. 18세기 이후 영국은 대서양 무역의 주도권을 확실히 쥐었다. 그뿐만 아니라 북아메리카와 인도를 비롯하여 세계 곳곳에 식민지를 확보함으로써 스페인으로부터 '해가 지지 않는 나라'라는 명성을 이어받았다.

영국의 식민지 경영 방식은 스페인과는 달랐다. 스페인이 짧은 기간에 가능한 많은 자원과 물자를 본국으로 가져오는 약탈의 방법을 취했다면, 영국은 장기적으로 식민지를 경영하는 방법을 선택했던 것이다. 그렇지만 스페인은 야만적이고 영국은 신사적이어서 그런 것은 아니었다.

스페인이 활약하던 시기는 중상주의 시대로서 식민지에서 황금이나 은, 향료나 차와 같은 값이 나가는 산물을 마구잡이로 빼앗아오는 것이 부를 확보할 수 있는 현실적으로 가장 좋은 방법이었다. 하지만 영국이 활약하기 시작한 때는 이미 서구 유럽의 자본주의가 상당한 정도로 발전하고 있었기 때문에 그에 맞는 착취 방법이 필요했다. 그래서 영국은 스페인과 달리 식민지를 한 번에 정복해서 휩쓸어버리고 물건을 약탈해오는 것이 아니라, 장기적인 식민지 지배를 위해 본국과 어울리는 정치와 행정 구조를 갖추고, 영국에서 생산한 물건을 팔아먹을 수 있는 시장으로 만들어갔던 것이다.

영국의 경험은 제국주의 국가들의 일반적인 식민지 경영 방식이 되었다. 영국은 그런 점에서 확실히 선구자였다. 영국의 이런 통치 방식이 가장 극적으로 실현된 곳은 인도였다. 영국이 인도에 진출하기 시작한 것은 17세기였지만 초기에는 포르투갈, 네덜란드에 뒤졌다. 하지만 영국은 18세기 들어 네덜란드를 제치고 주도권을 쥐기 시작했다. 그 후 프랑스와 대립했으나 7년 전쟁에서 승리함으로써 사실상 인도를 독점하게 되었다. 영국은 1757년 플라시 전투에서 승리하여 벵골 지역에서 시작한 식민지를 인도 대륙 전체로 확대할 수 있었다. 1857년 '세포이의 항쟁'*을 진압한 뒤 영국은 인도 제국으로 통합하여 직접 통치를 시작했다. 오늘의 인도가 독립을 이룬 것은 1947년이었으니, 영국의 인도 지배는 간접 통치를 포함해 거의 250여 년에 이르는 오랫동안 계속되었던 셈이다.

영국의 인도 통치는 식민지 지배의 전형을 보여준다. 영국의 인도 지배는 분할통치와 단계적 지배로 압축될 수 있다. 거대한 영토와 발

---

* 1857년 인도에서 일어난 대규모 폭동. 흔히 '세포이의 반란'으로 불린다. '세포이(sepoy)' 란 '시파히(sipahi, 병사)'에서 온 말로서, 영국이나 프랑스가 인도에 들어오면서 양성한 인도인 용병을 말한다. 폭동의 발단이 된 것은 탄약통 사건이었다. 세포이들에게 지급되는 새로운 총의 탄약통에 소와 돼지 기름이 칠해졌다는 소문이 퍼지자 세포이들은 이 탄약의 사용을 거부했다. 소는 힌두교도가 신성시하는 동물이었고, 이슬람교도들은 돼지고기를 먹지 않았다. 그런데 세포이는 대부분 힌두교도와 이슬람교도였으므로 이들은 기독교도인 영국인들이 자신들이 믿는 종교를 얕잡아 보는 처사라고 분개했던 것이다. 세포이들의 반란은 일반 민중의 불만과 결합하여 인도 북부 지방을 반란의 소용돌이 속으로 몰아넣었다. 항쟁은 1857년 5월에 시작되어 다음 해 5월까지 1년여에 걸쳐서 진행되었지만 결국 실패로 끝났다.

전한 문화를 가진 인도를 한꺼번에 통째로 집어삼킬 수 없었던 영국은 벵골에서 시작하여 단계적으로 인도를 장악해갔다. 그리고 봉건 시대 수백 개에 달하던 토후국들을 나누어 간접 지배함으로써 인도 민중의 통일적인 저항을 막았다. 영국은 초기에 예속 영주들을 꼭두각시로 앉혀둔 채 징세권과 군통수권을 장악해 경제적으로 수탈했으며, 인도 제국을 직접 지배할 때는 복잡한 계급 제도와 종교적 갈등을 이용했다.

그러면 영국은 인도 지배로 무엇을 얻었고, 인도는 무엇을 잃었을까? 이 문제를 간단히 답할 수는 없다. 그러나 영국 자본주의의 그 빛나는 발전은 인도 산업의 파괴와 인도 민중의 기아 위에서 가능했다고 할 수 있을 만큼 영국이 인도에서 빼앗아 간 재부는 엄청났던 것은 분명하다. 오늘날 인도는 중국에 이어 세계에서 두 번째로 인구가 많은 큰 나라이지만 1인당 국민소득은 가장 낮은 나라들 가운데 하나에 속하고 있다. 인도는 영국의 지배가 시작되기 전만 해도 중국과 더불어 세계에서 가장 문명이 발달한, 그리고 경제적으로도 가장 부유한 나라였다. 가장 부유했던 인도는 영국의 식민지 지배를 받은 다음 가장 못사는 나라로 전락하고 말았다.

그러니 "셰익스피어를 인도하고도 바꾸지 않겠다."는 따위의 말은 하지 않는 것이 최소한의 양심을 지키는 일이 될 것이다. 사실 영국인의 이런 말들은 제국주의자의 오만에서 나온 것이며, 자신들의 죄악을 감추기 위해 교묘하게 포장한 수사에 지나지 않는다. 한 마디로 말장난에 불과하다.

만일 인도인들이 영국인을 향해 인도의 위대한 시인 타고르를 영국 전체와 바꾸지 않겠다고 한다면 그들은 무어라 할 것인가? 농담으로

암스테르담의 네덜란드 동인도 회사의 본부

하는 이야기니 대꾸할 가치도 없다고 웃고 넘어가고 말 것인가? 영국
인들은 이런 이야기를 농담으로 웃어넘길 수 있을지 모르지만, 인도인
들은 그냥 그렇게 넘어가기 어렵다. 그것은 영국의 인도 수탈이 어떻게
이뤄졌으며, 그것이 인도에 어떤 결과를 남겼는지를 알기 때문이다.

영국의 초기 수탈은 주로 동인도 회사를 통해서 이뤄졌다. 그것은
무역이란 이름을 빌린 마구잡이 수탈로서 사실상 인도의 부를 일방적
으로 영국으로 실어간 것에 불과했다. 또 영국은 인도산 아편을 중국
에 팔아 막대한 이윤을 남기고, 중국산 차를 영국에서 수입해 또 이득
을 남기는 '아편 무역'을 본격화함으로써 이중삼중의 이득을 얻었다.
게다가 중국이 아편 수입을 가로막자 아편 전쟁을 일으켜 중국 인민에
아편을 강요하는 등 파렴치와 부도덕의 극치를 보여주었다.

영국은 인도의 부를 가져가 산업혁명의 기반을 마련했고, 영국 자본주의가 발전하자 다시 영국 면직물을 인도에 팔아먹었다. 그런 영국의 수법에 인도의 수공업은 완전히 전멸되었다. 나아가 캐나다와 아메리카, 호주 등 세계로 연결된 대영제국 자본주의와 철도의 발달로 인도 밀값이 폭락하면서 농촌공동체가 해체되고 인도 민중의 대다수를 차지한 농민들은 빈곤의 나락으로 떨어졌다. 영국의 인도 지배와 착취는 초기 단계에서는 무역을 통한 일방적인 귀금속 실어가기로 나타났다면, 다음 단계에서는 대영제국의 본국과 아메리카, 오스트레일리아, 인도로 연결되는 분업과 무역 속에서 초과 이윤의 착취로 실현되었다.

그러나 그와 같은 대영제국의 세계적인 연결망을 확보한 조건에서도 영국은 인도에 산업을 키우지 않았다. 비록 식민지라 하더라도 인도에서 산업이 발전하면 영국 산업에 위협이 될 것이기 때문이다. 인도는 실업자와 유랑민은 넘쳐났지만, 이들을 고용할 산업이 없는, 그래서 빈곤이 일상화된 나라가 되었다.

아스텍 문명과 마야 문명을 파괴하고 원주민을 무차별적으로 살해한 스페인을 잔혹하다고 한다면, 중국에 아편을 강요하고, 인도를 빈곤과 기아 속으로 몰아넣은 영국을 결코 '신사답다'고 말할 수는 없을 것이다. 스페인의 뒤를 이어 '해가 지지 않는 나라'를 건설했던 대영제국의 250년에 걸친 인도 지배는 영국에는 풍요를 가져다주었지만, 인도에는 참혹한 고통을 안겨주었다. 이것이 어찌 인도만의 일이겠는가.

제국주의 시대의 도래

식민지를 차지하기 위한 유럽 국가들의 경쟁은 19세기 후반에 들어와 더욱 치열해졌다. 그것은 유럽 대륙의 사회 정치 사정이 달라졌기 때문이다. 스페인과 네덜란드의 뒤를 이어 영국이 해상 무역과 식민지 확보에서 우위를 차지하고 있었으나, 19세기에는 유럽의 전통적인 강국이라 할 수 있는 프랑스가 본격적으로 영국과의 경쟁에 나서기 시작했으며, 19세기 후반에는 작은 봉건 제후국들로 분열되어 있던 독일이 통일을 이루고 새로운 강국으로 부상하면서 식민지 경쟁에 발을 벗고 나섰기 때문이다. 이것은 자본주의 발전과 밀접한 관계가 있었다. 즉 자본주의가 발전하면서 경쟁은 더욱 치열해지고, 그것은 곧 원료 공급지이며 상품 판매 시장인 식민지 확보 경쟁으로 이어졌던 것이다.

자본주의가 발전한다는 것은 생산력과 산업 기술이 발전한다는 말이기도 하다. 생산력의 발전에 따라 대량 생산이 가능하게 되고 그만큼 공장에서는 팔아먹을 물건은 많이 만들 수 있었다. 하지만 문제는 그 물건을 팔아먹을 시장이었다. 결국, 자본은 한정된 시장 내에서 치열한 경쟁을 하지 않을 수 없었다. 이것은 개별 자본 사이의 경쟁이기도 하지만 국가 간의 경쟁이기도 했다.

자본주의 사회의 치열한 경쟁에서 이기기 위해서는 기업들이 덩치를 키울 수밖에 없었다. 이것은 자본의 속성이기도 하지만, 자본을 움직이는 인간의 이기심과 욕구이기도 했다. 그래서 결국 자본주의가 발전하자 소수의 거대 기업이 대부분 산업을 지배하는 독점 자본주의 시대가 찾아왔다. 그리고 독점이 강화되면서 산업 자본가를 대신하여 큰 은행이 경제 전반을 지배하는 시대가 되었다. 이것이 금융 자본주의라는 것이다. 상황이 이렇게 바뀌자 식민지는 단순히 값싼 원료를 제공하고, 상품을 팔아먹을 수 있는 시장만이 아니었다. 남아도는 자본을 투자해야 할 곳이기도 했다. 레닌이 말하는 자본주의 최고의 단계로서의 제국주의, 즉 금융자본이 산업자본을 지배하는 단계에 이른 것이다.

이제 식민지는 독점자본과 금융자본이 죽느냐 사느냐 하는 문제가 되었다. 그래서 19세기 말 유럽 국가들은 말할 것도 없고, 미국과 러시아, 일본까지 식민지를 확보하기 위한 경쟁 대열에 뛰어들었다. 이렇게 해서 아시아와 아프리카를 비롯해 라틴 아메리카와 태평양 상의 섬들까지 세계 모든 지역이 제국주의 세력에 의해 쪼개지게 된다. 제국주의 시대는 정글의 법칙이 활개를 치던 시대였다. 약한 자는 망하고 강한 자만이 살아남는다는 약육강식과 적자생존의 논리가 국제관계를 결정짓는 기본 이념이 된 시대였다. 이성이나 합리성은 강자들 사이에서나 통용되는 이야기였을 뿐, 식민지에 대해서는 단지 노예와 주인의 관계처럼 주인인 제국의 힘에 의한 지배만이 있을 뿐이었다.

제국주의 시대에는 지구상에 존재하는 모든 곳이 식민지의 대상이되었다. 보통 식민지는 땅을 말하지만, 이 땅은 단순히 우리가 흔히 말하는 육지의 개념과는 다르다. 망망대해인 대서양이나 태평양 상에 존재하는 아주 조그마한 섬들조차도, 사람이 전혀 살지 않고 있고, 살기가 어려운 무인도까지를 포함해 모든 곳이 제국주의자의 침략 대상이었던 것이다. 지구에 존재하는 모든 지역이 제국주의의 식민지 대상이었다.

당연히 제국주의 사이에 식민지 확보를 위한 경쟁도 치열했다. 식민지 경쟁의 선두에 선 것은 영국과 프랑스였다. 미국과 독일이 그 뒤를 이었고, 러시아와 일본, 이탈리아도 가세했다. 심지어 북유럽의 작은 나라들, 즉 스웨덴이나 노르웨이, 그리고 과거의 제국들인 네덜란드와 스페인, 포르투갈도 식민지 경쟁의 틈바구니에 끼어들었다. 이들 제국주의 국가들은 식민지를 더 많이 차지하기 위한 경쟁에서 처음에는 상당히 우아하게 서로의 이해관계를 조율하기도 했지만, 경쟁이 심해지면서 서로간에 전쟁도 불사하는 상황이 벌어졌다. 그들은 처음에는 일대일로 싸우더니 나중에는 크게 편을 갈라 싸움을 벌이기도 했다.

이들 제국주의 열강들의 가장 일차적인 희생물이 된 곳은 아프리카였다. 제국주의로 나선 나라들이 대부분 유럽 국가들이었는데, 아프리카는 유럽과 지리상으로 매우 가까이 있었기 때문이다. 아프리카는 유럽 국가들에 의해 19세기 말까지 완전히 조각나 버린다. 흔히 '아프리카의 분할'이라고 부르는 일이다. 제국주의 열강의 아프리카 침략과 그것이 남긴 상흔에 대해서는 다른 곳에서 자세히 이야기할 것이므로 여기서는 간단히 정리하고 넘어갈 것이다.[*]

유럽 국가들의 아프리카 분할

아프리카에 대한 유럽의 수탈은 오래전 노예 무역 때부터 시작되었

---

[*] 아프리카와 관련된 보다 자세한 내용은 이 책의 '아프리카 분할과 보어 전쟁'편을 참고할 수 있다.

다. 노예 무역은 주로 삼각 무역의 형태로 이뤄졌다. 먼저 유럽의 공산품과 아프리카의 지배자들이 필요로 하는 물품을 실은 유럽 상인들이 서부 아프리카 연안에 당도한다. 상인들은 물건값 대신 노예를 받는다. 이들 노예를 짐짝처럼 배에 태워 대서양을 건너 아메리카로 간다. 상인들은 이곳에서 노예를 팔고, 그 돈으로 면화, 설탕 따위를 산다. 이 물건들을 싣고 유럽으로 돌아온 상인들은 다시 아프리카에서 노예와 바꿀 유럽의 상품들을 산다.

　인도나 아메리카처럼 노예 무역은 유럽 자본주의 발전의 밑거름이 되었지만, 그 과정에서 아프리카는 황폐하게 되었다. 16세기부터 본격화된 3백 년간의 노예 무역 과정에서 아메리카로 끌려간 흑인 노예의 수는 1천 5백만 명에서 최대 4천만 명으로 추정되고 있다. 그런데 이것은 그 어떤 부의 유출보다도 아프리카에 심각한 문제를 낳았다. 노예로 끌려간 사람들은 모두 청장년들이었다. 이들이 없어짐으로써 아프리카는 노동력이 고갈되었다. 농업 기술도 전수할 수 없었고, 당장 식량 생산조차 어렵게 만들었다.

　유럽 상인의 약탈과 노예사냥을 두려워한 아프리카인들은 비옥한 해안 지대에서 내륙의 오지로 생활 중심을 옮겼는데, 이것은 아프리카 농업을 더욱 쇠퇴하게 하는 원인이 되었다. 노예와 교환된 총이나 면제품은 아프리카의 수공업과 면공업의 발전마저 가로막았다. 오늘날 아프리카의 만성적인 식량 부족과 빈곤의 뿌리는 여기에 있는 것이다. 결코 아프리카의 자연조건 때문이 아니다.

　이런 가운데서도 아프리카 내륙 지역은 19세기 중반까지 유럽의 손길이 미치지 않는 미지의 땅으로 남아 있었다. 프랑스는 1830년대 이

수에즈 운하를 통행 중에 엘 발라에서 정박한 선박들

후 알제리 점령에 나섰고, 세네갈과 시에라리온, 황금해안, 라고스, 가봉 등 서부 지역에 프랑스와 영국의 식민지가 만들어지기 시작했다. 앙골라와 모잠비크의 잠베지강 유역은 오래전부터 포르투갈인들이 정착하고 있었다. 또 남아프리카에서는 케이프타운을 점령한 영국이 트랜스발과 오렌지 자유국을 세운 보어인들과 치열하게 대립하고 있었다. 이 시기에 이미 대부분에서 아프리카 내륙을 향한 유럽의 모색이 적극 진행되었지만, 유럽의 아프리카 진출은 무역 항구를 중심으로 한 해안 주변에 그치고 있었다. 당시 유럽인들이 점령한 곳은 아프리카 대륙의 10퍼센트에 지나지 않았다. 그러나 19세기 말이 되면 사정은 완전히 달라진다.

1874~1877년에 리빙스턴의 뒤를 이은 스탠리의 아프리카 횡단 성공으로 해안에서 내륙으로 가는 유럽의 침략 통로가 열린 것이다. 리빙스턴이나 스탠리는 훌륭한 탐험가로 알려졌지만, 그들은 제국주의

가 아프리카를 침략하는 선봉장 구실을 한 것에 지나지 않았다. 이와 함께 1869년 레셉스에 의해 수에즈 운하가 개통되면서 아프리카에 소극적이었던 영국을 완전히 바꾸어놓았다. 영국에는 수에즈 운하가 당시 영국의 대외 무역에서 가장 중요한 자리를 차지하고 있던 '인도에 이르는 생명선'이나 마찬가지였기 때문이다.

1880년대 유럽 국가들은 아프리카 점령에 열을 올리기 시작했다. 그때까지 주로 상인이나 선교사 등 개인, 단체에 의해 진행되던 일들이 국가적 사업으로 전개되었다. 그로부터 20여 년이 지난 뒤, 유럽 국가들은 아프리카 대륙 전체를 나누어 가졌다. 20세기가 될 때 아프리카는 에티오피아와 라이베리아를 제외한 모든 나라가 식민지로 전락하고 말았다. 지구의 5분의 1이 넘는 지구의 면적의 22퍼센트 땅덩이를 유럽 몇 개 나라가 20년 만에 완전히 다 먹어치우다니. 놀라운 식성과 솜씨라 하지 않을 수 없었다.

그러나 아프리카의 땅 나눠 먹기가 평온하게만 이뤄진 것은 아니었다. 조그마한 이해관계가 걸려 있는 개인의 일상사에서도 늘 마찰이 생기기 마련인데, 거대한 아프리카 대륙을 먹어치우는 일인데 충돌 없을 수 있겠는가. 그 가운데 가장 의미 있는 사건이 파쇼다 사건과 보어 전쟁이다.

아프리카에서 가장 큰 이권을 확보하고 있던 프랑스와 영국이 1898년 수단 남부에 있는 군사적 요충지 파쇼다에서 부딪쳤다. 서쪽에서 동쪽으로 진출하던 프랑스군과 북쪽에서 남쪽으로 나아가던 영국군이 처음으로 이곳에서 만난 것이다. 흔히 세계사 교과서에서는 프랑스 아프리카 횡단 정책과 영국의 아프리카 종단 정책이 부딪치면서 일어난 사건으로 표현하고 있다.

장 바티스트 마르샹이 이끄는 프랑스군 원정대 150명은 가봉에서 동쪽으로 진격했다. 그들은 1898년 7월 10일 파쇼다에 도착해 요새를 점령했다. 이 무렵 허버트 키치너가 이끄는 영국군은 이집트에서 나일강을 따라 남쪽으로 진격했다. 수에즈 운하를 효과적으로 장악하기 위해서는 수단을 점령하는 것이 필요했던 것이다. 이들이 파쇼다에 도착한 것은 프랑스군보다 두 달가량 늦은 9월 18일. 이렇게 되자 두 나라 군대가 대치하는 상황이 벌어지고, 일촉즉발의 전운이 감돌기 시작했다.

그러나 양측은 군사적 대결을 원하지 않았다. 처음에는 서로 주장을 굽히지 않았지만, 타협을 보았다. 파쇼다 요새에 프랑스군과 영국군이 공동으로 주둔하기로 한 것이다. 그래서 한동안 한 지붕 두 가족 상황이 연출되었지만, 11월 4일 프랑스군이 철수함으로써 대립은 해소되었다. 프랑스군은 파쇼다에서 철수하는 대신, 주변의 작은 기지들을 차지했다. 프랑스는 유럽 대륙에서 가장 심각한 경쟁자였던 독일과 맞서는데 영국의 지지를 얻기 위해 파쇼다를 포기한 것이다. 1899년 3월 21일 영국과 프랑스는 나일강과 콩고강 유역을 두 나라의 식민지 경계로 하는 파쇼다 협약을 맺었다. 그 결과 프랑스는 나일강 서쪽 지역에 대한 지배권을 확고히 했고, 영국은 이집트에서의 독점적 지위를 확인했다.

파쇼다 사건은 아프리카 식민지 경쟁의 선두에 있던 프랑스와 영국 두 나라의 상반된 정책이 충돌한 결과였다. 프랑스는 북부와 서부 아프리카를 장악하고 대륙의 동과 서를 연결하는 횡단정책을 추진하고, 영국은 이집트의 카이로에서 남아프리카의 케이프타운을 연결하는 종단정책을 추구했다.

파쇼다 사건에서 프랑스와 영국은 무력 충돌 직전까지 갔지만, 제국주의 사이의 복잡한 이해관계 때문에 서로 타협함으로써 전쟁으로까지는 발전하지 않았다. 이 사건은 영국과 프랑스라는 제국주의 국가가 아프리카의 땅따먹기에서 서로 간의 이해를 적당히 충족하면서 다른 경쟁자를 견제한 본보기가 되었다. 또 제국주의가 이해관계에 따라 식민지를 얼마나 자기들 멋대로 금 긋기를 할 수 있는지도 잘 보여주고 있다. 러일 전쟁 후 미국과 일본이 카스라-태프트 밀약을 통해 조선과 필리핀을 나눠 먹기로 양해한 것도 마찬가지 상황이라 할 수 있다.

파쇼다 사건으로 제국주의 국가들의 아프리카 나눠 갖기는 일차적으로 마무리되었다. 아프리카 땅따먹기에는 프랑스와 영국 외에도 뒤늦게 식민지 경쟁에 뛰어든 독일과 이탈리아, 그리고 오랫동안 아프리카에 정주사업을 진행해온 네덜란드, 포르투갈, 스페인, 벨기에 등 서유럽 대부분의 나라가 참가하고 있었다. 하지만 아프리카를 나누는 데 가장 주도적인 역할을 한 것은 영국과 프랑스였기 때문에 이 두 나라의 타협은 사실상 강대국 사이의 아프리카 금 긋기가 끝났음을 의미했다.

파쇼다 사건으로 아프리카에 대한 강대국 사이의 분할은 마무리되었다. 그러나 영국으로서는 아직 해결하지 못한 문제가 남아 있었다. 남아공의 서북부를 장악하고 있던 보어인들 때문에 카이로에서 케이프타운을 연결하는 종단 정책이 방해받고 있었던 것이다. 영국은 이들과 한판 전쟁을 벌이지 않을 수 없었다. 이 전쟁을 '남아프리카 전쟁' 또는 '보어 전쟁'이라고 부르는 사건이다.

영국은 압도적인 무력에도 3년에 걸친 악전고투 끝에 가까스로 승리할 수 있었다. 영국은 큰 대가를 치렀지만, 전쟁에서 승리함으로써 아프리카의 종단 축을 완성하고 막대한 부를 획득할 수 있게 되었다. 그리하여 영국은 이집트의 카이로와 남아프리카의 케이프타운, 인도의 캘커타를 연결하는 이른바 3C의 황금 시대를 구가했다.

파쇼다 사건과 보어 전쟁을 통해 유럽 열강은 아프리카 나눠 먹기를 마무리 지었다. 그 뒤 독일이 1906년과 1911년 두 차례에 걸쳐 '모로코 사건'을 일으켜 자신들의 아프리카 지분을 늘리려 시도하지만 실패한다. 그리고 히틀러가 집권하면서 1930년대 다시 아프리카를 재분할하지만 제2차 세계대전의 패배로 그것도 물거품으로 끝난다. 히틀러의 등장 이전까지는 1904년 영국과 프랑스가 맺은 영국 · 프랑스 화친 협정 결과가 유지되었다.

제국주의의 마지막은 세계 전쟁

유럽 열강들에 의해 아프리카가 쪼개지고 있을 때, 아시아는 어떤 상황이었을까? 아시아는 아프리카보다 역사가 깊고 인구도 많고 문명도 발달했지만, 아프리카와 마찬가지로 유럽의 침략에 속수무책으로 당하기는 마찬가지였다. 무엇보다도 놀라운 것은 세계 최고의 인구와 광대한 영토, 오랜 역사와 찬란한 문명을 자랑하던 중국이 서양의 함선과 대포 앞에 맥없이 무너진 일이었다.

19세기 중반 무렵의 중국은 아직 잠에서 깨어나지 못한 거인이었다. 중국 스스로는 자신이 천하이며 세계라고 생각하고 있었지만, 당시의 상황을 살펴볼 때 그것은 중화사상에 젖어든 봉건 중국의 오만에 불과했다. 중국은 오만과 자기도취에 빠져 세계의 변화와 흐름을 읽지 못했고, 그 바람에 서양의 조그마한 섬 나라 영국에 무참히 짓밟혀야 했으며, 굴욕적인 조약을 받아들여야 했다. 그리고 영국의 뒤를 이어 프랑스, 독일, 러시아, 미국이 물밀 듯이 들어왔고, 급기야는 유럽 열강의 흉내를 낸 '새끼제국주의 일본'에 당해야 했다.

열강의 중국 침략은 아편 전쟁에서부터 시작되었다. 중국과의 무역에서 계속 적자를 기록하던 영국은 인도산 아편을 중국에 수출하면서부터 흑자로 돌아섰다. 그런데 중국이 아편의 사용과 수입을 금지하자 영국은 황금알을 낳는 거위를 지키기 위해 함포를 동원, 중국을 공격했다.

1840년 영국의 선제공격으로 시작된 제1차 아편 전쟁에서 중국은 변변한 싸움 한번 제대로 해보지 못한 채 영국에 무참히 깨지고 말았다. 그리하여 굴욕적인 '난징 조약'이 맺어졌고, 그때부터 제국주의 열강은 중국을 향해 벌떼처럼 달려들었다. 이 전쟁에 패배한 중국 청 나라는 영국에 막대한 전쟁 배상금과 함께 홍콩도 넘겨주고 말았다. 청 나라는 1898년 홍콩과 주룽九龍 반도를 영국에 99년간 조차하는 형식으로 할양했으나 1997년 중국이 이를 되돌려받았다.

제1차 아편 전쟁 이후에도 중국이 열강의 요구를 순순히 들어주지 않자 1857년 영국과 프랑스가 연합해 중국을 공격했다. 이것이 제2차 아편 전쟁이다. 이에 중국이 굴복해 '톈진 조약'이 맺어졌다. 그러나 그 내용에 불만을 품은 청 나라 조정이 뻗대자 1860년 다시 두 나라는 군대를 동원했다. 이에 또다시 중국이 굴복해 '베이징 조약'이 맺어졌다. 이 과정에서 러시아는 중재를 자임하고 나섰는데, 중국으로부터 블라디보스토크가 포함된 연해주 지역을 넘겨받아 챙기는 수완을 발휘했다.

이렇게 거대한 중국이 맥없이 당하자 유럽 열강은 물론이고 아시아 국가로는 가장 먼저 근대화를 이룬 일본마저 이권을 챙기겠다고 덤벼들었다. 열강들에 뜯어 먹힌 중국의 처참한 몰골은 제국주의에 짓밟히고 있는 아시아의 모습을 그대로 대변하고 있었다. 사실 아시아에서 유럽 국가들이 중국보다도 먼저 눈독을 들인 곳은 인도였다. 황금이 가득한 나라, 신비의 나라라고 여겨지던 인도는 지리상의 발견 이전부터 유럽에는 동경의 대상이었다. 인도를 찾아 서쪽으로 항해를 계속하던 콜럼버스가 처음 발견한 것은 카리브해 연안의 작은 섬이었지만, 그는 죽을 때까지 그곳이 인도의 어느 한 부분에 속한다고 믿고 있었다. 그래서 오늘날 이름도 서인도 제도가 되었다.

그 동경의 대상이었던 인도에 처음 깃발을 꽂은 네덜란드는 영국에 밀려났고, 영국은 프랑스와 7년 전쟁에서 이겨 인도를 독점적으로 경영할 기반을 마련했다. 영국은 오랫동안 간접 통치 기간을 거쳐 세포이의 항쟁을 진압한 뒤부터는 직접 통치하기 시작한다. 1876년 인도 제국을 수립하고 영국 왕이 인도 제국의 황제가 됨으로써 인도를 완전히 대영제국 일부로 만든 것이다. 영국의 아시아 침략은 거기서 그치지 않았다. 19세기 후반 러시아의 남진 정책에 대항하여 인도를 지킨다는 명목으로 인도 북쪽에 있는 네팔과 아프가니스탄을 점령했고, 동쪽으로 진출하여 1886년에는 미얀마를 영국령 인도 제국에 병합시켰다. 그리고 싱가포르와 말레이 반도, 보르네오 북부를 포함한 말레이 연방을 조직해 역시 대영제국의 식민지로 편입시켰다.

인도에서 영국에 밀려난 프랑스는 베트남과 캄보디아, 라오스를 통합하여 프랑스령 인도차이나를 만들고 다시 타이로 나갔다. 그러나 미얀마와 말레이 반도에서 세력을 넓히고 있던 영국과 다시 부딪쳐 메콩 강 동쪽에서 멈춰야 했다. 영국과 프랑스의 완충 지대가 된 덕분에 타이는 식민지로 전락하는 것을 피할 수 있었다. 일찍부터 동남아시아의 여러 섬에 진출한 네덜란드는 천연자원이 풍부한 자바와 수마트라, 보르네오 등을 차지하여 네덜란드령 동인도_{지금의 인도네시아}로 만들었다. 이렇게 해서 19세기 말에서 20세기 초에 걸쳐 아시아 지역이 열강들에 의해 식민지로 분할되었다.

서구 열강들의 식민지 확대는 대륙에만 한정된 것이 아니었다. 점차 그 영역을 태평양에 있는 섬들로까지 넓혀갔던 것이다. 19세기 말부터 20세기 초에 걸쳐 태평양에 있는 모든 섬이 열강들에 의해 식민지로 분할되었다. 영국은 19세기 초부터 오스트레일리아의 시드니를 중심으로 식민사업을 진행했는데, 19세기 중반 무렵 금광이 발견되고 양을 기르는 일이 성공하면서 경제적 중요성이 점차 높아졌다. 더욱 적극적인 개발을 추진하던 영국은 1901년 오스트레일리아 연방을 조직해 영국의 자치령으로 만들었다. 영국은 주변의 뉴질랜드와 피지 제도도 차지했다.

독일도 뒤늦게 경쟁에 뛰어들어 뉴기니 일부와 비스마르크 제도, 마셜 제도 등을 차지했다. 그리고 아프리카의 분할에는 명함을 내밀지 않았던 미국도 아메리카 대륙에서의 확장을 마무리 짓고 드디어 태평양에 진출했다. 미국은 스페인과의 전쟁에서 승리해 쿠바와 필리핀, 괌을 차지했으며, 하와이 제도를 병합했다. 미국은 중남미와 아시아 지역에도 적극 진출하기 시작해 본격적인 제국주의 식민지 경쟁에 뛰어들었는데, 미국의 등장으로 20세기 역사의 흐름이 새롭게 만들어지고 있었다.

한편, 자본주의 발달이 늦었던 러시아는 채 날이 서지도 않은 무딘 칼을 가지고 제국주의 경쟁 대열에 뛰어들어 식민지를 떼먹겠다고 덤벼들었다. 러시아는 유럽에서는 범슬라브주의 민족운동을 바탕으로 발칸 반도로 영향력을 확대했으며, 아시아에서는 남진 정책을 펼쳐 중앙아시아에 진출했다. 러시아는 중앙아시아에서 투르키스탄을 차지하고 아프가니스탄과 페르시아^{이란}에 진출하려 했으나 영국에 저지당하고 극동 지역으로 눈을 돌렸다. 극동 지역에서는 서구 열강의 침입으로 정신이 없던 청 나라를 상대로 중재를 한다면서 덤벼들어 '아이훈 조약'과 '베이징 조약'을 맺었다. 이 두 조약을 통해 러시아는 아무르강과 우수리강을 국경으로 하여 연해주 지역에도 진출했다. 그리고 만주와 조선으로 진출을 꾀했으나 러·일 전쟁의 패배로 좌절되고 만다.

몽골의 세계 제국이 붕괴된 뒤, 14세기 초반 비잔틴 제국과 티무르 제국의 틈바구니에서 성장하기 시작한 오스만 제국은 6백 년에 걸쳐 서아시아와 동유럽에 걸쳐 대제국을 형성하며 위용을 떨쳤으나 서유럽 국가들의 부상과 함께 쇠락의 길로 접어들었다. 그 결과 서유럽 제국주의가 위세를 떨치는 19세기 무렵에는 오스만 제국의 '유럽의 환자'로 전락했으며, 이에 따라 유럽의 제국주의 국가들은 오스만 제국의 영토를 분할하는 데에도 많은 관심을 가지지 않을 수 없었다. 결국, 제1차 세계대전 중에 독일, 오스트리아와 함께 동맹 세력에 가담했던 오스만은 패전 국가가 되면서 제국의 영토 대부분을 재분할당하는 처지가 되고 말았다. 이 또한 대부분이 영국과 프랑스의 차지였다.

아시아 국가 가운데 일본은 미국에 의해 강제로 문호를 개방해야 했으나 메이지 유신을 통해 재빨리 서구화의 길을 걸었고, 빠른 산업화를 기반으로 새끼 제국주의가 되어 주변 국가들을 침략하는 식민지 사냥에 나섰다. 일본은 1894년 조선에서 일어난 농민 봉기를 진압하기 위해 출병하면서 청 나라와 맞붙어 청일 전쟁에서 승리하였다. 1895년 타이완섬을 식민지로 집어삼켰고, 조선에 진출할 수 있는 기반을 마련했다. 그 뒤 만주와 조선을 두고 러시아와 대립하다가 러일 전쟁에서 승리함으로써 조선을 식민지로 확보하고 만주에 진출하여 명실상부한 아시아의 맹주가 되었다.

일본은 다시 만주 침략을 감행하여 만주를 장악했고, 나아가 중국 본토 침략에도 나섰다. 일본의 군국주의 야망은 중국을 넘어 동남아시아와 태평양으로 향했다. 유럽의 독일, 이탈리아와 추축국 동맹을 맺은 일본은 세계 제패의 야망에 들떠서 제2차 세계대전을 일으켰고, 태평양에서 미국과 격전을 치르게 되었다. 제2차 세계대전에서 동맹세력이 연합국에 패배함으로써 새로운 질서 수립이 불가피하게 되었다. 제국주의 시대가 몰락하고 동서 냉전 시대가 도래했던 것이다.

자본주의 최고의 단계로서의 제국주의는 그 끝없는 팽창과 식민지 확보 경쟁에서 결국 제국주의 간의 패권 전쟁이라는 파멸의 길로 나아갔다. 영국, 프랑스, 미국, 독일, 일본, 이탈리아, 러시아 등 제국주의 국가들은 세계를 완전히 나누어 식민지로 삼았으며, 다시 재분할을 통해 세력 확장을 꾀하다가 파멸적인 전쟁까지 벌이며 인류에게 재앙을 안겨주었다. 인류는 그 파멸적 재앙을 기억하고 역사에서 재현되는 일이 없도록 막아야 할 것이다. 그걸 가능하게 해주는 것은 무엇일까?

2. 청일 전쟁

조선 정부, 청에 파병을 요청하다

1894년갑오년 1월 10일음력 전봉준이 이끄는 1천여 명의 농민들이 죽창을 들고 고부 관아를 습격했다. 이미 사전에 소식을 들은 고부 군수 조병갑은 줄행랑을 치고 난 다음이었다. 아무런 저항도 없이 관아를 점령한 농민들은 감옥을 부수고 억울한 농민들을 풀어주고, 창고에서 곡식을 꺼내 농민들에게 나누어 주는 한편, 무기고를 부수고 무장했다. 악질적인 봉건 관리들의 학정虐政에 시달리던 농민들의 분노가 폭발함으로써 동학 농민 봉기, 즉 '갑오 농민전쟁'이 시작된 것이다.

3월 20일, 4천여 명으로 불어난 농민들은 전라도 무장에 모여 주변 고을의 궐기를 촉구하면서 북쪽으로 진격하기 시작했다. 그들은 삽시간에 고창, 흥덕을 치고, 고부를 점령했다. 25일에는 백산에서 농민대회를 열었다. 농민들은 8천여 명으로 늘어나 있었다. 여기서 농민들은 부대를 편성하고 지휘부를 조직했다. 총대장은 전봉준, 부대장은 손화중과 김개남이었다. 농민군은 4대 행동강령과 격문을 발표했다. 행동

강령은 '사람을 죽이거나 해치지 않는다.', '충효를 온전히 하여 세상을 구제하고 백성을 편안케 한다.', '일본과 서양 세력을 완전히 몰아내고 성군의 도를 깨끗이 한다.', '서울로 진격하여 권세와 부귀를 누리는 자들을 없앤다.'는 것이었다. 그들이 내건 격문은 이러했다.

우리가 정의를 위하여 여기에 이른 것은 그 본래의 뜻이 결코 다른 데 있지 않다. 백성을 도탄에서 건지고 나라를 반석 위에 올려놓으려는 것이다. 안으로는 악질 관리의 머리를 베고 밖으로는 횡포한 강적의 무리를 쫓아내려 한다. 양반과 부자들 앞에서 고통받는 민중과 수령·방백 밑에서 굴욕을 받는 아전들은 우리와 같이 원한이 깊은 자들이다. 조금도 주저하지 말고 이 시각에 일어서라. 만일 기회를 잃으면 후회해도 돌이킬 수 없을 것이다.

백산에서 대회를 마친 농민군이 전주를 향해 노도처럼 진격하기 시작하자 정부에서는 4월 2일 홍계훈을 초토사로 파견했다. 4월 7일의 황토 고개 싸움에서 전라 감영군과 치열한 전투 끝에 농민군이 승리했고, 농민군은 그 기세를 몰아 정읍을 거쳐 고창, 무장, 영광, 함평을 점령했다. 4월 21일, 장성 황룡촌 전투에서도 승리한 농민군은 전주를 향해 파죽지세로 진격했다. 드디어 4월 27일, 전주성이 농민군의 손아래 떨어졌다.

민씨 정권은 위기에 빠졌다. 전주성은 호남 제일의 관문이며 호남의 심장부였을 뿐 아니라 서울로 가는 길목이기도 했다. 더구나 농민군이 호남을 장악하고 전주성까지 점령하자 투쟁의 불길이 충청도와

체포 후 압송당하는 동학 농민군의 지도자 전봉준 | 그는 농민 운동 당시 남접 소속 동학군 부대 지휘관들 중 가장 뛰어난 인물이었다.

경상도 지역으로도 번져가기 시작했다. 이제 전국으로 번지는 것은 시간문제였다. 민씨 정권과 봉건 세력의 가렴주구는 전라도뿐만 아니라 온 나라에 만연했기에 민중의 불만은 하늘에 가득 차 있었다. 민중은 기회만 주어지면 언제라도 들고 일어설 기세였던 것이다.

그러나 부패하고 무능한 민씨 정권으로서는 이를 도저히 감당할 능력이 없었다. 결국 4월 30일, 민씨 정권은 청 나라에 도움을 요청했다. 조선 정부는 반란을 평정할 힘이 없으니 부디 청 나라에서 군대를 보내 폭도들을 진압해달라는 것이었다. 그 내용은 이런 것이었다.

아뢰옵니다. 우리나라 전라도 관할의 태인, 고부 등지 마을의 민습이 흉

흉하고 성질이 험악해서 본래 다스리기 어려웠는데, 최근에 와서 동학 교비들 1만여 명이 반란을 일으켜 10여 군데의 현과 읍을 함락시키고, 이제 또 북상해서 전주가 함락되었습니다. 벌써 훈련된 군대를 파견하여 토벌에 나섰으나 이들이 마침내 죽기로 항전하니 관군이 패퇴하고, 대포를 비롯한 군사 무기도 많이 잃었습니다. 이와 같은 소요가 오래가게 될까 봐 염려되며, 서울과의 거리 또한 겨우 4백 수십 리밖에 되지 않는데 …… 저 임오·갑신의 두 변란임오군란과 갑신정변 때에도 귀국 군대가 우리를 대신하여 평정해주었습니다. 파병안을 세워 신속히 군대를 파견하여 속히 와서 일차 진압해주시면, 우리나라도 각 장병으로 하여금 군무를 수습하게 하여 장차 문제를 해결해 갈 수 있을 것입니다.

조선이 청 나라에 파병을 요청하자 한반도 상황이 급변했다. 청 나라가 조선에 군대를 파견하자 일본도 군대를 보냈기 때문이다. 1884년에 일어난 갑신정변의 사후 처리를 놓고 1885년 3월 청 나라와 일본 사이에 맺은 톈진 조약에 따른 것이었다. 톈진 조약에서 두 나라는 만일 조선에 문제가 생겨 한 나라가 군대를 파견할 때는 상대 국가에 이를 통보하기로 되어 있었던 것이다. 마침내 조선의 농민 봉기는 청 나라와 일본이 개입하면서 국제적인 사건으로 발전했다.

조선에서 시작된 타인들의 전쟁

조선에서 청 나라에 군대를 요청할 당시 일본은 구실만 있으면 조선의 내정에 개입하려고 호시탐탐 노리고 있었다. 일본의 관심은 일찍부터 조선에 대한 영토적 야욕과 관련이 있었다. 그것은 멀리는 임진왜란에서, 가깝게는 메이지 유신 이후 정한론征韓論*의 대두에서 드러나고 있다. 그러나 실제 일본의 조선에 대한 무력 정벌은 현실적인 어려움이 있었기 때문에 초기에는 주로 경제적인 이권의 침탈에서 출발하지만, 점차 정치적인 것으로 발전하게 된다. 일본의 조선 진출은 일본 자본주의의 발전과 밀접한 관계가 있었다.

일본은 봉건 막부를 무너뜨리고 1868년 궁정 쿠데타로 시작된 메이지 유신을 통해 일본의 근대화에 성공함으로써 서구 열강에 의한 반半식민지의 위협에서 벗어날 수 있었다. 일본은 메이지 유신으로 관료가 실권을 장악한 가운데 '위로부터의 개혁'을 통해 정치, 경제, 사회, 문화의 모든 분야를 짧은 시간 안에 획기적으로 바꿔놓았다. 특히 산업화의 속도는 놀라워 일본 경제는 1880년대에 자본주의가 자리를 잡았고, 1890년대가 되면 이미 독점 자본주의 단계로 들어서기 시작했다. 이에 따라 일본은 외국의 상품 시장과 원료 공급지가 필요하게 되었고, 그 일차적 대상은 대만과 조선이었다. 더구나 일본은 멀리는 임진왜란과 가깝게는 '정한征韓 논쟁'**에서 보여주듯이 조선에 대한 강한 영토적 야욕을 가지고 있었기 때문에 기회가 되면 언제든지 조선에서 영향력을 확대하려 했다.

일본은 구실만 생기기를 기다리고 있었다. 그런 상황에서 조선이

---

* 　메이지 유신 이후 일본에서 등장한 조선을 정벌해야 한다는 주장.
** 　조선 정벌을 둘러싼 논쟁으로 일본의 주요 정치가와 세력들은 정한론에 모두 찬성했으나 그 시기와 방법을 두고 의견이 갈렸다.

청 나라에 군대를 요청했으니 일본으로서는 '얼씨구나, 잘됐다'라고 생각할 수밖에 없었다. 청 나라에 파병을 요청한 것을 보면 당시 민씨 정권이 이와 같은 국제 정세를 제대로 이해하고 있었는지 의심스럽다. 권력에 눈이 어두운 나머지 외세를 끌어들였을 때 어떤 결과가 초래될지 앞뒤도 가려 보지 않았다고밖에 달리 할 말이 없다. 그들에게는 나라의 독립과 국가 주권보다는 정권의 안위가 더 중요했는지도 모르겠다. 민씨 정권은 외세보다도 농민군이, 외세의 내정 간섭보다도 대원군에게 권력을 넘겨주는 것이 더 견딜 수 없었던 모양이다. 그러나 그것은 국제정세를 제대로 이해하지 못한 민씨 정권의 엄청난 실착이었다. 그것은 저주받을 착각이었고, 씻을 수 없는 죄악이었다.

외세가 들어오면서 조선의 농민군은 봉건 세력뿐만 아니라 그보다 몇 배는 강한 근대식 무기로 무장한 외국군과 싸워야 했다. 조선 농민군은 처절하게 싸웠지만, 일본군과 정부군의 협공을 받아 결국 패배했다. 일본군이 조선 농민군을 진압한 뒤 일본은 '개혁의 이름으로' 조선 내정에 깊숙이 개입할 수 있었고, 결국 그것은 조선을 식민지로 만드는 데서 중요한 밑거름이 되었다. 나아가 조선은 갑오농민 전쟁이 실패하면서 '아래로부터의 개혁'이 완전히 좌절되었으며, 국가 자체의 존망마저 위태로운 지경으로 빠져들었다.

민씨 정권이 청 나라의 개입을 요청하면서 갑오농민 전쟁은 국제적인 문제로 발전했으며, 그것이 계기가 되어 청일 전쟁이 일어났다. 청 나라는 과거 조선의 종주국을 자처하고 있었지만, 내정에는 노골적으로 개입하지 않았었다. 그러나 19세기 후반 조선이 쇄국의 문을 열고 서구 열강과 일본이 조선에 진출하면서 청 나라의 주도권이 위협을 받게 되자, 청 나라는 조선 내정에 대한 입김을 강화하려 했다. 그래서 청 나라는 임오군란이 일어나자 군대를 파견하고 대원군을 청으로 납치했으며, 갑신정변에서는 군대를 파견하여 노골적인 내정 간섭을 했다.

이 같은 청 나라의 행위는 조선에 진출하고자 하는 일본과 마찰을 일으키지 않을 수 없었다. 1894년 이전에도 일본과 청 나라는 여러 번 충돌했지만, 그때마다 청 나라가 판정승을 거두었다. 그러나 일본에 있어 조선은 여러모로 사활적인 이해관계가 걸려 있는 곳으로 절대로 포기할 수 없는 곳이었다. 일본은 오래전부터 이에 대해 준비를 하기 시작했다. 그것은 1884년에 일어난 갑신정변이 청 나라의 개입으로 실패하고 일본의 진출이 지지부진해지면서부터 시작되었다. 이처럼 꾸준히 준비해온 일본에 1894년의 조선 사태는 절호의 기회였다. 일본은 만반의 준비를 해왔고, 기회가 오자 치밀하게 움직이면서 전쟁을 시작했다.

모든 수단을 동원해 전쟁을 시작할 것

군대를 보내달라는 조선의 요청을 받은 이홍장은 고민에 빠졌다. 당시 이홍장은 직예총독 겸 북양대신으로서 청 나라의 실권을 한 손에 쥐고 있었다. 그가 실권을 쥘 수 있었던 것은 직예총독과 북양대신이라는 관직보다도 그가 장악하고 있던 북양군의 힘이 더 컸다. 북양군은 태평천국의 난*을 진압하면서 조직한 증국번의 회군이 바탕이 되어 성장한 군대로서 이홍장의 사병이나 다름없었다. 그는 이러한 북양군의 무력을 바탕으로 청 나라의 실질적인 재상 노릇을 하고 있었던 것이다. 이런 그가 고민하지 않을 수 없었던 것은 그의 정치적 자산인 북양군 때문이었다.

만일 청이 조선에 군대를 파견한다면 톈진 조약에 따라 일본에 통고해야 하고, 그러면 일본도 군대를 동원할 것이고, 그렇게 되면 일본과 충돌할지도 모르고, 그때는 북양군이 손실을 볼 가능성도 있었다. 이런 상황을 눈치챈 일본은 어떻게 해서라도 청나라가 군대를 파병하도록 온갖 공작을 벌였다. 일본은 청나라가 조선에 군대를 파견하는 데 반대하지 않으며 자기네 군대를 보내더라도 일본의 거류 상인을 보호하기 위한 소수에 불과할 것이라는 식의 내용을 외교 경로를 통해 흘려보냈다. 그와 함께 일본은 출병 준비를 단단히 서둘렀다. 일본은 6~7천여 명의 혼성 여단을 편재하는 한편, 대본영을 설치했다. 드디어 일본군의 첫 부대가 6월 5일양력 조선을 향해 출발했다. 3백 명의 해병대와 1개 대대의 육군을 태운 팔중산八重山호에는 주한 일본 공사 오토리가 함께 타고 있었다.

---

* 청 나라 말기 홍수전이 창시한 '배상제회(拜上帝會)'라는 그리스도교 비밀 결사 조직을 토대로 1851년부터 1864년까지 청조 타도의 새 왕조 건설을 목적으로 일어난 농민 운동. 홍수전은 하늘의 주재자인 상체(上帝)를 그리스도교의 여호와와 같은 위치에 놓고 모세·그리스도가 여호와로부터 구세의 사명을 받았듯이 자신은 온갖 악마의 유혹으로부터 타락의 극에 달한 중국을 구제하라는 명령을 상제로부터 받았다고 주장했다. 중국의 전통적인 요소를 짙게 풍기면서도 엄격한 우상 부정, 유교의 공자에 대한 비판, 유일신 신앙 등은 중국 역사상 최초의 내용이었다. 이상적 세계를 현세에서 구현하려 했던 유토피아적 세계관의 동양적 변형이라고 할 수 있을 것이다.

이홍장은 1894년 6월 4일 출동 명령을 내렸고, 6월 7일 정식으로 이를 일본에 통고했다. 그러나 일본은 그 정보를 알아내고 이틀 전에 이미 군대를 파견한 상태였다. 청군은 섭사성이 8백 명의 선발대를 이끌고 6월 6일 톈진에서 출발하여 6월 8일 아산만에 도착했다. 6월 12일에는 후속 부대까지 합류하여 집결했다. 반면 일본군 선발대는 6월 9일 인천항에 도착했다. 오토리 공사는 그 가운데 420명의 군대를 이끌고 그날 밤 서울로 들어왔다. 일본은 필사적이었고, 청 나라는 정세를 낙관한 것인지 아니면 정보에 어두운 것인지 어정거리고 있었다.

한편 청 · 일의 외국군이 파견되고 정세가 매우 급하게 돌아가자 농민군과 정부군은 싸움을 중단하기로 합의했다. 6월 11일 이른바 '전주화약'을 성립시켰던 것이다. 청 · 일 양국의 군사적 충돌을 우려한 정부군과 외국 군대의 개입을 피하기 위한 농민군이 서로 한 발씩 물러선 결과였다. 민족과 국가의 존망을 걸고 이루어진 타협이었다. 이렇게 되자 일본은 당황하지 않을 수 없었다. 선발대에 이어 후속 부대를 보내고 군대를 장기간 주둔시킬 구실이 없어져버린 것이다. 일본은 이미 전쟁 시나리오까지 준비한 상태였고, 그 계획에 따라 움직이고 있었다. 그런데 농민군과 정부군 사이에 화의가 성립되었으니, 조선 정부로부터 반란군의 진압을 요청받을 수 없게 되었다.

일본으로서는 어떻게 해서라도 새로운 구실을 만들어야 했다. 이런 일본의 입장은 "어떤 수단을 써서라도 개전의 구실을 만들 것……."이라는 무쓰 무네미쓰陸奧宗光 외무대신이 가토 서기관에게 보낸 극비 훈령에서도 그대로 드러나고 있다. 일본은 구실을 만들기 위해 청 나라에 양국 공동으로 조선의 정치 개혁을 단행하자는 제안을 했다. 1894년 6월 16일의 일이었다. 물론 일본은 청이 이 제안을 받아들이지 않으리라고 생각하고 있었다. 청은 조선의 내정에 일본이 개입하는 것을 허용하려 하지 않을 것이기 때문이었다.

과연 청은 일본의 제안을 거부했다. 6월 21일, 청은 조선의 정치 개혁은 청·일이 관여할 문제가 아니고, 두 나라의 군대가 물러가는 것이 우선이라고 대답했다. 맞는 말이었지만 일본에는 그것이 청 나라의 기득권을 보장하라는 이야기로밖에 들리지 않았다. 청 나라의 답변에 일본은 절대로 군대를 철수하지 않을 것이며, 청이 반대한다면 일본 단독으로라도 조선의 정치 개혁을 이루겠다고 통고했다. 그리고 6월 28일 일본은 1개 혼성 여단을 증파했다. 이로써 서울과 인천에 주둔하는 일본군은 5천 명으로 늘어났다. 한동안 청과 일본 사이에 밀고 당기는 실랑이가 벌어졌다. 내용은 조선에 파견한 군대, 조선의 정치 개혁, 청과 조선과의 관계 등에 관한 것이었지만, 그 바탕에 깔린 사실상의 핵심 문제는 조선에 대한 주도권을 누가 쥘 것인가 하는 것이었다.

그런데 두 나라의 태도는 판이했다. 청은 어떻게 해서든지 마찰을 피하고자 했다. 다시 말해 전쟁을 피하고 조선에 대한 종주권을 그대로 인정받으려 했던 것이다. 그러나 일본은 단호했다. 이미 조선에 군대를 파견할 때부터 전쟁을 불사하기로 마음먹은 일본이 그대로 물러설 리 없었다. 이번 기회에 확실하게 청으로부터 주도권을 빼앗아야 했다. 그 길은 전쟁밖에 없었다.

청 나라는 서구 열강이라도 끌어들여 전쟁을 피해보려 했다. 그러나 그것도 마음대로 되지 않았다. 당시 일본은 영국과 맺은 조약을 개정하기 위해 교섭 중이었는데, 영국이 일본의 손을 들어주었던 것이다. 7월 16일, 일본은 영국과 조약 개정에 합의함으로써 외교적인 부담을 덜 수 있게 되었다. 러시아의 남하 정책을 경계하고 있던 영국은 아시아에서 그 방패막이로 일본을 생각하고 있었기 때문에 가능하면 일본의 입장을 강화시켜주는 정책을 펴고 있었던 것이다.

영국이 일본 편으로 기울자 청은 러시아에 기대를 걸어보았다. 그러나 러시아는 소극적이었다. 일본으로서도 시베리아 철도가 완성되지 않은 마당에 러시아의 간섭은 별로 두려울 것이 없었다. 시베리아 철도가 완성되지 않은 상황에서 러시아가 조선에 군대를 파견하기는 사실상 불가능했기 때문이다. 만일 간섭했다가 일본이 말을 듣지 않으면 러시아의 체면은 말이 아닐 상황이었다.

러시아는 이런 상황이 두려워 가만히 보고만 있었다. 이때 러시아는 10년 후 자신이 청 나라처럼 일본의 희생양이 될 줄은 아마 꿈에도 몰랐을 것이다. 이때 러시아가 10년 후의 상황을 예견했다면 좀 더 이 문제에 강력하게 대처했을까? 만일 그렇게 되었다면 청일 전쟁의 양상이 달라졌을까? 그건 장담할 수 없지만 청일 전쟁 후 배상 과정에서 일본이 랴오둥江东 반도를 점령하고 서구 열강의 이권을 침해하자 다음 해 러시아는 독일과 프랑스를 끌어들인 삼국 간섭으로 일본을 좌절시킨 것을 보아서는 당시 일본의 힘에는 한계가 있었던 것은 분명하다. 아마 러시아가 청 나라 편을 들었다면 일본도 상당히 고전했을 것은 분명하다.

이제 청 나라도 달리 방법이 없었다. 섭지초 제독으로부터 증원 부대를 요청받은 이홍장은 7월 21일 우선 1천 3백 명의 부대를 쟈르댕마테송 상회로부터 빌린 영국 상선에 태워서 보냈다. 이어 7월 23일에는 천 명을 태운 고승호를 출발시켰다. 그러나 일본은 7월 25일 선전포고도 하지 않은 채 청 나라 함선과 수송선을 공격했다. 이 공격으로 풍도 앞바다에서 고승호는 침몰하고 말았다. 배가 침몰하자 일본 함대는 유럽 선원들만 구조했다. 청나라 병사들은 다음 날 그 부근을 지나던 프랑스 군함에 2백여 명만 구조되고, 나머지 병사들은 모두 서해안의 고기밥 신세가 되고 말았다. 7월 27일 남하하던 일본군과 아산에 있던 청군이 성환에서 충돌했다. 섭사성은 2천 명의 부대를 이끌고 싸웠으나 참패했다. 그런데도 섭지초는 본국에 성환 전투에서 승리했노라고 거짓보고를 했다. 드디어 8월 1일 양국은 선전포고를 하고 본격적인 전쟁을 시작한다.

일본, 조선에서 주도권을 쥐다

싸움은 초반 기세가 중요하다. 초반에 상대의 기선을 제압하면 그 싸움은 십중팔구는 이기게 마련이다. 개인끼리 싸우는 주먹싸움에서도 먼저 선수를 쳐서 상대방 코피라도 터뜨리고 상대방을 몰아치면 그건 반 이상은 이긴 싸움이다. 그건 모든 싸움에 공통적이다. 국가 간의 전쟁이라고 반드시 다른 것도 아니다. 물론 초반의 승리가 반드시 끝까지 간다는 보장은 없지만, 초반에 승기를 잡으면 전체적인 힘에서 다소 열세라 해도 적어도 중반까지는 버틸 수 있다. 그리고 운이 좋으면 그 상황을 끝까지 끌고 갈 수도 있다. 따라서 첫 싸움은 그만큼 중요하다.

이와 같은 싸움의 일반적 특성에 비추어본다면 청일 전쟁은 첫 싸움에서 이미 결말을 볼 수 있었던 셈이다. 풍도 앞바다와 성환 전투에서 참패한 청군의 모습은 전쟁이 끝날 때까지 한 번도 바뀌지 않았다. 성환에서 패한 청군 패잔병은 '산을 넘고 들을 지나 비참한 모습으로 평양을 향해' 도망했다. 평양에는 이미 1만여 명의 청군이 집결해 있었다. 처음 전쟁을 시작할 때 이홍장은 평양에 주력을 두어 일본군과 남북으로 대치하려 했다. 장기전으로 가면 병참선이 긴 일본이 불리할 것으로 생각한 것이다. 그래서 아산만의 부대도 해로를 통해 평양으로 옮기려 했다. 그러나 기습 공격으로 함선이 파괴되자 육로로 평양을 향했고, 성환 전투도 소극적으로 임했다. 청군은 이 전투를 단지 평양으로 가는 길을 뚫는 정도로 생각했던 것이다.

드디어 전쟁의 초기를 가름하는 전투가 벌어졌다. 9월 5일부터 16일까지 청군 1만 2천 명과 일본군 1만 7천 명이 평양에서 격돌했다. 청군은 무기도 우세하고 식량도 충분했다. 그러나 지휘자들 간에 알력이 있었고 지휘 계통이 제대로 서지 않았다. 이홍장은 섭지초를 총지휘관으로 임명했으나, 성환 전투에서 패배하고 비참하게 도망쳐 온 섭지초의 권위가 다른 지휘관들에게 먹혀들지 않았을 것은 자명하다. 후퇴를 주장하는 섭지초와 항전을 주장하는 좌보기가 갑론을박하고 있는 사이 청군은 일본군에 포위됐고, 끝까지 싸워보지도 못하고 청군이 항복하는 바람에 일본군은 큰 피해 없이 평양을 점령할 수 있었다. 결국 일본군이 승리한 것은 사실상 청군 스스로 능력을 상실했기 때문이었다. 청군 전사자는 2천 명에 이르렀지만, 일본군은 전사자가 180여 명밖에 발생하지 않았다. 일본의 대승이었다.

9월 17일, 서해에서 북양 해군과 일본 해군 사이에 해전이 벌어졌다. 일본에서는 '황해 해전'이라고 부르고 중국에서는 '대동구 전투' 또는 '압록강 해전'이라 부르는 싸움이다. 해전은 5시간 동안 계속되었고, 북양 함대는 초용, 치원, 경원의 세 군함을 잃었다. 일본의 함대는 정원과 진원이라는 두 거함을 집요하게 노렸지만, 두 철갑선은 2백여 발의 포탄을 맞고도 침몰하지 않았다. 일본도 기함 송도가 정원의 주포를 맞고 1백여 명의 사상자를 냈다. 해상 전투는 일본이 먼저 철수함으로써 끝났다.

한편 전쟁이 진행되는 동안 조선은 전쟁터가 되어 그 피해를 고스란히 감당해야 했다. 그야말로 고래 싸움에 새우 등 터진 꼴이었다. 일본은 초반 전쟁에서 승기를 잡자 곧바로 군대를 동원하여 조선 내정에 간섭하기 시작했다. 6월 21일^{음력} 새벽 일본은 2개 대대를 동원하여 경복궁을 점령했다. 이로써 민씨 정권이 무너지고 김홍집을 수반으로 한 친일 갑오 정권이 들어섰다.

갑오 정권과 그들이 이룬 갑오 개혁에 대한 역사적 평가는 다소 엇갈리지만, 그들을 일방적으로 친일파라고 매도할 수는 없을 것이다. 또한 그들의 정책 또한 반드시 일본의 강요에 의한 것이라고만 평가할 수도 없을 것이다. 갑오 정권의 담당자들은 대부분 '위로부터의 개혁'을 통해 근대화를 이루고자 했던 온건 개화파 사람들이었고, 실제로 갑오 정권은 1896년 2월 고종이 일본의 압박을 피해 러시아 공사관으로 피신한 사건인 '아관파천俄館播遷'으로 무너질 때까지 근대 사회의 외형적 틀을 갖추는 데 일정한 역할을 했기 때문이다.

그러나 이들은 집권할 때부터 외세에 의존했고, 끝까지 외세의 내

청일 전쟁 당시의 일본 육군

정 간섭을 배격하지 못함으로써 자주성을 지키지 못했다. 1894년 당시 '아래로부터의 개혁'을 위한 민중 운동이었던 갑오 농민군을 외세의 힘을 빌려 진압했으며, 1895년 을미사변이 일어났을 때에는 명성황후 시해 사건의 진상을 은폐하기에 급급해 사실상 일본의 범죄 행위에 가담하고 말았다. 갑오 정권은 농민군 진압에서 보듯이 민중의 힘과 요구를 전혀 수용하지 못함으로써 진정한 의미에서 '위로부터의 개혁'도 이룰 수가 없었다.

민씨 정권을 무너뜨리고 김홍집 내각을 성립시킨 일본은 이제 개혁이란 이름으로 내정을 주무르기 시작했다. 또한 그들은 조선 정부의 이름을 빌려 농민군 토벌에 나섰다. 농민군은 8월 25일_{음력} 남원에서 7만여 명이 모인 가운데 재봉기를 결의하고 9월에 다시 일어섰으니 이른바 제2차 농민 전쟁이 시작된 것이다. 9월 13일 삼례에서 전봉준의 지도로 농민군은 "일본군을 몰아내고 개화 정권을 타도하기 위해 삼례로 모이자."는 공문을 돌리는 한편, 제1차 봉기에는 참여하지 않았던 북접과도 연합을 시도했다. 그리하여 9월부터 민족의 운명을 건 싸움이 시작되었다.

그러나 그 싸움은 이미 승패가 나 있는 것이나 마찬가지였다. 이번 싸움의 상대는 1차전에서 싸운 무능하고 부패한 정부군이 아니라 청나라와 전쟁을 벌이고 있는, 근대적인 무기와 훈련을 갖춘 일본군이었기 때문이다. 10월 9일 전봉준의 남접과 손병희의 북접이 합류한 4만 명의 농민군이 공주에 집결하여 관군 · 일본군과 결전에 들어갔다. 초기 농민군은 관군에 승리했으나 점차 훈련과 우세한 화력으로 무장한 관군 · 일본군에게 밀리기 시작했다. 11월 8일 공주 우금치 전투에서 농민군이 패배함으로써 사실상 싸움은 끝났다. 그와 함께 조선을 아래로부터 바꾸고자 했던 농민군의 꿈과 희망도 사라졌다. 그것은 동시에 조선이라는 국가적 존망이 위기에 처하게 되었음을 의미했다.

아시아의 강자로 떠오른 일본

청 나라가 조선에서 거점을 완전히 상실한 뒤에 전쟁은 어떤 양상으로 전개되었을까? 당연히 전선은 만주 지역으로 확대되었다. 평양 전투에서 승리한 일본군 제1군이 압록강을 넘어선 것은 10월 24일이었다. 이어 10월 29일에는 봉황성에 입성했다. 그리고 11월 21에는 일본의 제2군이 랴오둥 반도에 상륙하여 뤼순旅順을 점령했다. 이때 일본군은 일반 시민과 부녀자들을 무차별 학살하는 만행을 저질렀다. 《뉴욕 월드》는 일본군이 비전투원 6만 명을 살해했다고 보도하면서, 일본을 "문명의 탈을 쓴 야수가 이제야 문명의 탈을 벗고 야만의 정체를 드러냈다."고 비난했다.

12월 13일 일본군 제1군 3사단이 하이청海城을 함락했다. 하이청은 펑톈奉天, 지금의 선양에서 120킬로미터밖에 떨어져 있지 않았고, 펑톈과 랴오둥 반도의 중간에 있는 요충지였다. 펑톈은 청 왕조가 산하이관山海关을 넘어 중국 땅으로 진출하기 전의 두 황제, 즉 청 태조 누르하치와 제2대 황제 홍타이지의 능이 있는 곳으로 청 나라로서는 특별한 의미가 있는 지역이었다. 그랬기 때문에 해성이 점령당하자 청은 이를 탈환하기 위해 집요하게 달라붙었다. 송경이 지휘하는 청의 의군이 공격을 계속하자 일본군은 하이청을 다시 내줄 수밖에 없었다.

전선이 확대되자 일본군도 어려움을 겪기 시작했다. 내륙으로 들어갈수록 일본군은 보급선이 길어지고 '게릴라로 전환한 청군과 그를 지원하는 농민들의 격렬한 저항'을 받아야 했다. 당시 일본의 국력으로서는 무한정 전쟁을 확대해갈 수만은 없는 처지였다. 더구나 전쟁이 계속되어 청나라가 위기에 몰리거나 무너지게 되면 서구 열강의 개입이 있을 것이 분명했다. 적당한 시기에 전쟁을 종결짓고 이권을 챙기는 것이 필요했다. 물론 전쟁을 끝내는 것은 청 나라 처지에서는 더욱 절박한 문제였다. 일본과 싸움을 하는 것은 이홍장의 북양군 뿐이었고 다른 세력들은 팔짱을 끼고 강 건너 불구경이나 하는 상황이었기 때문이다.

그래서 장제스는 청일 전쟁을 "중국에서 가장 수치스러웠던 전쟁"

이라고 평가했다. 장제스 자신도 나중에 일본이 중국 침략에 한창 열을 올리고 있을 때, 항일전을 벌일 생각은 않고 중국 공산당과 싸우는 데만 여념이 없었지만, 그래도 그는 청일 전쟁에 대해서는 비교적 정확하게 평가하고 있었다. 결국 청일 전쟁은 청 나라와 일본이 싸웠다기보다 이홍장과 그의 사병인 북양군이 일본과 싸운 전쟁이라고 하는 편이 옳았다. 이런 상황에서 미국이 중재자로 나서면서 비로소 협상이 시작되었다.

일본은 아직 한 가지 해결하지 못한 게 있었다. 이른바 '황해 해전' 이후 산둥 반도의 웨이하이威海에 틀어박혀 있는 북양 함대였다. 일본은 정원과 진원으로 대표되는 북양 함대를 격파하고 웨이하이를 함락해야 비로소 완전한 승리에 이를 수 있다고 보았던 것이다. 그 때문에 협상은 지지부진했고, 일본은 계속 생트집으로 시간을 끌면서 기회를 엿보았다. 1895년 2월 4일 드디어 일본 해군은 웨이하이의 북양 함대를 공격하기 시작했다. 계속되는 일본의 야간 습격으로 청 나라는 북양 함대의 상징이었던 정원을 잃고 말았다.

다음 날 전투에서는 내원과 위원의 두 군함도 잃었다. 이렇게 되자 북양 함대 제독 정여창은 2월 12일 항복 문서를 작성한 다음 음독자살하고 말았다. 이제 웨이하이는 일본에 함락되었고, 북양 함대는 일본의 전리품이 되었다. 일본 해군이 7천 335톤의 거함 진원을 전리품으로 획득하자 일본 국민은 '미친 듯이' 기뻐했다. 정원과 진원의 두 거함을 일본은 오랫동안 두려워했기 때문이었다.

북양 함대가 궤멸하자 청 나라는 이홍장이 직접 전권대신으로 교섭에 나섰다. 그는 72세의 노구를 이끌고 일본으로 건너가야 했고, 일본

청일 전쟁 당시 청 나라 철갑함 진원(鎮遠)

에서는 테러리스트의 저격을 받아 총탄을 빼내는 수술까지 받아야 했다. 그로서는 가장 치욕스런 순간이었다. 자신이 키운 북양군과 북양함대는 무참히 궤멸했고, 그는 이제 패전의 뒤처리를 웨이하이 일본 땅에서 총까지 맞아야 했다. 어쩌면 그는 이런 생각을 했을지도 모른다. '과연 이 치욕을 만회하고 다시 일어서는 중국을 볼 수 있을까?' 이홍장은 조인식이 끝난 그날로 귀국길에 올랐다. 한시라도 빨리 그 굴욕의 자리를 떠나고 싶었을 것이다.

1895년 4월 17일 시모노세키에서 양국의 전권대사는 조약과 부속의 성서에 소인했다. 이튼바 '시모노세키 소약'으로 불리는 이 소약은 청 나라에는 참으로 가혹한 것이었다. 청 나라는 조선에 대한 종주권 주장을 포기했고, 랴오둥 반도와 타이완台湾, 평후澎湖 열도를 일본에 넘겨주었다. 또한 청 나라는 전쟁 보상금으로 2억 냥을 지급하기로 했으며, 유럽 각국과 맺은 조약을 기초로 청일 사이에 새 조약을 체결하기로 했다. 그 조약이 체결될 때까지 청 나라는 일본을 최혜국으로 대우하며, 기존 항구 외에 일본인을 위해 새로이 4개의 항구를 개방하기로 했다. 그 밖에도 일본 배의 양자 강 항로 보장, 일본인의 구매와 운송품에 대한 세금 면제 등이었다.

이 가운데 랴오둥 반도의 할양은 조약이 조인된 지 6일 후 러시아, 프랑스, 독일의 3국 간섭으로 일본이 포기할 수밖에 없었지만, 아무튼 중국으로서는 치욕적인 일이었다. 이 굴욕적인 조약 내용이 알려지자 각지에서 조약 비준을 반대하는 운동이 벌어졌다. 전쟁의 최고 책임자였고 전권대신이었던 이홍장에 대한 비난의 소리도 높았다. 결국 이홍장은 패전의 책임을 지고 정계에서 물러나지 않을 수 없었다. 그러나 청일 전쟁에서 청나라의 패배는 이미 예정된 것이었다.

병력의 양에서는 육군과 해군 모두 청 나라가 일본보다 많았지만, 그 질에서는 현저하게 떨어졌다. 청군은 장군들이 지방 군벌처럼 행세하고 있었기 때문에 분열되어 있었다. 장비와 편제가 혼잡했고 지휘 계통도 중구난방 통일되어 있지 않았다. 군대는 군벌의 사병이나 마찬가지였다. 병사들의 훈련도 부족했고 지휘관도 미숙했다. 청군은 낙후된 봉건 청 나라의 모습을 그대로 보여주고 있었다. 반면 일본은 정치적으로 강력하게 통일되어 있었고 국민을 전쟁에 동원하는 데서도 크게 성공했다. 군대의 조직과 편제는 잘되어 있었고 훈련도 빈틈이 없었다. 일본군은 급속한 산업화를 통해 서구 열강을 뒤쫓고 있는 근대국가 일본의 모습을 그대로 보여주고 있었다.

봉건적인 군벌들이 나라를 지배하는 한 청 나라는 전쟁에서 이길 수가 없었다. 청일 전쟁의 패배로 중국인의 자존심은 그야말로 무참히 짓밟혔다. 아편 전쟁의 패배에 이어 당시로는 소국이라고 생각했던 일본에마저도 패했으니 중화주의에 젖어 있던 중국인들의 심정이 어떠했겠는가. 부패하고 무능한 만주족 국가 청국에 대한 민중의 분노는 쌓여만 갔고, 반일 감정도 높아 갔다. 이러한 민중의 분노와 반일 감정은 이제 새로운 모습으로 표출되기 시작했다. 일반 민중은 그것이 어떤 방향으로 움직이는 것인지 아직 잘 몰랐다. 그러나 그것은 쑨원孫文의 말처럼 "청조 정부를 타도하고 민국을 창건"하려는 방향으로 움직이고 있었다. 또한 그것은 중국을 반半식민지로 떨어뜨린 외세와의 싸움이기도 했다. 청일 전쟁이 끝난 지 20년 뒤 청 나라가 멸망하고 중화민국이 들어섰으며, 그때부터 중국 민중의 본격적인 반제 · 반봉건 혁명이 시작되었던 것이다.

청일 전쟁으로 아시아의 세력 판도에 커다란 변화가 일어났다. 이미 내부적으로 허물어지고 두 번의 아편 전쟁으로 서구의 반식민지로 전락해 가던 청 나라는 청일 전쟁에서도 참패함으로써 대국으로서의 면모를 완전히 상실하고 멸망의 길을 걸을 수밖에 없었다. 반면 일본은 아시아의 강자로 떠올라 조선을 두고 러시아와 쟁패를 다투기 시작했으며, 10년 뒤 러일 전쟁에서도 승리함으로써 조선을 완전한 식민지로 만들고 중국 침략에 나서게 되었다. 따라서 청일 전쟁은 일본의 제국주의적 팽창 야욕이 본격적으로 드러나고 아시아의 패권국가로의 첫 발걸음이 시작되는 사건이었다.

3. 미국-스페인 전쟁

'세계 헌병'을 향한 미국의 첫걸음

발단은 쿠바에서 시작되었다

미국-스페인 전쟁은 한창 세계를 향해 뻗어 가면서 힘이 넘쳐나던 미국의 힘을 보여 준 전쟁이었다. 이 전쟁을 통해 미국은 태평양, 나아가 세계 중심으로 나설 수 있게 되었다. 당시 미국이 한창 혈기왕성한 청년이었다면 스페인은 무적함대의 영광을 뒤로하고 황혼기에 접어든 쇠잔한 노인이었다. 따라서 싸움의 승패는 불을 보듯 뻔했다. 그랬기에 스페인은 싸움을 피했지만, 미국은 한사코 시비를 걸었다.

스페인은 가장 먼저 라틴아메리카를 점령하고 식민지로 삼아 오랫동안 그곳에서 영광의 제국을 뒷받침할 수 있는 부를 가져갔다. 그것은 금과 은으로 대표되는 화폐 광물이었다. 스페인은 멕시코, 칠레, 콜롬비아, 볼리비아, 페루, 베네수엘라, 아르헨티나 등지에 스페인 부왕령을 세우고 금광과 은광을 개발하여 마구 실어갔으며, 무역선을 보호하기 위하여 쿠바섬을 중심으로 카리브해도 장악했다.

그러나 스페인의 영광은 2백 년 남짓 지나면서 유럽 강국들에 의해

미국과 스페인간의 전쟁을 묘사한 그림의 일부

위협받기 시작했고, 마침내 그 패권을 영국과 프랑스 등 대륙의 새로운 강자들에게 넘겨주어야 했다. 동시에 19세기에 들어서면서 라틴아메리카 전역에서 독립전쟁의 불길이 거세게 타올랐고, 마침내 그 나라들은 하나둘 독립하여 스페인의 지배에서 벗어났다. 19세기 말 스페인은 황혼의 제국으로서 쿠바섬을 지키는 것으로 마지막 자존심을 위로받고 있었다. 그러나 그곳마저도 쿠바인의 제2차 독립전쟁으로 위기에 처했다. 그때 더욱 강력한 적이 나타났다. 미국이었다. 미국은 스페인에 트집을 잡아 전쟁을 일으켰고, 마지막 남은 모든 유산을 빼앗아 갔다.

구바의 아름다운 항구 노시 아바나. 아바나는 일씩이 구바가 스페인의 식민지였던 시절에는 해외 무역의 중심지였고, 독립한 뒤 미국의 영향력 아래 있을 때는 뛰어난 자연경관으로 하여 외국인들의 휴양지로 주목받았으며 도박이 흥행하던 환락의 도시였다. 특히 아바나는 미국의 플로리다 남단에서 145킬로미터밖에 떨어져 있지 않은 매우 가까운 거리에 있어서 카스트로가 이끄는 쿠바 혁명이 일어나기 전까지 미국 사람들에게는 자기 나라의 일개 휴양 도시로 여겨지던 곳이다. 그러나 지금은 사회주의 쿠바 공화국의 수도로서 도박이나 환락과는 거리가 먼 곳이 되었다.

1898년 2월 15일, 이곳 아바나 항에서 원인 모를 폭발 사고가 일어났다. 사고는 당시 항구에 정박하고 있던 미 해군의 순양함 메인Maine호에서 일어났다. 그 사고로 배는 침몰하고 승무원 262명이 사망했다. 사고가 일어나자 미국은 당시 쿠바를 지배하고 있던 스페인을 배후로 지목하고 보복을 다짐했지만, 스페인은 자신과는 무관한 일이라고 발뺌을 했다. 미국 측에서는 "항만 물밑에 폭발물이 장치되었다."고 주장했지만, 스페인 당국은 "내부적인 폭발이 틀림없다."면서 그 원인은 배 안에 가득 싣고 있던 탄약이었을 것이라고 했다.

폭발의 원인은 정확히 밝혀지지 않았지만, 지금에 와서는 미국의 조작이라는 것이 거의 정설처럼 되고 있다. 사건 발생 후 시간이 흐르면서 미국과 스페인 사이에는 긴장이 고조되었고, 미국의 보수 신문과 강경파들은 "메인호 사건을 잊지 말자! 스페인을 타도하자!"고 외치면서 전쟁을 선동하기 시작했다. 그로부터 2개월이 지난 4월 20일 미국은 스페인에 전쟁을 선포했다. 또한 4일 후에는 스페인도 그에 맞서 선전포고를 함으로써 미국과 스페인 사이에 전쟁이 시작되었다.

전쟁은 해를 넘기지 않고 끝났다. 미국의 일방적 승리였다. 12월 10일 파리에서는 미국과 스페인 사이에 전쟁을 공식적으로 마무리 짓는 강화 조약이 맺어졌다. 조약의 내용은 스페인에 매우 가혹한 것이었다. 스페인은 쿠바에 대한 모든 권리를 포기하고, 괌과 푸에르토리

파리 조약에서 서명하는 미국의 존 해이 국무부 장관

코를 미국에 넘겨주었으며, 필리핀마저도 2천만 달러를 받고 포기해야 했다. 이것은 콜럼버스가 아메리카를 발견한 이후 3백여 년간 아메리카 대륙을 지배해온 스페인 제국의 종말을 의미했다. 동시에 아메리카 대륙의 실질적인 맹주가 미국으로 바뀌었음을 세계만방에 알리는 것이기도 했다.

미국-스페인 전쟁의 직접적인 발난이 된 것은 메인호 폭발 사고였지만, 전쟁의 원인은 다른 곳에 있었다. 그것은 다름 아닌 쿠바의 독립 혁명이었다. 1895년 쿠바 민중은 스페인의 지배에서 벗어나기 위해 제2차 독립전쟁을 시작했다. 그것을 주도한 것은 시인이자 쿠바 혁명의 아버지로 추앙받는 호세 마르티가 이끄는 쿠바 혁명당이었다. 봉기를 일으킨 민중은 혁명군을 조직하여 무력 투쟁을 전개했다. 혁명군은 게릴라전으로 동부 지방을 장악하고, 1895년 9월에는 쿠바 공화국을 선포했다. 그리고 이듬해 1월 무렵에는 혁명군이 쿠바 대부분을 장악했다. 그러자 스페인 정부는 반란을 진압하기 위해 군사력을 증강했다.

스페인군은 혁명군과 주민을 분리하기 위해 혈안이 되었다. '학살자'란 악명을 얻은 발레리아노 웨일레르 이 니콜라우 장군은 젊은 청년들을 징병령을 발동해 군인으로 징발했고, 혁명군이 기반으로 삼고 있던 농촌 지역의 주민은 수용소로 몰아넣었다. 그 결과 쿠바 농촌에서 수십만 명의 주민이 도시 지역의 수용소에 갇히게 되었다. 수용소에서는 수만 명의 쿠바인이 굶주림과 질병으로 죽어갔다. 이러한 사정들은 미국의 선동적인 신문에 생생히 보도됐고, 미국인들의 분노를 샀다.

여론은 '쿠바 해방을 위해' 미국이 개입해야 한다는 방향으로 나아갔다. 그러나 그것은 구실이었을 뿐이다. 문제는 미국인의 분노가 결코 스페인군의 잔혹 행위에 대한 인도적 차원의 것만은 아니었다는 사실이다. 넘쳐나는 힘을 주체하지 못하고 있던 미국으로서는 카리브 해 연안과 중남미 지역에서 스페인이나 다른 유럽 국가들이 지배력을 행사하고 있는 것이 못마땅했던 것이다. 아니 이제 한참 몸을 만들어 근육을 단련한 미국이 근질근질한 몸을 풀고 자신의 힘자랑을 한번 해보고 싶어 안달이 났던 것이다.

그런 점에서 미국-스페인 전쟁은 케네스 C. 데이비스의 말처럼 "미국의 근육 신축 운동을 위한 전쟁"이었다. 그리고 "이제 콧등이 좀 높아진 젊은 나라 미국이 얼기설기 늘어진 거미줄을 걷어치우고 경제 침체의 동굴로부터 몸을 끌어내서 오만한 유럽에 대하여 힘으로 본때를 보여주기 위해 싸운 전쟁"이었다.

전쟁 못해 안달 난 사람들

미국의 유명한 문필가 조사이어 스트롱Josiah Strong은 1885년에 발표하여 베스트셀러가 된 그의 저서『우리나라』에서 "힘이 넘치는 이 민족은 멕시코까지, 중남미 대륙까지, 그 해역의 많은 섬까지, 그리고 아프리카 대륙과 그 너머까지 뻗어 나갈 것이다."라고 했다. 그리고 그는 이렇게 결론을 내린다. "여러 민족 간 경쟁의 결말은 오직 '최적자'의 생존이란 것을 의심할 사람이 있겠는가?" 그의 이런 주장은 미국-스페인전쟁의 정신적 바탕을 이루고 있다. 당시 미국인들은 미국의 넘쳐나는 힘을 국경 밖으로 펼쳐보일 때가 되었다고 생각하고 있었고, 그 처음 대상은 스페인이 지배하고 있던 쿠바였던 것이다. 한마디로 황혼기에 접어든 스페인으로서는 원기가 넘쳐 주체할 줄을 모르고 있던 패기에 찬 젊은 미국에 잘못 걸려든 셈이었다.

미국은 경제적으로 쿠바를 비롯한 서인도 제도의 여러 섬과 깊은 이해관계가 있었다. 1898년 당시 쿠바에 대한 미국의 투자가 이미 5천만 달러를 넘어서고 있었으며, 쿠바는 적어도 매년 1억 달러 이상을 미국에 수출하고 있었다. 그런데 스페인은 이와 같은 미국의 이해관계를 무시하는 잘못을 범하고 말았다. 1894년 미국과 쿠바 사이에 맺은 무역 협정을 취소해버린 것이다. 스페인은 쿠바 수입품의 대부분을 스페인에서 가져오도록 강요했으며, 미국에는 높은 관세를 부과했다. 이러한 조치는 쿠바 민중에게 더욱 심한 고통을 안겨주었으며 1895년 봉기의 직접적인 원인이 되었다. 당연히 미국에서도 적지 않은 불만이 터져 나왔다.

이러한 상황을 고려할 때 쿠바에 대한 미국의 개입은 사실상 시간 문제였다. 차라리 미국은 쿠바에 개입하기 위해 기회를 엿보고 있었다고 하는 게 옳을 것이다. 이런 미국의 존재가 스페인으로서는 여간 신경이 쓰이는 것이 아니었다. 어떻게 해서든지 미국의 개입을 막아야 했다. 이에 스페인 정부는 미국의 나쁜 여론을 무마하고 사태를 진정시키기 위해 온건책을 선택했다. 1897년 스페인은 학살의 책임을 물어 웨일레르 장군을 소환하는 한편, 쿠바의 자치를 허용하고 수용소를 폐지하겠다고 발표했다. 또한 메인호 폭발 사건이 일어나자 이번에는 쿠바 민중의 반란 사태를 해결하기 위해 미국의 중재를 허용하겠다고 했다. 하지만 이런 스페인의 노력도 미국과의 전쟁을 막지는 못했다.

1898년 4월, 스페인은 도시 지역 대부분을 장악하고 있었으나 아직도 대부분의 농촌 지역은 혁명군의 수중에 들어 있었다. 국토 면적의 4분의 3에 이르는 지역이 혁명군의 영향 아래 놓여 있었고, 쿠바인의 저항은 보편화되어 있었다. 이렇게 간다면 스페인을 몰아내고 쿠바 혁명이 성공하는 것은 시간문제처럼 보였다. 그러나 미국으로서는 스페인이 쿠바를 지배하고 있는 것도 언짢은 일이었지만 쿠바에서 혁명이 성공해서 흑인 국가 또는 혼혈인 국가가 들어서는 것도 받아들이기 어려웠다. 이미 '아이티'라는 흑인 국가가 들어선 마당에 쿠바마저 그렇게 되도록 놔둘 수는 없었다. 쿠바 혁명으로 미국의 경제적 이해관계가 얼마나 손상당할지도 모르는 일이었다. 미국은 쿠바에 개입함으로써 넘쳐나는 힘으로 스페인을 카리브 해안에서 몰아내고 아메리카의 헌병이 되어야 했다. 그래서 미국은 구실만 주어지기를 바라고 있었다.

그처럼 기회를 노리고 있던 미국에 메인호 폭발 사건은 절호의 기회였다. 메인호는 쿠바에서 혁명이 일어나자 미국이 자국의 거류민을 보호한다는 명목으로 파견한 함대였다. 그러나 그것은 미국의 무력시위나 마찬가지였다. 스페인으로서는 이런 미국의 처사가 쿠바 지배에 대한 공공연한 도전처럼 보였으며, 여간 자존심 상하는 일이 아니었을 것이다. 그렇지만 스페인은 함대를 불사르고 미국과 전쟁을 불사할 만한 힘은 없었다. 때로는 우연한 사건이 역사를 바꾸기도 한다지만, 메인호의 폭발도 우연이라면 그 우연은 쿠바의 역사를 바꾸는 계기가 되었다. 아니면 메인호 사건은 우연을 가장한 '미국의 계획된 음모'였는지도 모르지만, 그 진실을 밝혀줄 근거는 없다. 다만 추정과 역사적 상상력이 있을 뿐이다.

메인호 사건이 일어나자 가장 신이 난 것은 미국의 보수 신문들이었다. 특히 《뉴욕 저널》과 같은 팽창주의를 대변하는 극우 신문은 연일 전쟁을 떠들어댔다. 그들이 내세운 구호 '메인호를 기억하자!'는 1836년 멕시코와 텍사스가 전쟁을 벌일 때 미국인들이 외친 구호 '알라모를 기억하라!'와 어쩌면 그렇게 똑같은지. 극우 언론의 공세는 집요했다. 덕분에 《뉴욕 저널》은 판매 부수가 40만 부에서 1백만 부 이

＊　　알라모 요새의 추억. 1836년 미국인 결사대가 멕시코로부터 텍사스를 독립시키기 위해 싸운 역사적인 저항의 요새가 알라모다. 산타 안나 장군이 이끄는 6천여 명의 멕시코 군대에 맞서 187명의 텍사스 민병대는 이곳에서 열흘간을 버티다가 전멸했다. 이후 이곳은 미국인들에게 영웅적 저항의 상징이 되었다. 후에 미국이 멕시코와 전쟁을 벌여 멕시코 영토의 절반 가까이 빼앗을 때 내건 구호가 "알라모를 기억하라!"였다.

상으로 껑충 뛰었다. 이만하면 전쟁도 선동할 만하지 않은가. 이와 함께 "은행가와 브로커, 철강업자와 정유업자, 그리고 제조업자와 선교사들"이 덩달아 춤을 추기 시작했다. 행정부 안에서도 전쟁을 주장하는 사람들은 있었다. 애초 매킨리 대통령은 전쟁보다는 외교로 문제를 풀어가려는 온건주의자였다. 하지만 정부 내의 강경파가 정부 밖의 호전주의자들과 합세하면서 대세는 전쟁 쪽으로 흘러갔다. 보통 이런 때는 목소리 큰 사람이 득세하게 마련이다.

정부에서 강경파를 대표하는 인물로는 상원의원 헨리 캐벗 로지, 해군차관 시어도어 루스벨트가 있었고, 『해양 세력의 역사적 영향』을 쓴 앨프레드 마한도 중요한 인물이었다. 이들은 모두 미국의 국외 팽창주의를 주장하는 사람들이었다. 로지 같은 사람은 "무역은 국기를 따라가는 것인 만큼 강력한 해군을 건설하여 지구의 구석구석에서 미국인들을 보호해야 한다."고 해서 미국의 제국주의적 팽창을 노골적으로 주장했다. 시어도어 루스벨트에 대해서는 뒤에 다시 언급하겠지만, "나는 전쟁이라면 거의 모두 환영한다. 이 나라에 필요하다고 생각하기 때문이다."고 했을 만큼 전쟁에 대해 대단한 열정을 가진 사람이었다. 이들은 모두 '전쟁을 못해 안달이 난 사람들'이었다. 이렇게 되자 매킨리 대통령도 별수가 없었다. 전쟁할 수밖에는 달리 다른 선택의 여지가 없었다.

황혼기의 노인과 혈기왕성한 청년의 싸움

사건은 쿠바에서 일어났지만, 막상 전쟁은 필리핀에서 시작되었다. 이건 또 무슨 일인가. 쿠바를 두고 미국과 스페인이 싸우는데 왜 느닷없이 필리핀이 튀어나오는가 말이다. 하기야 전쟁이 어디서 시작되든 무슨 상관인가. 이 전쟁이 기본적으로 영토 확장 전쟁일진데 그 싸움터가 어디면 어떠하랴. 그렇지만 그래도 필리핀이 문제가 된 데는 물론 이유가 있다. 그것은 필리핀이 스페인의 식민지였기 때문이다.

1898년 4월 20일 미국 의회가 전쟁을 선포한 지 10여 일이 지난 5월 1일에 스페인령 필리핀의 마닐라 만에서 미국과 스페인 사이에 첫 전투가 벌어졌다. 중국 연안에 있던 듀이 제독이 이끄는 미국 함대는 필리핀에 주둔하고 있던 스페인 함대를 기습 공격했다. 해군 준장 듀이는 해군차관 시어도어 루스벨트의 비밀 명령에 따라 상당 기간 이 싸움을 준비해왔다. 이 싸움은 미국의 완벽한 승리로 끝났다. 7시간에 걸친 전투에서 스페인은 모든 함선이 침몰당하고 3백여 명이 사망했다. 하지만 미국은 단 한 명의 사망자도 없었다. 부상자만 몇 명 생겼을 뿐이다.

마닐라만 해전에서 승리한 미국은 필리핀 본토를 향해 진격을 개시했다. 그러나 미국이 마닐라를 점령한 것은 3개월이 지난 8월 13일이었다. 마닐라를 점령하는 일은 미 육군이 도착한 다음에야 가능했는데 그곳에도 필리핀의 독립을 위해 싸우던 사람들이 있었기 때문이었다. 그러나 어쨌든 이제 필리핀은 스페인에서 미국으로 넘어가고 말았다. 미국은 스페인과의 싸움에서 쉽게 이겨 필리핀을 넘겨받을 수 있었지만, 필리핀 지배가 순조로웠던 것은 아니었다. 필리핀을 완전히 지배하는 것은 다시 피비린내 나는 살육이 있은 후에야 가능했기 때문이다.

미국이 스페인과 전쟁을 시작했을 당시, 필리핀은 민중들의 독립 항쟁이 치열하게 전개되고 있었다. 그들은 수백 년에 걸친 스페인의 식민지 지배에 항거했을 뿐만 아니라 미국이라는 새로운 지배자도 인정하지 않았던 것이다. 필리핀은 16세기부터 스페인의 식민지가 되었지만, 1896년부터 문필가 호세 리살Jose Rizal의 영향을 받은 보니파시오가 이끄는 '카티푸난'이라는 비밀 혁명조직이 독립을 위한 봉기를 시작했다. 1897년에는 에밀리오 아기날도Emilio Aguinaldo 장군이 이끄는 무력 투쟁으로 스페인의 개혁 약속을 받았으나 실질적으로 이루어진 것은 아무것도 없었다.

그런 상태에서 미국과 스페인 사이에 전쟁이 일어났다. 미 함대는 스페인 함대를 격파하기는 했지만 당장 마닐라를 점령할 수는 없었다. 왜냐하면 아기날도 장군이 이끄는 필리핀 혁명군이 사실상 전국을 장악하고 있었기 때문이다. 스페인 총독 페르민 하우데네스는 '자신의 명예를 위해' 저항하는 척하다가 미국에 비밀리에 항복했다. 그렇게 해서 미군이 마닐라를 점령하고, 혁명 세력이 그 밖의 필리핀 전역을 장악한 상태가 되었다. 그리고 다시 한 번 미군과 필리핀 혁명군 사이에 전쟁이 시작되었다. 그 싸움은 1906년에야 완전히 끝난다.

필리핀에서 있었던 싸움은 미국의 완승으로 끝났지만, 쿠바에서는 스페인군이 완강히 저항했다. 스페인 함대는 쿠바 해안에 강력한 저지선을 펴고 미국 함대의 공격에 맞섰다. 그러자 미국은 쿠바 해안

마닐라만 전투 ㅣ 마닐라만으로 들어가는 미국 함대

을 봉쇄하고 스페인군을 고립시킨 뒤 후방에 침투하는 방법을 사용했다. 7월 1일 해군차관을 팽개치고 전쟁에 참가한 시어도어 루스벨트 Theodore Teddy Roosevelt가 이끄는 러프라이더 연대와 미 육군은 산티아고의 산후안 언덕을 향해 공격을 개시했다. 미군은 상당한 피해를 보았지만 결국은 언덕을 점령하고 말았다. 이 전투에서 시어도어 루스벨트는 일약 영웅으로 떠올랐다. 그는 유명한 종군 기자 두 명을 내동하고 전쟁에 참여했던 터라 그의 행적이 미국의 신문에 크게 보도되었던 것이다. 그는 이 전쟁에서 국민적 영웅이 되어 몇 년 뒤 미국대통령에 당선될 수 있었다.

산후안 언덕을 점령한 미군은 산티아고의 스페인군 후방을 기습 공격했다. 그러자 스페인의 세르베라 이 토페테 제독은 7월 3일 함대를 이끌고 산티아고를 빠져나와 해안을 따라 서쪽으로 탈출하려 했지만, 미군의 집중적인 공격으로 함선 대부분이 침몰했다. 7월 17일, 마침내 산티아고가 미군에게 함락당함으로써 전쟁은 끝났다. 미국이 쿠바섬에서 스페인의 공격을 효과적으로 물리치고 빨리 승리할 수 있었던 것은 스페인군과 싸우던 쿠바 독립군의 지원에 힘입은 바 컸다. 그러나 전쟁이 끝난 뒤 미국은 쿠바 독립군의 존재를 무시하고 쿠바를 점령한 뒤 군정을 실시한다.

1898년 8월 12일, 미국과 스페인 사이에 예비 평화조약이 맺어졌다. 전쟁은 미국의 일방적 승리로 마무리되었다. 스페인은 이미 미국의 상대가 아니었다. 이 전쟁은 "한창 혈기왕성한 청년과 황혼기에 접어든 노인의 싸움"이나 마찬가지였다. 어떤 면에서 미국의 적은 "스페인이 아니라 말라리아와 황열병"이라고 하는 편이 옳을 것이다. 이 전쟁으로 미국은 5천 462명의 전사자가 났지만, 전투로 사망한 사람은 379명에 불과했고 나머지는 병으로 죽었다. 그 때문에 "전쟁의 진정한 영웅은 루스벨트와 그의 특공대가 아니라, 말라리아와 황열병이 모기에 의해 전염된다는 사실을 발견한 월터 리드 박사"가 차지했다. 리드 박사의 지시에 따라 모기 서식지인 야영지 주변의 습지들을 메워 모기의 번식을 막았고, 이로써 수많은 인명을 질병으로부터 구해낼 수 있었다.

스페인과의 전쟁에서 승리함으로써 미국은 쿠바와 푸에르토리코, 웨이크섬과 괌, 그리고 필리핀을 소유하게 되었다. 또한 같은 해에 하와이마저 병합함으로써 미국은 "새로운 태평양 제국으로 나아가는 징

검다리"를 놓게 되었다. 미국은 하늘을 향해 솟아오르는 기세로 세계의 강국으로 떠올랐다. 반면 전쟁에서 진 스페인은 이제 더 이상 세계의 강대국이 될 수 없음을 너무도 뼈저리게 느껴야 했다. 스페인이 선택할 길은 내치에 힘을 쏟는 것밖에 달리 방법이 없었다.

루스벨트와 미국의 팽창주의

시어도어 루스벨트. 그에게 영웅이란 이름을 붙이는 건 아무래도 좀 어울리지 않는 것 같지만, 어쨌든 그는 미국-스페인 전쟁을 통해 혜성처럼 등장해서 미국 역사와 미국인들의 가슴에 깊은 흔적을 남긴 인물임은 틀림없다. 당시 미국의 국력과 군사력으로 볼 때 그가 미국-스페인 전쟁의 승패를 결정적으로 가름할 만큼의 역할을 했다고 볼 수는 없다. 그렇지만 전쟁과 그 후 미국의 진로를 결정하는 데서 그의 역할이 컸던 것은 분명하다. 시어도어 루스벨트는 전쟁으로 명성을 드날렸고, 그 덕분에 대통령이 되었다. 그는 미국이 스페인과 전쟁을 벌이도록 하는 데 가장 앞장선 인물이었다. 그는 전쟁이 일어나자 해군차관이라는 직위도 버린 채 전쟁터로 달려가 큰 공을 세웠다. 그리고 전쟁이 끝난 뒤 그 여세를 몰아 미국의 대통령에 당선1901~1909년 재임되었으며, 그는 미국의 국력에 걸맞게 국외 팽창 정책을 세우고 추진했다.

루스벨트는 러일 전쟁 당시 일본과 밀약을 맺어 조선에서의 일본의 주도권을 인정해주는 대신 필리핀에서의 지위를 인정받았다. 또한 그는 러일 전쟁을 중재한 것을 이유로 노벨 평화상까지 수상했다. 하지

시어도어 루스벨트

만 그는 철저히 힘에 근거한 '곤봉 외교'를 추진함으로써 미국이 '세계의 헌병' 역할을 할 수 있는 주춧돌을 놓은 사람이 되었다. 그 때문에 시어도어 루스벨트는 조지 워싱턴, 토마스 제퍼슨, 에이브러햄 링컨, 프랭클린 루스벨트, 존 F. 케네디와 더불어 미국인들의 기억에 가장 인상 깊이 남아 있는 정치가의 한 사람이 되었다.

1858년 미국 뉴욕 시에서 태어난 시어도어 루스벨트는 어릴 때 몸이 약한 편이었으나 운동으로 극복하고 평생을 매우 정력적으로 살았다. 그는 "자연과 인간에 대해 끊임없이 도전하며 살았던 인물"로 평가받을 정도로 모든 일에 적극적이었다. 루스벨트는 23세에 뉴욕 주 의회에 진출한 이후 공화당에서 주목받는 정치가가 되었다. 특히 그는 타락한 파벌 정치에 대항함으로써 개혁적 이미지의 정치가가 되었다. 한때 정치적 좌절을 맛보기도 하지만 1889~1895년에 인사 위원회 위원, 1895~1897년에 뉴욕 시 경찰청장을 거쳐 1898년에는 해군차관으로 재기에 성공했다. 하지만 그를 전국적인 인물로 떠오르게 한 것은 뭐니 뭐니 해도 미국-스페인 전쟁이었다.

루스벨트는 메인호 폭발 사고가 나자 행정부 내의 강경파를 대변하는 인물이 되었다. 그는 전쟁이 일어나자 해군차관의 직위도 팽개친 채 스스로 의용대를 조직하여 전쟁터로 달려갔다. 그의 부대는 '러프라이더스Rough Riders, 거친 기병대'로 불렸는데, 특히 산티아고 전투에서 그 용맹을 떨쳐 루스벨트는 일약 국민적 영웅으로 주목받았다. 전쟁이 끝난 후 뉴욕 주지사를 거쳐 매킨리 대통령의 러닝메이트로 부통령에 당선되었다. 그리고 1900년 9월 14일 매킨리 대통령이 암살되자 그의 대통령직을 승계했고, 1905년 재선에 성공하여 1909년까지 대통령직을 수행했다.

루스벨트는 대통령으로 있으면서 국내적으로는 과감한 개혁 조치로 많은 국민의 지지를 받았다. 독점 금지법을 과감히 집행함으로써 '트러스트 파괴자'라는 별명을 얻기도 했다. 그 결과 독점 기업가들에게는 비난의 대상이 되었지만, 국민으로부터는 존경과 신뢰를 받았다. 또한 그는 노사관계에서도 대자본가를 편들지 않고 중립적 태도를 보여 '공평 정책'이란 평가를 받았으며, 공공복지 제도를 확대하여 복지 국가의 기반을 마련했다.

그러나 루스벨트는 대외 정책에서는 결코 '공평 정책'을 실시하지 않았다. 그는 철저히 힘을 신봉하는 사람이었다. 그의 이런 태도는 이미 미국-스페인 전쟁에서 잘 나타나고 있지만, 그 후에도 이런 모습은 일관되었다. "약한 나라는 망하고 강한 나라는 살아남는다."는 것이 루스벨트의 철학이었다. '적자생존의 법칙'에 대한 철저한 믿음이었다. 그리고 처음 대상이 쿠바와 필리핀이었다.

미국-스페인 전쟁 후 미국은 쿠바에서 3년간에 걸쳐 군정을 실시했다. 1901년에는 쿠바에 대한 내정 간섭과 군사 기지를 내용으로 한 플랫 수정 조항이 쿠바 헌법에 추가되고, 관타나모 만에 미군 기지를 설치함으로써 사실상 쿠바는 미국의 지배하에 놓이게 되었다. 미국의 이런 정책은 필리핀에서도 계속되었다. 스페인과 전쟁에서 이긴 미국은 필리핀 전체를 장악하기 위해 다시 필리핀 민중과의 싸움을 벌이기 시작했다.

미국과 필리핀 민중의 전쟁은 1899년 2월 4일 미군의 마닐라 외곽에 대한 폭격으로 시작되었다. 필리핀 민중의 저항은 1906년까지 계속되었지만, 미군을 몰아낼 수는 없었다. 미국은 필리핀을 확보하기 위해 1905년에는 일본과 가쓰라-태프트 밀약을 맺었다. '조선은 일본이, 필리핀은 미국이 식민지로 삼는 것을 서로 용인한다'는 내용이었다.

루스벨트는 외교 문제를 처리하는 방법을 "부드럽게 말하면서 큰 몽둥이를 드는 것"이라고 말하곤 했는데 그 때문에 '몽둥이 루스벨트'란 별명을 얻기도 했다. 미국은 그와 같이 '커다란 몽둥이를 드는 방법'으로 콜롬비아가 소유하고 있던 파나마 운하지대도 확보했다. 프랑스인 레셉스가 시작한 파나마 운하 공사가 난관에 봉착하자 미국은 그 주식을 사들여 공사권을 확보한 뒤, 파나마의 분리주의자들을 부추겨 콜롬비아로부터 파나마를 떼어냈다. 그 뒤 1903년 파나마와 헤이-뷔노바리야 조약을 맺어 운하 소유권을 장악해버렸다. 파나마 운하의 소유권은 1977년에 맺은 조약으로 2000년에는 파나마 정부에 되돌아갔지만, 여전히 이곳에서 미국의 이해관계는 계속되고 있다. 파나마의 실권자 노리에가 장군이 미국의 비위에 맞지 않는 행동을 하자 미국은 1989년 파나마를 침공해 그를 축출한 뒤 새로운 정부를 세웠던 것이다.

미국은 루스벨트가 대통령으로 재임하는 동안에 카리브해 연안은 물론이고 중남미 지역도 사실상 자신들의 입김 아래 두었다. 나아가 태평양에 있는 하와이라든지 괌 등의 섬들을 소유함으로써 태평양 국가가 되었다. 그것은 미국의 국외 팽창이 본격적으로 시작되었음을 알리는 징표였다. 그는 먼로 독트린을 진정으로 힘으로써 실현한 인물이 되었다. 중남미가 미국의 뒷마당이라는 인식은 이때부터 미국인의 보편적 사고가 되었다. 그들은 뒷마당을 지키는 '라틴아메리카의 헌병'을 자처하기 시작했고, 그것은 '세계의 헌병'으로 나아가는 출발이었다.

루스벨트는 말이 아니라 실천으로 보여주는 정치가였지만 외교에서는 그의 말처럼 '부드러운 말'도 필요했던 모양이다. 그의 부드러운 말이란 것이 기껏 이런 정도였다. "라틴아메리카 문제에서 비非아메리카인의 개입을 금지하고 미국이 그 지역의 치안과 이들 나라에 의한 국제 조약의 준수를 책임진다." 이것은 이른바 먼로 수정안으로 알려진 1904년의 정책 성명 가운데 주요한 내용이었다. 이제 미국은 먼로 선언Monroe Doctrine*을 힘으로 뒷받침할 수 있을 정도로 강대국이 된 것이다.

그런데 재미있는 사실 한 가지는 힘의 외교를 실천한 전쟁광 루스벨트가 1906년 노벨 평화상을 받았다는 점이다. 1904년에 일어난 러일 전쟁을 중재하여 세계 평화에 기여했다는 것이 수상 이유였다. 이때부터 이미 노벨 평화상은 가장 정치적이면서 동시에 진정 세계 평화에 기여한 인물에게 주는 상이기도 한 이중적 성격을 갖고 있었다.

---

* 먼로주의 혹은 먼로 독트린(선언). 1823년 12월 2일 먼로 대통령이 발표한 미국 외교 정책의 기본 방향. '먼로 독트린'이라고도 한다. 유럽과 신대륙은 서로 다른 정치체제를 가지고 있으므로 별개의 지역으로 남아야 할 것이라고 선언하면서 다음과 같은 4가지 기본 사항을 밝혔다. ①미국은 유럽 열강의 군내 문제나 열강 사이의 세력 다툼에 개입하지 않는다. ②미국은 아메리카 대륙의 기존 식민지와 보호령을 인정하고 간섭하지 않는다. ③장차 아메리카 대륙에서의 식민지 건설을 엄금한다. ④유럽 열강이 아메리카 대륙의 어떠한 나라도 억압하고 통제하려 한다면 이는 미국에 대한 적대 행위로 간주할 것이다.

'분명한 운명'을 넘어 세계를 향해

19세기 중반 미국은 '분명한 운명'의 열풍에 사로잡혀 있었다. 그것은 "신의 선택을 받은 아메리카인"의 서부 팽창을 부추겼고, 거기에 고무되어 멕시코 전쟁과 인디언 추방 전쟁을 멋지게 해치웠다. 미국은 버지니아 서부의 땅을 획득했으며 대서양과 태평양을 동시에 바라보는 처지가 되었다. 이것으로 미국의 '분명한 운명'은 완성되었다. 그리고 영토 확장은 이것으로 끝나는가 싶었다. 그러나 그것은 영토 확장의 끝이 아니라 새로운 출발이었다.

1898년에 일어난 미국-스페인 전쟁은 미국의 명백한 운명에 새로운 전환점을 제공해주었다. 서부로 향한 확장 다음에 올 것은 국외로의 팽창일 수밖에 없다는 사실을 보여준 것이다. 미국이 국외로 뻗어갈 수 있는 방향은 태평양이었다. 태평양은 미국의 연안과 맞닿아 있었고, 미국이 세계로 나가는 길목이 되는 곳이었다. 특히 미국이 당시 모든 제국주의 세력이 눈독을 들이고 있던 중국으로 가자면 태평양을 건너지 않을 수 없었다.

페리M. C. Perry 제독이 이끄는 함선이 일본을 강제로 개국시킨 것도, 미국의 제너럴 셔먼호가 개항을 요구하며 조선에서 싸움을 벌였던 것도 이곳이 아시아 대륙으로 나아가는 길목이었기 때문이다. 물론 당시만 하더라도 미국의 해외 팽창이 본격적으로 전개되지 않은 상황이었고, 미국의 주된 관심은 일본이나 조선이 아니라 중국이었기 때문에 상황은 다르게 전개되었다. 일본은 그 틈새를 이용하여 개국을 전화위복의 계기로 삼아 새끼 제국주의로 자랐으며, 마침내 대륙으로 나아가기 위해 조선 침략에 나서게 되는 것이다.

미국의 팽창을 위한 길목인 카리브 해 연안의 쿠바와 태평양의 섬들, 그리고 중국을 향한 전진 기지가 될 수 있는 필리핀이 모두 스페인의 식민지였다는 점이 스페인에는 불행이라면 불행이었다. 결국 스페인과의 전쟁에서 승리함으로써 미국은 카리브해와 중남미 지역의 패자覇者가 되었으며, 태평양에 진출할 수 있는 발판을 마련했다. 태평양에 진출함으로써 미국은 비로소 세계에 진출할 수 있는 고속도로 위에 올라서게 되었다. 아직 세계의 강자는 영국이었지만, 조만간 그 시대는 종말을 고하게 될 것이었다. 영국을 대신하여 미국이 세계를 지배하는 시대가 올 것이기 때문이다. 이런 앞날을 예고하는 사건이 바로 미국-스페인 전쟁이었다.

동시에 그것은 한편으로 "힘이 권리와 이성보다 위에 군림하는 시대"가 도래했음을 알리는 사건이기도 했다. 유럽 강대국에 의한 아시아, 아프리카, 라틴아메리카 침략은 이미 오래전부터 계속되고 있었지만, 강대국 사이의 분쟁은 그래도 "비교적 평화스럽게" 해결되고 있었다. 그러나 이 시기부터는 그것도 어렵게 되었다. 강대국에 의한 약소국의 침략을 넘어 제국주의 사이의 본격적인 대결이 시작되고 있었던 것이다. 1898년의 미국-스페인 전쟁과 파쇼다 사건, 그리고 1904년에 벌어진 러일 전쟁은 그 예고탄이었다. 1870년대부터 본격화한 제국주의 열강의 식민지 분할 경쟁이 20세기에 들어서면서 단순히 경쟁 차원을 넘어서 제국주의 열강 사이의 전면적인 전쟁으로 나아가고 있었던 것이다.

20세기가 되면 세계의 식민지는 거의 분할되기에 이른다. 이제 독일, 미국, 일본, 이탈리아 등 뒤늦게 식민지 확보 경쟁에 뛰어든 나라들로서는 다른 나라의 식민지를 다시 빼앗아 나누지 않고서는 식민지를 차지할 방법이 없게 되었다. 그것은 세계를 파국으로 이끌 수 있는 위험한 상황이었다. 이렇게 되면서 그동안 강대국 사이에서 그나마 남아 있던 '권리와 이성'조차 '힘의 논리'로 바뀌기 시작했다.

만일 미국-스페인 전쟁처럼 한쪽이 압도적인 힘으로 다른 한쪽을 제압할 수 있다면 모르지만 그렇지 못할 때 어떤 일이 벌어질 것인가. 그 결과는 서로 간에 치명적인 상처를 안겨줄 것이다. 강대국 사이에 그런 치명타를 입히는 전쟁이 미국-스페인 전쟁이 벌어진 지 20년이 채 안 되어서 일어나고 말았으니, 바로 1914년의 제1차 세계대전이 그것이다.

미국은 유럽의 강국들과 지리적으로 떨어져 있고 이해관계 또한 직접 충돌하는 부분이 미약했기 때문에 제1차 세계대전에서는 한발 비켜설 수 있었다. 그러나 제2차 세계대전마저 피해갈 수는 없었다. 미국-스페인 전쟁 이후에 미국은 태평양으로 세력을 확대해갔고, 따라서 역시 태평양에 진출하고 있던 일본과 부닥칠 수밖에 없었다. 이는 미국이 스페인과의 전쟁에서 승리하면서 이미 충분히 예견된 것이었다. 필리핀과 동남아시아는 일본의 해외 팽창과 미국이 부닥치는 교차점이었기 때문이다. 스페인과의 전쟁이 있은 지 40년 뒤, 미국은 태평양에서 다시 일본과 일대 접전을 벌여야 했고, 그 싸움에서 승리함으로써 명실상부한 세계의 지배자로 올라설 수 있었다. 그렇게 본다면 미국-스페인 전쟁은 미국의 '분명한 운명'을 뛰어넘게 한 전쟁이면서, 동시에 세계 제국을 향한 미국의 출발점이었다고 할 수 있었다.

4. 아프리카 분할과 보어 전쟁

아프리카 비극의 뿌리는 어디에 있는 것일까?

열악한 아프리카의 자연 환경

우리가 아프리카를 생각할 때 떠오르는 것은 무엇일까. 드넓은 초원, 이글거리는 태양, 숨 막히는 사막, 아니면 동물의 왕국과 타잔 혹은 피골이 상접한 에티오피아와 소말리아의 어린이들, 르완다·소말리아 내전과 끝없이 이어지는 난민의 행렬. 조금 낭만적인 사람이라면 모로코나 튀니지의 해변과 눈 덮인 킬리만자로의 정상을 떠올릴 수도 있을 것이다. 또 신문이나 텔레비전의 외신 뉴스를 열심히 보며 사회와 역사에 관심이 있는 사람이라면 남아프리카공화국의 아파르트헤이트와 넬슨 만델라, 콩고민주공화국과 루뭄바*, 앙골라 내전과 모잠

---

* 파트리스 루뭄바(Patrice Émery Lumumba, 1925~1961년)는 콩고민주공화국의 독립운동가이자 정치인이다. 1960년 6월 24일부터 1960년 9월 20일까지 콩고민주공화국의 초대 총리를 지냈다. 파트리스 루뭄바는 1925년에 벨기에령 콩고의 도시인 스탠리빌(현재의 키상가니)에서 태어났다. 그는 우체국에서 일하며 노조 활동을 했으며 콩고민주공화국의 독립을 위해 벨기에 정부에 저항한다. 루뭄바는 '자유로운 콩고의 자주독립과 통합'을 목표로 삼았다. 루뭄바는 조제프 카사부부, 모이스 촘베와 함께 콩고 독립운동을 지휘했다. 1959년 벨기에에 대한 저항운동이 거세졌고, 콩고는 점점 혼란 속으로 빠져들었다. 루뭄

비크 독립 투쟁, 가나공화국과 은크루마*, 3백 년에 걸친 노예 무역의 슬픈 역사와 제국주의에 갈가리 찢겨진 아프리카의 눈물과 한숨을 생각할 수도 있을 것이다.

우리들이 이 가운데 무엇을 떠올리건 간에 사람들의 뇌리에 강렬하게 남아 있는 공통된 이미지는 아마도 '낙후된 지역', 곧 '빈곤의 땅'일 것이다. 김용옥은 『대화』란 책에서 아프리카는 "결코 빈곤해본 적이 없으며, 결코 저등해본 적이 없다."고 말하고 있지만, 그건 경제적인 차원에서만 하는 이야기는 아닐 것이다. 아프리카는 그 나름의 역사와 문화와 전통을 가진 풍부한 세계라는 이야기일 것이다. 아프리카는 새로운 성장 지역으로 떠오르고 있지만, 아직은 경제적으로 지구상의 다른 지역에 비해 가장 뒤떨어진 것은 분명하다. 다시 말해 우리의 일반적인 평가 기준으로 볼 때 오늘날 아프리카는 여전히 경제적인 소

바는 콩고의 통합을 지지하는 정당을 세우고 1960년의 선거에서 승리했다. 루뭄바는 콩고민주공화국의 초대 총리가 되었고 카사부부는 초대 대통령이 되었다. 그러나 촘베는 카탕가 지역 주지사가 되어 루뭄바와의 갈등이 심해졌다. 콩고민주공화국이 독립하자 콩고 사람들은 남아 있던 벨기에 사람들에게 보복을 가한다. 치안이 불안해지자 루뭄바는 벨기에 장교들을 해임하고 참모총장에는 모부투 세세 세코를 임명했다. 촘베는 카탕가의 독립을 선언했고, 루뭄바는 국제 연합에 도움을 요청했다. 하지만 루뭄바는 소련도 도움을 요청했기 때문에 미국의 심기를 불편하게 했다. 결국 1960년 9월 14일에 모부투가 무력으로 정권을 장악하고 루뭄바를 추방했다. 미국은 적극적으로 모부투를 지지했고 루뭄바는 가택 연금되었다. 11월에 루뭄바는 가택에서 탈출을 했으나 며칠 만에 모부투 군에게 잡혔고, 1961년 1월 17일 루뭄바는 벨기에와 미국의 묵인아래 학살되었다. 루뭄바는 1965년 모부투로부터 '국민 영웅'으로 칭송받았으나 아직까지도 그의 시신은 발견되지 않고 있다.

* 콰메 은크루마(Kwame Nkrumah, 1909~1972년)는 가나의 정치가이다. 1935년 미국의 링컨 대학·펜실베이니아 대학을 졸업하고, 1945년 영국 런던 대학에서 경제학을 공부했다. 영국에서 서(西)아프리카 민족 운동을 지도했으며, 1947년 통일 골드코스트 회의 서기장으로 추대되어 귀국했다. 1949년 인민당을 조직, 반영 운동으로 투옥되었다. 1951년 총선거에 옥중 출마하여 당선되었으며, 1957년 골드코스트(황금해안)가 가나로 독립되자 초대 가나 수상이 되었다. 1966년 베이징을 방문하고 있던 중 본국에서의 군사 쿠데타로 실각했다.

득 수준이 가장 낮은 지역임에 틀림없다.

그런데 아프리카가 오늘날 이처럼 경제적으로 뒤떨어진 이유에 대해 제대로 아는 사람은 그다지 많지 않다. 대부분의 사람들은 기껏해야 열악한 자연 조건에서 그 원인을 찾을 뿐이다. 사실 아프리카의 자연적 조건은 다른 지역에 비하면 열악한 점이 많다. 아프리카의 고원 지대는 "하나의 세숫대야를 덮어씌운 것" 같은 모양을 하고 있는데, 대서양과 인도양에 접한 곳은 높은 절벽을 이룬다. 이런 높은 지세는 산맥보다는 오히려 큰 계곡을 만들어내고, 이 계곡을 따라 '아프리카의 5대 강'이 흐른다. 이 강 가운데서 "나일강을 제외한 모두가 험준한 계곡을 흐르며 해안선에 가까워지면서 급류가 되어 큰 폭포"를 이루고 있다. 따라서 선박이 바다에서 강을 거슬러 대륙의 오지로 간다는 것은 절대적으로 불가능했고, 그 때문에 아프리카의 내륙은 외부 세계와 격리되어 오랫동안 "폐쇄 속에 파묻혀" 있었다.

콩고 분지와 서부 아프리카 지역은 동부에 비하여 지대는 낮지만 "강우량이 많고 고온 다습하여 인간이 살기 힘든 곳"이었다. 그래서 한때는 "백인의 묘지라고까지 불릴 정도"로 인간이 살기에는 좋지 않은 지역이었다. 더구나 지층은 평균 10미터 정도로 매우 얇고, 1년 내내 내리쬐는 폭염으로 땅은 메마르며, 강우량은 몇 세기를 두고 불규칙하다. 사하라 사막에는 거의 비가 오지 않는 반면, 시에라리온 같은 곳에는 1년에 4천 3백 밀리미터의 비가 내린다.

또한 아프리카는 '대륙 전체의 3분의 1'이 사막이다. 사하라 사막,

아프리카의 5대강으로는 나일강, 콩고강, 나이저강, 잠베지강, 오렌지강이 있다.

리비아 사막, 아프리카의 뿔 지역, 그리고 칼라하리 사막 등 세계적으로 유명한 사막들이 모두 아프리카에 있다. 아랍어로 '황무지'란 뜻의 사하라 사막은 5천 년 이상이나 아프리카 대륙을 남북으로 갈라놓고 있으며, 지금도 1년에 30마일씩 사막지역이 남하하고 있다. 그 결과 아프리카에는 갈수록 산림과 초원, 농지가 줄어들고 있다. 이런 열악한 자연 조건 때문에 아프리카는 만성적인 식량 부족에 시달려야 했고, 1980년대에 닥친 극심한 한발은 아프리카를 심각한 기아 상태로 몰아넣었다. 열악한 자연 조건은 농업뿐 아니라 다른 산업의 발전도 가로막아 아프리카는 마치 '죽음의 땅'처럼 인식되기도 한다.

그러나 오늘날 아프리카의 후진성이 이런 자연 조건에만 있는 것은 아니다. 아프리카의 자연 환경이 식량을 자급하기에 열악한 조건인 것은 분명하지만 오늘날 세계에서 식량을 자급하는 나라가 얼마나 되는가. 정말이지 지구상 대부분의 나라는 식량 수입국이다. 우리나라도 곡물 자급률이 26퍼센트가 채 안 된다. 식량은 인간의 생존을 담보하는 초보적인 재원이지만 오늘날처럼 세계가 '지구촌'으로 살아가는 상황에서 자급자족적인 경제 체제란 가능하지도 않고, 그럴 필요도 없다. 전 세계적 차원의 식량 부족이 문제일 수는 있어도 한 지역의 식량 부족이 곧바로 그 지역의 굶주림을 의미하지는 않는다. 그런데도 아프리카는 여전히 못사는 지역이고, 최소한의 생존 자체가 문제되는 곳이 많다.

그렇다면 그것은 자연적인 환경에만 원인이 있는 것은 아니지 않겠는가. 아프리카는 식량을 생산하기에는 여러 가지로 악조건이지만 그

식량자급률은 40퍼센트 수준인데, 이는 사료용 곡물을 전적으로 수입에 의존하기 때문이다.

대신 다른 지역에서 갖지 못한 수많은 천연자원을 가지고 있다. 금, 은, 동, 코발트, 철, 석탄, 다이아몬드, 그리고 천연 고무와 그 밖의 희귀한 금속 광물들, 석유 자원과 커피, 코코아 등의 자연 자원도 풍부하다. 아마도 "21세기 인류가 살아가는 데 필요한 자원들"을 아프리카만큼 많이 가진 대륙도 없을 것이다. 이런 것들이 제대로 개발되기만 한다면 아프리카는 식량의 부족을 메우고도 충분할 만한 부를 가질 수 있을 것이다.

아프리카 빈곤의 역사적 뿌리

아프리카의 열악한 자연 조건은 사람들의 생활에 많은 제약 요인이 되지만, 그런 자연 조건만으로 아프리카의 빈곤을 설명하기는 부족하다. 그렇다면 또 다른 이유는 무엇일까? 만일 자연 조건이 아니라면 그건 인간에게서 그 원인을 찾는 것이 당연할 것이다. 차윤근의 『가도 끝없는 아프리카』란 책에 나온 아래 글을 읽어보면 그 답의 일부를 찾을 수 있다.

노예무역으로 아프리카가 청장년 남녀 5천만 명을 잃었다는 것은 참으로 회복할 수 없는 상처이다. 현대로 진입하는 역사 속에서 아프리카는 활동할 인재를 잃어버렸다. 만일에 아프리카가 청장년 대신에 풍부한 지하자원을 서유럽으로 수출했다면 자금과 인력을 가진 아프리카는 지금 강대한 대륙으로 부상되었을 것이다.

100여 년간 계속된 유럽의 식민 통치 역시 아프리카의 후진성을 영속화시켰다. 1885년 베를린 회의에서 획정되어진 아프리카의 국경선은 식민주의자들이 자신의 이익을 위주로 하여 원주민의 지역이나 인종과 문화를 무시하고 그린 분계선으로, 독립 후 30여 년이 지난 오늘에도 각 국 간의 분쟁의 소지가 되고 있다.

식민지 시대 아프리카의 모든 자원은 유럽의 부를 위하여 존재했다. 백인은 아프리카의 귀중한 자원과 흑인 노동력을 이용했고, 이 지역을 시장화하여 이윤을 독점했다. 그리하여 식민지 대부분 지역에서는 공업의 발전이 무시되었다. 그 대신 농업에 관심을 두었으나 주로 면이나 커피 등 수출용 환금 작물이었으므로 굶주리고 영양이 부족한 아프리카인의 입에는 들어가지 않았다.

3백 년간이나 계속된 노예 무역과 1백 년에 걸친 유럽의 식민지 지배는 아프리카의 모든 것을 약탈해갔다. 특히 그 가운데 가장 심각했던 것은 인력의 약탈이었다. 아시아도 아프리카만큼이나 제국주의의 식민지 지배에 고통받았지만 아프리카처럼 수천만 명의 청장년이 노예로 끌려가는 불행만은 겪지 않았다. 노예 무역은 아프리카에서 식량 생산을 위한 농업 기술의 전수조차도 불가능하게 할 정도로 노동 인력을 약탈해갔다. 따라서 오늘날 아프리카 빈곤의 뿌리는 유럽과 다른 세계의 제국주의적 수탈에 있다고 하는 것이 옳을 것이다.

그러나 모든 잘못이 제국주의자들에게만 있는 것은 아니다. 아프리카는 1960년대부터 독립을 이루기 시작했는데, 이들 신생 독립국들은 부유한 나라가 되겠다는 꿈에 부풀어 너도나도 경제 발전에 매달렸다.

그리고 초기에는 어느 정도 성과를 보기도 했다. 이를테면 1961년의 경제 성장은 3.4퍼센트를 기록하여 인구 증가를 넘어섰다. 그러나 성장은 일시적이었고, 1980년대에 들어서면 모든 것들이 하강하기 시작했다. 아프리카의 경제 성장이 정체하게 된 데는 아프리카에서 생산되는 주요한 철광석, 천연 고무, 코발트 등 1차 상품의 국제 가격은 계속 하락한 반면, 국제 금리는 오름으로써 대외 채무에 따른 이자 부담이 크게 늘어났기 때문이다.

그런데 더욱 심각한 문제는 다른 데 있었다. 정치 지도자들의 부패와 독재가 그것이다. 아프리카는 독립 후 미국과 소련을 비롯한 동서 진영의 각축장이 되었다. 그 결과 곳곳에서 미국이나 과거 식민 모국인 영국, 프랑스의 지원을 받은 군부에 의해 쿠데타가 빈발하고, 냉전 시대 미국과 구소련의 지원을 받는 무장 세력 간에 내전이 끊이지 않고 일어났다. 서방의 지원을 받는 대부분의 나라에는 군사 독재 정치가 판을 치고 부패가 횡행했다. 미국의 막대한 원조 자금은 독재자와 부패한 관료들의 호주머니로 들어갔고, 오히려 국가는 외채만 늘어 갔다.

1991년에 미 행정부에서 의회에, 자이르Zaïre, 지금의 콩고민주공화국에 대한 5천 6백만 달러의 원조액을 요청했다가 거부당한 적이 있다. 미 의회는 그 이유를 "자이르의 모부투 대통령이 자기 고향에 '밀림의 베르사유'라는 거대한 궁전을 지었으며, 스페인에 16세기 성괴 스위스에 32칸이나 되는 궁전을 비롯해 포르투갈, 이탈리아, 그리고 아프리카의 여러 나라에 저택을 가졌을 정도로 치부를 했기 때문"이라고 했다. 이런 현상은 정도의 차이는 있지만 아프리카 독재자의 대부분이 그러했다. 에티오피아의 셀라시에, 우간다의 이디 아민, 중앙아프리카 공화국의 보카사, 남아프리카공화국의 백인 독재 같은 것들이 대표적이다.

물론 독재자가 아프리카에만 있었던 것은 아니다. 아시아에도 있었고, 중남미에도 있었다. 이른바 '개발 독재'는 1960년대부터 80년대까지 아시아와 중남미의 일반적인 현상이었다. 따라서 독재와 부패를 아프리카만의 일로 치부하기는 어렵지만, 그렇다고 아프리카 정치 지도자들의 잘못이 감추어질 수 있는 것은 아니다.

그러나 여기서 우리가 간과해서는 안 될 것이 있다. 그것은 독립 후 정치 지도자들의 잘못 역시 개인적인 것이기보다는 역사적 성격이 강하다는 점이다. 독재와 부패로 얼룩진 아프리카 현대사의 배후에는 과거의 식민 모국이었던 프랑스와 영국, 그리고 그를 대신한 미국이 자리하고 있었던 것이다. 이들은 군사 기지를 남겨두거나 군사 고문단을 파견하여 군부 쿠데타의 실질적인 조종자 노릇을 했으며, 신생 아프리카 국가들의 경제를 장악하고 있던 식민지 시대의 기업가들은 그들의 이익을 위해 군사 독재의 재정적 후원자가 됐다. 따라서 기아와 내전에 시달리는 아프리카를 만든 가장 큰 책임은 제국주의자와 그 후예들에게 있다고 해야 할 것이다.

아프리카를 황폐하게 만든 노예 무역

인간을 시장에서 사고팔았다. 돈을 받고 팔기도 하고, 다른 물건과 맞바꾸기도 했다. 또는 남자 한 명을 여자 두 명과 바꾸기도 했다. 노예라는 이름의 상품이 거래되는 노예 시장에서 볼 수 있는 광경이다.

19세기 미국의 한 노예는 "나는 여섯 번이나 팔렸다. 한 번은 화폐, 또한 번은 총, 그리고 옷과도 맞바꾸어졌다."라고 말한 적이 있다. 이런 노예 시장이 16세기부터 아메리카 대륙에서 크게 성행했다. 노예 사업은 가장 수지맞는 장사였던 것이다. 이때부터 아프리카인들의 수난이 시작되었다.

노예 무역이 본격적으로 시작된 것은 16세기였다. 1492년에 콜럼버스가 아메리카 대륙을 발견하고부터 유럽은 아메리카에 식민지를 만들기 시작했다. 포르투갈은 브라질에서 사탕수수 농장을, 스페인은 중남미에서 광산을 경영했다. 이들은 처음에는 현지 인디언들을 노동력으로 사용했다. 그러나 가혹한 노동으로 인력이 줄어들자 새로운 노동력을 보충하기 위하여 아프리카의 흑인들을 노예로 이용하기로 했다. 그리하여 아프리카 흑인들에 대한 노예 사냥이 시작되었고, 붙잡힌 노예들을 아메리카로 실어 나르는 노예선이 등장했다.

노예 무역은 처음 앙골라에 기지를 만들어 아프리카 서해안의 무역을 독점하고 있던 포르투갈과 스페인에 의해 시작되었다. 그러나 17세기에 들어서면서 두 나라의 세력이 쇠퇴하자 네덜란드, 영국, 프랑스가 그 뒤를 이었다. 다시 독일, 덴마크, 스웨덴이 가세하면서 노예 무역은 황금기를 구가했다. 노예 무역은 주로 삼각 무역의 형태로 이루어졌다. 유럽의 공산품을 싣고 온 상인들은 아프리카에서 이를 노예와 바꾸고, 다시 아메리카에 가서 이들 노예를 면화, 설탕 따위와 바꾼다. 그리고 이 물품을 다시 유럽에 가져와 공산품과 바꾸는 것이다.

유럽은 노예 무역으로 자본을 축적하고 상업이 발전했다. 노예 무역과 아메리카, 인도 등의 식민지에서 약탈한 부는 유럽에서 자본주의가 발전하고 부르주아지가 번성하는 밑거름이 되었다. 한마디로 유럽이 번성하게 된 기초는 아프리카, 인도, 아메리카의 흑인 노예와 인디언들, 그리고 식민지 민중의 고통과 눈물에서 시작됐던 것이다. 유럽인들이 자랑스럽게 생각하는 시민 혁명이나 산업 혁명도 이런 노예와 식민지 수탈로 이루어진 상업 혁명과 부르주아지의 증가, 자본주의적 시장관계의 확대가 없었다면 결코 그렇게 빨리 이루어질 수 없었을 것이다.

포르투갈과 스페인의 뒤를 이어 17세기부터 노예 무역의 선두주자가 된 영국은 그 덕을 가장 많이 본 나라였다. 리버풀은 노예를 실어 나르는 노예선 건조로 정신없었고, 맨체스터는 아프리카에 팔 면직물을 생산하느라 눈코 뜰 새가 없었다. 또한 주변 도시에서는 노예의 손발을 묶을 수갑이나 족쇄를 생산하기에 바빴다. 어떤 사람은 "리버풀, 이 지옥 같은 도시는 벽돌 한 장까지 아프리카 사람들의 피로 만들어졌다."고 말했다. 세계적인 보험 · 증권 회사인 런던의 로이즈 사의 전신은 노예 무역으로 시작되었으며, 바클레이스 은행Barclays Bank은 노예 무역으로 축재한 데이비드 바클레이와 알렉산더 바클레이가 부유한 은행가와 결합하면서 만들어졌다. 이런 식의 역사를 가진 회사는 수도 없이 많다. 심지어 제임스 와트의 증기 기관도 서인도 제도의 한 노예 소유주의 투자로 시작됐을 정도다. 이렇게 시작된 영국의 발전은 산업 혁명으로 이어지고 '해가 지지 않는 제국', '세계 최강의 대영제국'의 건설로 연결되었다.

노예 무역이 유럽에 번성의 기초를 주었다면, 아프리카는 '죽음의 땅'으로 만들었다. 아프리카의 정체와 뒤떨어진 발전의 가장 큰 원흉은 노예 무역이라 해도 과언이 아니다. 아프리카에서 끌려간 흑인 노예의 수에 대해서는 사람에 따라 약간의 차이가 있지만 적어도 수천만 명에 이를 것으로 추정되고 있다. 3백 년간에 걸친 노예 무역으로 수천만 명의 아프리카 청장년들이 유출됨으로써 아프리카는 한마디로 황폐화되었다. 노동력이 고갈되었으니 농업 기술의 전수는 물론이고 당장의 식량 생산조차 어렵게 돼버렸다. 유럽의 약탈과 노예 사냥을 두려워한 아프리카인들은 해안 지대에서 내륙의 오지로 생활 터전을 옮겼고, 이 때문에 농업은 더욱 쇠퇴하게 되었다. 또한 노예와 교환된 총이나 면제품은 아프리카의 수공업과 면공업 발전마저 가로막았다.

더욱 안타까운 사실은 유럽인들의 분열 책동에 말려 아프리카인들끼리 서로 싸움을 벌였다는 점이다. 유럽의 노예 상인들은 현지의 지배자들에게 총과 면제품을 주고 대신 노예를 넘겨받았다. 아프리카인들은 자신들을 보호하기 위하여, 또는 상인들이 주는 총과 면제품을 위하여 이웃의 다른 종족이나 국가를 공격하여 노예로 잡아 상인들에게 넘겼다. 갈수록 아프리카인 사이의 싸움은 늘어났고, 그 지역도 해안에서 내륙으로까지 확대되었다. 유럽인들에 의한 이이제이以夷制夷의 분할 지배는 19세기 후반 열강의 아프리카 분할로 더욱 기승을 부린다. 이것은 오늘날 아프리카에서 벌어지는 종족 분쟁과 내전의 기원이 되고 있다.

인구 학자들에 따르면 1650년에서 1900년 사이에 아프리카 대륙은 인구가 정체 상태에 있었다. 그 원인이 노예 무역 때문임은 말할 필요도 없다. 인적 자원은 나라의 부를 생산하는 데 가장 결정적인 요소다. 가장 왕성한 노동 능력을 가진 젊은 남녀를 모두 빼앗겨 버린 아프리카에서 발전을 기대하는 것은 우물에서 숭늉을 찾는 것만큼이나 어려운 일이었다. 아프리카에서 유출된 아프리카인들은 역설적이게도 오히려 아메리카 대륙과 카리브해 연안의 발전에 막대한 기여를 했다. 아프리카에서 잡혀 간 노예들은 오늘날 아메리카의 번영에 결정적인 기여를 했지만, 그 후예들은 아직도 여전히 냉대와 차별에서 완전히 벗어나지 못하고 있다.

노예 무역만큼 아프리카에 큰 비극을 가져다준 것은 없다. 노예 제도는 고대 시대부터 생겨나 근대 사회 이전까지 세계 도처에서 존속했다. 노예 무역이 시작되기 전부터 아프리카에도 노예는 있었다. 아프리카 대륙 안에서 부족이나 국가 간에 전쟁이 일어나 포로를 노예로 삼기도 했기 때문이다. 그러나 이들이 노예를 소유한 것은 상업적인 것이 아니었다. 정복자가 자신의 권위와 위신을 높이기 위해, 또는 일정한 정도의 노동력을 이용하기 위해 노예를 가졌던 것이다. 따라서 그 규모도 대단한 것이 아니었고, 노예에 대한 대접도 비교적 인간적이었다. 그리고 일정한 기간이 흐르면 노예에서 벗어날 수도 있었다. 또한 아랍의 침략자들이 아프리카 대륙의 북부 연안이나 동부 연안에서 노예들을 모아 아라비아 반도나 터키 등의 중동 지방으로 팔아넘기기도 했지만 그것은 일시적인 것이었다. 노예 무역에서 보여 준 것처럼 조직적이고 치밀하게 상업적 목적으로 이루어진 것도 아니었다. 그것은 전쟁 승리에 대한 전리품 정도로 여겨졌다.

그러나 16세기부터 3백 년 동안 계속된 유럽의 노예 무역은 그 이전 시대의 노예 약탈과는 질적으로 다른 것이었다. 유럽의 노예 무역은 인간 탐욕의 극단을 보여 주었고, 아프리카에 씻을 수 없는 한과 비극을 남겼다. 노예 무역의 바탕에는 인간의 극단적인 탐욕과 이기심, 인종주의가 자리하고 있었다. 그리고 그것은 또 다른 재앙을 낳았으니 바로 제국주의에 의한 아프리카 대륙 전체의 분할이었다.

아프리카 대륙의 분할

19세기 중반까지만 해도 아프리카는 아직 미지의 땅으로 남아 있었다. 프랑스는 1830년대 이후 알제리 점령에 나섰고, 세네갈 · 시에라리온 · 황금해안 · 라고스 · 가봉 등의 서부 지역에는 영국과 프랑스의 식민지가 만들어졌다. 앙골라와 모잠비크의 잠베지강 유역은 오래 전부터 포르투갈인들이 정착하고 있었다. 남아프리카에서는 케이프타운을 점령한 영국과, 트란스발 및 오렌지 자유국을 세운 보어인 사이에 치열한 대립이 시작되었고, 내륙을 향한 유럽의 진출이 활발하게 벌어지고 있었다. 하지만 이때까지만 해도 유럽의 아프리카 진출은 무역 항구를 중심으로 한 해안 주변에 그치고 있었던 것이다.

프랑스령 알제리와 튀니지, 그리고 이집트를 제외하면 나머지 지역에서 유럽인들은 소수의 무역 기지, 군사 주둔지, 그리고 마다가스카르 섬과 산지바르 섬에 대한 섬령이 전무였다. 낭시까지 유럽 여러 나라에서 차지하고 있던 면적도 아프리카 대륙의 10퍼센트 정도에 불과했다. 그러나 19세기 말이 되면서 상황은 달라지기 시작했다.

1850년대와 60년대에 소위 '탐험가'들의 활동이 본격적으로 이뤄지기 시작했다. 그들의 활약은 리빙스턴의 뒤를 이은 스탠리가 1874~1877년에 아프리카 대륙을 동서로 횡단하면서 절정에 이르렀다. 개인적이고 평화적이었던 리빙스턴에 비하여 스탠리는 폭력적이고 공격적이었다. 스탠리의 탐험로는 곧바로 유럽 열강들이 해안에서 내륙으로 침략하는 통로가 되었다. 오늘날 리빙스턴과 스탠리는 훌륭한 탐험가로 알려지고 있지만, 사실상은 제국주의 침략의 선봉장 구실을 한 것에 지나지 않았던 셈이다. 또한 1869년에 레셉스Ferdinand Vicome de Lesseps에 의해 수에즈 운하가 개통되면서 이는 아프리카 침략에 소극적이었던 영국을 바꾸어놓았다. 수에즈 운하는 당시 영국의 대외 무역에서 가장 중요한 자리를 차지하고 있던 '인도에 이르는 생명선'이었기 때문이다.

1880년대부터 유럽 각국은 아프리카 점령에 열을 올리기 시작했다. 그때까지 주로 상인이나 선교사 등의 개인이나 단체에 의해 진행되던 일들이 이제 국가적 사업으로 전개되기 시작했다. 그 뒤 20년 동안에 아프리카 대륙 전체가 제국주의 열강에 의해 완전히 분할되었다. 20세기에 들어설 즈음에는 에티오피아와 라이베리아를 제외하고는 아프리카의 모든 나라가 식민지로 전락하고 말았다. 유럽 제국주의 국가들은 이런 일을 전광석화처럼 해치워버렸다.

그러나 아프리카의 분할이 반드시 원만하게 이루어진 것만은 아니다. 영토의 확장에는 경쟁자가 있게 마련이고, 그 배분을 둘러싸고 암투와 갈등이 일어나는 것은 당연한 일이었다. 그래서 일어난 사건이 '파쇼다 사건'이다.

1896년 프랑스의 장 바티스트 마르샹Jean-Baptiste Marchand이 이끄는 원정대 150명은 가봉에서 동쪽으로 진격했다. 마르샹은 1898년

7월 10일 수단의 파쇼다에 도착했다. 같은 시기 허버트 키치너Herbert Kitchener가 이끄는 영국군은 이집트에서 나일강을 따라 남쪽으로 진격했다. 영국은 이미 1882년부터 이 지역에서 참호를 파고 진지를 구축하고 있었는데, 수에즈 운하를 효과적으로 장악하기 위해 수단을 점령하기로 한 것이었다. 키치너는 수단의 다른 지역인 옴두르만과 하르툼을 먼저 차지하느라 프랑스 원정대보다 늦은 1898년 9월 18일에야 파쇼다에 도착했다. 그러자 프랑스군과 영국군 사이에는 일촉즉발의 전운이 감돌기 시작했다.

마르샹과 키치너는 서로 요새에 대한 주장을 굽히지 않았다. 그러나 양측은 군사적 대결은 원하지 않았다. 양측은 결국 타협을 보아 프랑스군과 영국군이 공동으로 주둔하기로 했다. 그 뒤 프랑스는 당시 유럽 대륙에서 가장 심각한 경쟁 상대였던 독일과 맞서기 위해 파쇼다를 포기하기로 했다. 영국의 지지를 얻기 위해서였다. 11월 4일 프랑스 외무장관 테오필 델카세는 마르샹에게 파쇼다에서 철수하라고 지시하는 한편, 영국에게는 주변의 작은 기지들은 프랑스가 점령해야 한다고 주장했다. 이 기지들은 백나일 강에 이르는 프랑스의 외곽 지역을 지켜 주는 역할을 하고 있었다. 영국은 처음에는 이를 거부했으나 1899년 3월 21일 나일강과 콩고강 유역을 두 나라의 식민지 경계로 하는 데 타협했다. 그 결과 프랑스는 나일강의 서쪽 지역에 대한 지배권을 확고히 했고, 영국은 이집트에서의 지위를 확인했다. 이른바 '파쇼다 사건'이다.

그런데 파쇼다 사건은 수에즈 운하가 개통되어 영국이 아프리카 점령에 적극적으로 나서면서 이미 예견된 일이었다. 프랑스 외교관 출신이었던 레셉스는 이집트 왕 사이드 파샤의 허가를 얻어 1859년 4월에 공사를 시작했고, 그로부터 10년 만인 1869년에 수에즈 운하를 개통했다. 운하 공사는 이집트 농민들의 '죽음의 노동'으로 진행되었다. 이집트 왕의 명령으로 강제 동원된 농민들의 숫자는 많을 때는 하루 3만 명에 달했다. 그들에게는 급료도 지급되지 않았다. 힘든 노동과 열악한 노동 조건, 그리고 전염병으로 공사가 끝날 때까지 대략 12만 명의 농민이 목숨을 잃었다.

수에즈 운하가 개통되자 가장 높은 관심을 보인 것은 영국이었다. 당시 인도를 경영하던 영국으로서는 수에즈 운하를 확보하는 것이 매우 절박한 문제였기 때문이다. 영국 리버풀에서 인도 봄베이까지 아프리카 남단의 희망봉을 돌아서 갈 때 120~180일이나 걸리던 항해가 수에즈 운하를 이용하면 70~80일이면 가능하게 된 것이다.

수에즈 운하는 프랑스의 투자가들과 이집트 국왕이 공동으로 소유하고 있었다. 영국은 1875년 이집트가 재정난에 빠지자 이집트가 소유하고 있던 수에즈 운하의 주식 17만 6천 주를 4백만 파운드에 사버렸다. 이로써 영국은 사실상 수에즈 운하의 경영을 좌우하게 되었다. 그 뒤 이집트가 더욱 심각한 재정난에 시달리자 주요 채권국이던 영국과 프랑스가 공동으로 재정을 관리하게 됐고 내정에도 간섭하기 시작했다. 이에 이집트의 민족주의가 고조되면서 1882년 우라비 파샤가 이끄는 반란이 일어났다.

이 반란에 대해 프랑스는 소극적이었지만 영국은 재빨리 군대를 출동시켜 반란을 진압한 다음 이집트를 보호령으로 만들어버렸다. 1885년에는 나일 강 상류의 수단 지방에서 반란이 일어났으나 영국이 진압에 실패함으로써 수단은 이집트에서 독립했다. 이런 가운데 프랑스는 1896년 군대를 이 지역에 파견했고, 영국도 다시 수단 점령에 나섰던 것이다.

파쇼다 사건은 아프리카의 분할을 둘러싸고 프랑스와 영국이 직접 충돌한 사건이었다. 영국과 프랑스는 군사 대결 일보 직전까지 갔지만 당시 복잡한 제국주의 간의 이해관계 때문에 서로 타협함으로써 전쟁으로 발전하지는 않았다. 이 사건은 영국과 프랑스라는 제국주의가 아프리카의 땅따먹기에서 서로 간의 이해를 적당히 충족하면서 다른 경쟁자를 견제한 본보기가 된 사건이다. 제국주의 세력이 자신들의 이해에 따라 얼마나 마음대로 식민지를 분할할 수 있는가를 잘 보여주고 있다.

검은 대륙에서 벌어지는 백인 전쟁

제국주의 열강의 아프리카 점령과 분할에서 가장 선두에 선 나라는 영국과 프랑스였다. 프랑스는 북부와 서부 아프리카 지역을 장악하고 대륙의 동과 서를 연결하는 횡단 정책을 추구했다. 반면 영국은 수에즈 운하가 건설되면서 이집트에 대한 관심을 높이게 됐고, 결국 이집트의 카이로에서 남아프리카의 케이프를 잇는 종단 정책을 추구했다. 프랑스의 횡단 정책과 영국의 종단 정책이 맞닥뜨린 것이 파쇼다 사건이었고, 그들의 타협으로 아프리카의 분할은 완성되었다.

아프리카의 분할에는 이 두 나라 외에도 뒤늦게 식민지 경쟁에 뛰어든 독일과 이탈리아, 그리고 오랫동안 아프리카에 정주사업을 진행해 온 네덜란드, 포르투갈, 스페인, 벨기에까지 참가했다. 그러나 아프리카의 분할에서 가장 주도적인 역할을 한 것은 역시 영국과 프랑스였고, 이 두 나라의 타협은 사실상 아프리카 분할의 마무리를 의미하는 것이었다.

그러나 영국이 카이로에서 케이프를 연결하는 종단 정책을 완성하는 데는 아직 결정적 걸림돌이 남아 있었다. 그것은 지금의 남아프리카 공화국의 서북부 지역을 장악하고 있던 보어인이었다. 결국 영국은 이들과 한판 전쟁을 벌이지 않을 수 없었다. 이 전쟁을 '남아프리카 전쟁' 또는 '보어 전쟁Boer War'이라고 부르는데, 이 전쟁에서 영국이 승리함으로써 영국의 종단 정책은 완성되었다. 보어 전쟁은 아프리카 분할을 위한 마지막 확인 사살이었던 셈이다.

보어 전쟁은 영국이 아프리카의 남단에 확보한 케이프 식민지에서 북쪽의 내륙 지역을 확보하기 위해 벌인 전쟁이었다. 영국군이 자기들의 땅을 빼앗으려고 하자 이미 오래 전부터 그 땅에 살고 있던 사람들은 저항했다. 그렇게 보면 이 전쟁도 식민지 군대와 원주민의 싸움이었다. 그런데 좀 이상한 것은 영국군에 저항하는 원주민들이 흑인이 아니라 백인이라는 점이었다. 아프리카에는 수많은 인종이 있지만, 사하라 사막을 경계로 남과 북은 피부색이 다르다. 사하라 이북 지역의 아프리카인은 백인이지만, 사하라 이남 지역은 모두 검은 피부의 흑인들이다. 그런데 어째서 검은 아프리카 지역에 백인들이 살고 있었던 것일까?

이들은 17세기 중반부터 유럽의 네덜란드와 독일에서부터 이주해

온 사람들을 선조로 하여 아프리카에 정착한 유럽인들이었다. 이들을 일컬어 '보어인' 또는 '아프리카너'라고 불렀다. '보어Boer'란 네덜란드어로 '농민'이란 뜻이며, '아프리카너'란 이들이 스스로를 '아프리카 사람'이란 의미로 사용한 '아프리칸스어'이다. 그러면 또 아프리칸스어는 무엇인가. 아프리칸스어는 이들 네덜란드계 백인 이주민, 즉 아프리카너의 언어로서 "네덜란드어에 다른 백인 이민자와 남아프리카 원주민, 그리고 이주 노예 등 여러 사람들의 언어가 섞여 만들어진 네덜란드어의 한 변종"이라 할 수 있었다.

1657년, 네덜란드의 동인도회사 소속인 세 척의 범선에 몸을 싣고 왔던 선원 가운데 9명이 남아프리카의 케이프에 정주하기 시작했다. 그 뒤 네덜란드와 독일의 가난한 칼뱅 파 농민들과, 가톨릭의 종교적 박해에 시달려 온 프랑스의 칼뱅 파 위그노 교도들이 이곳으로 이주하기 시작했다. 이들은 구약성서에서 말하는 '약속의 땅'을 찾아 이곳에 왔고, 이곳을 자신들의 '신천지'라 믿고 새로운 삶을 시작했다. 이주민은 꾸준히 늘어나 1793년에는 백인 이주자 수가 1만 3천 명에 이르렀다. 이들은 처음에 토지와 가축을 둘러싸고 이미 살고 있던 원주민 코이코이 족과 충돌했지만, 동인도회사의 지원을 받으면서 원주민을 쫓아내고 그 땅에 뿌리를 내리기 시작했다. 이들은 가부장적인 공동체를 기반으로 그들 나름의 교회를 발전시켰다. 이들은 한 곳에 정착하지 않고 여기저기를 떠돌면서 유목생활을 했고, 자급자족적인 공동체를 이루었다.

남아프리카가 개척되면서 인도, 실론지금의 스리랑카, 말레이 등지에서도 이민자들이 들어오기 시작했는데, 1793년 무렵에는 이들의 수가 백인 이주자들보다 많은 1만 7천 명이나 되었다. 보어인들은 원주민을 노예로 부리게 됐고, 노예의 수도 점차 증가했다. 백인과 원주민, 인도 등 동양인, 그리고 노예들 사이에서 태어난 혼혈인도 늘어났다. 그런데 국제 무대에서 네덜란드의 힘이 쇠퇴하고 영국이 강국으로 등장하면서부터 이들 보어인들의 운명에도 어두운 그림자가 드리우기 시작했다.

1806년 케이프는 네덜란드에서 영국으로 넘어갔다. 1820년에는 영국에서 5천 명의 백인 이주자가 들어왔다. 이렇게 해서 오늘날과 같은 남아프리카의 '복잡한 인종 구성의 원형'이 만들어졌다. 영국계 이민이 증가하고 영국에서 '노예제 폐지령'이 공포되자 보어인들은 케이프의 북서쪽으로 이동하기 시작했다. 이들은 사람들이 비교적 적게 사는 높은 초원 지대와 나탈 지역 남부로 옮겨 가 자리를 잡았다. 이 과정에서 보어인은 아프리카 원주민들과 계속 싸움을 벌였다. 그러면서 자신들은 하느님의 자녀로서 그곳에 사는 미개한 원주민을 지배하라는 소명을 받은 선택받은 백성이라는 '선민 사상'을 가지게 되었다. 그리고 이것은 인종 차별주의의 극단적 표현인 '아파르트헤이트Apartheid' 정책으로 연결되었다.

케이프의 북서쪽으로 이동한 보어인들은 1852년에 트란스발을, 1854년에 오렌지 자유국을 세웠다. 이들 두 나라는 이때 이미 교회와 국가에서 흑인을 엄격히 차별하는 '아파르트헤이트' 정책*을 펴기 시작했다. 1867년 이들이 살던 곳에서 다이아몬드 광산이 발견되었고,

---

＊　남아프리카공화국의 소수 백인과 다수 유색인종의 철저한 분리를 원칙으로 했던 인종차별 정책.

1885년에는 질 좋은 금광이 발견되었다. 그러자 탐욕스런 영국의 자본가와 권력은 이들을 그냥 내버려두지 않았다. 드디어 영국의 개입이 시작되었고 1880년 전쟁이 벌어졌다. 그러나 영국군은 보어인들에게 참패하고 말았다. 익숙한 지형을 자유자재로 이용하면서 유격 전술로 나오는 보어인을 영국이 이길 수가 없었던 것이다.

영국은 트란스발과 오렌지 자유국을 집어삼키는 것을 일단 포기했다. 그러나 이걸로 끝난 것이 아니었다. 영국은 그 뒤에도 꾸준히 아프리카에 대한 침략을 진행했다. 수에즈와 이집트를 집어삼키고, 마침내는 아프리카 대륙을 남북으로 관통하는 종단 정책을 추진하기 시작했다. 파쇼다 사건도 어느 정도 마무리되는 1899년 영국은 다시 전쟁을 시작했다. 이른바 '보어 전쟁'이 시작된 것이다.

전쟁의 직접적인 원인이 된 것은 오이틀란더Uitlander 문제였다. '오이틀란더'란 아프리칸스어로 '외국인'이란 뜻으로 네덜란드인이 아닌 사람, 주로 영국인을 가리키는 말이었다. 트란스발에서 이들 오이틀란더들의 참정권을 거부하자 영국은 압박을 가하기 위해 남아프리카 수비대를 증강했다. 그러나 참정권 문제는 구실에 지나지 않았다. 실질적인 이유는 금이었다. 당시 세계를 지배하고 있던 영국으로서는 금본위 통화 체제를 지탱하기 위해서는 더욱 많은 금이 필요했다. 따라서 당시 최대의 금광 지대였던 트란스발은 반드시 손아귀에 넣어야 할 곳이 되었던 것이다.

전쟁의 결과는 뻔한 것이었다. 남아프리카에 주둔하고 있던 영국군은 거의 50만 명에 가까웠지만 보어인은 기껏해야 8만 8천 명에 불과했기 때문이다. 그러나 영국은 초반에 고전을 면치 못했다. 보어인들의 저항은 처절했고, 그들의 전술도 매우 뛰어났기 때문이다. 영국은 멀리 떨어진 본국으로부터 보급을 받아가면서 싸워야 했지만 보어인들은 주로 방어전을 펼치면서 지형 조건을 잘 이용했다. 이 보어 전쟁은 나폴레옹 전쟁과 제1차 세계대전 사이에 영국이 치른 전쟁 가운데 비용이 가장 많이 들어간 전쟁이었다.

남아공의 슬픈 역사, 아파르트헤이트

전쟁은 1899년 10월 11일에 시작되었다. 보어인들은 영국군의 남아프리카 수비대 증강에 반대하는 최후통첩을 보낸 후 바로 공격을 시작했다. 처음 남아프리카의 영국군은 무방비 상태였고, 전투력도 취약했다. 보어군은 두 방면에서 영국군을 공격했는데 하나는 트란스발에서 나탈로, 다른 하나는 오렌지 자유국에서 케이프 북부 지역으로 쳐들어갔다. 케이프 북부에서 영국에 반대하는 반란이 일어나자 보어군은 이들과 연합해 합동 작전을 펼쳤다. '검은 주간'이라 불리는 1899년 12월 10일~15일 사이에 보어인은 여러 전투에서 승리했다. 영국은 지원 부대를 보낸 다음에야 겨우 전세를 역전시킬 수 있었다.

영국은 처음 전쟁을 시작할 때만 해도 3개월이면 끝낼 수 있을 것이라고 장담했다. 그러나 영국은 그 뒤 3년을 수렁 속에 빠져 헤매야 했다. 1900년 1월 스피온콥에서 크게 패한 영국군은 다시 전열을 정비하고 도시를 탈환했다. 그리고 철도 수송로를 따라 빠른 속도로 진격해 1900년 5월과 6월 각각 요하네스버그와 프리토리아를 점령했다.

트란스발의 크뤼에르 대통령은 트란스발을 떠나 유럽으로 도망갔다. 그러나 전쟁은 아직 끝난 것이 아니었다. 그해 말경 영국군은 최악의 상태에 빠졌다. 보어 군은 15개월 동안이나 유격전을 벌이면서 영국군을 괴롭혔는데, 이들은 영국군 기지와 보급망을 공격하고 트란스발과 오렌지 자유국의 넓은 지역을 해방시켰다.

키치너는 방어 참호를 파고 대응해도 별 효과가 없자 초토화 전술로 보복하기 시작했다. 보어인과 아프리카인의 농장들을 모두 파괴했으며 일반 주민들은 강제 수용소에 가두어 군과 격리시켰다. 수용소에 격리된 보어인들은 주로 부녀자와 아이들이었는데 이들의 생활은 비참하기 그지없었다. 수용소에서만도 2만 명이 넘는 사람들이 숨졌다. 이런 가운데서도 보어 의용군은 용맹스럽게 싸웠다. 그들은 케이프 식민지 깊숙이 들어갔다. 특히 얀 슈미츠의 부대는 케이프타운에서 80킬로미터 떨어진 곳까지 진격해갔다. 그러나 이들은 영국군의 막대한 군사력과 키치너의 거칠고 잔인한 전술을 견뎌내기가 어려웠다. 무엇보다도 일반인들이 수용소에 격리되자 보어군은 '헤엄칠 물을 잃어버린 물고기 신세'가 되었다. 1901년 3월 보어군은 평화 협정을 요구했지만 영국은 이를 거부했다. 결국 1902년 5월 보어군이 항복하고 평화 조약이 체결됐으나 동시에 보어인의 독립도 사라졌다.

영국은 보어 전쟁에서 '큰 희생'을 치렀지만 마침내 승리함으로써 아프리카에서 막대한 부를 획득할 수 있게 되었다. 이로써 영국은 카이로와 케이프를 연결하는 아프리카의 종단축을 완성했으며 동시에 인도의 캘커타를 연결하는 3C의 황금 시대를 구가했다.

보어 전쟁은 검은 대륙 아프리카에서 벌인 백인들의 전쟁이란 점에서

영어, 아프리칸스어, 줄루어로 표시된 아파르트헤이트 표지판(1989년)

특이한 전쟁이었다. 그러나 그렇다고 해서 식민지를 확보하기 위한 침략 전쟁이라는 사실이 달라지는 것은 아니다. 보어인은 다른 지역 원주민의 영역을 침탈하고 선민 사상에 물든 백인으로서 흑인에 대해 인종 차별 정책을 펴기도 했지만, 아무튼 그들은 2백 년간이나 그곳에서 뿌리를 내리고 살던 사람들이었다. 따라서 금과 다이아몬드에 대한 탐욕 때문에 보어인의 삶의 터전과 자유를 무력으로 짓밟은 영국의 처사는 무슨 말로도 변명될 수 없는 일이었다.

그러나 보어 전쟁에서 영국의 승리는 또 다른 비극을 낳는 출발점이 되었다. 아파르트헤이트라는 남아프리카 공화국의 비극이 바로 그것이다. 보어 전쟁에서 승리한 영국은 1910년 케이프 식민지와 나탈, 트란스발, 오렌지 자유국을 하나로 묶어 '남아프리카 연방'을 만들었다. 그런데 이때부터 소수인 백인들은 대립을 멈추고, 그 대신 대다수인 흑인을 적으로 돌렸다. 백인들은 '선민 사상'과 '인종 차별법'과 '무력'으로 흑인들을 지배하고 억압하기 시작했다. 1948년에는 남아프리카 공화국에서 보어인 정당인 '국민당'이 집권하면서 아파르트헤이트 정책이 제도적으로 정착되었다. 아파르트헤이트Apartheid란 아프리칸스어로 '분리하는 것'이란 뜻이다. 그렇게 해서 잔혹한 인종 차별의 광란은 45년간이나 남아프리카공화국을 지배하게 된다.

남아프리카공화국은 아프리카에서 가장 부유한 나라였지만, 이 나라 부의 대부분은 소수 백인들이 차지했다. 그 때문에 대부분의 흑인들은 기아선상에서 헤매게 되었다. 이러한 백인 정권의 독재는 45년간이나 계속되었다. 그동안 흑인들은 투표권조차도 제대로 가지지 못했으며, 이에 반대하는 사람들은 가혹한 탄압을 받았다. 그 때문에 '아프리카 민족 회의ANC'의 지도자 넬슨 만델라는 27년간이나 감옥에 처박혀 있어야 했다.

인류 역사에서는 각양각색의 인종주의와 인종 차별 정책이 있었고 아직도 존재하지만, 남아프리카공화국의 아파르트헤이트만큼 인종 차별 정책을 제도적으로 철저히 시행한 경우는 그 유례를 찾아보기 힘들다. 그러나 남아프리카공화국 흑인들은 그들의 빛나는 투쟁을 통해 결국 소수의 백인 정권을 끝장냈다.

1994년 마침내 백인 정권을 무너뜨리고 넬슨 만델라를 대통령으로 하는 흑인 정권이 들어섰다. 그 뒤 남아프리카공화국의 흑인 정권이 취한 정책은 '진실과 화해'였다. 즉 백인들이 과거 죄악에 대해 진실을 밝히고 고백하는 것을 전제로 흑인들이 화해하며 용서할 수 있다는 것이었다. 만델라 정권은 과거의 범죄적 사실을 낱낱이 밝히되, 과거에 자신들이 저지른 과오를 정확히 밝히고 참회하는 사람들에게는 사면을 하는 방법으로 과거를 청산했다. 그래서 이들은 "화해는 용서보다 기억을 요구한다"고 말했다. 용서하기 위해서는 진실을 알아야 하고, 진실을 알기 위해서는 백인의 자기 고백이 있어야 한다는 것이었다.

이런 방법에 반대하는 흑인들도 있었다. 그러나 만델라의 남아프리카공화국 흑인 정권이 과거에 대한 보복이 아니라 용서를 선택한 것은, 이것이 남아프리카공화국의 분열을 막고 남아프리카공화국의 재건과 발전을 가져올 수 있는 유일한 선택이라고 보았기 때문이었다. 1997년 남아프리카공화국의 백인 수는 전체 인구 3천 7백만 가운데 13퍼센트인 5백만 정도에 불과했다. 하지만 이들 백인은 국가 부의 90퍼센트 이상을 소유하고 있으며, 산업 발전에 필요한 기술과 지식을 가지고 있었다. 만일 남아프리카공화국이 이들 백인에 대한 화해가 아니라 보복을 선택할 때, 남아프리카공화국은 다시 분열과 혼란에 빠질 위험을 다분히 안고 있었던 것이다. 폭력과 테러, 증오와 대립이 난무하면, 경제력과 기술을 가진 백인들이 해외로 빠져 나가 경제가 마비되고 발전이 정체될 수 있기 때문이었다.

한편으로 만델라는 화해를 선택함으로써 인종주의의 편협성과 범죄적 속성을 더욱 잘 보여준 셈이 되었다. 만델라는 인종차별에 반대하는 운동 과정에서 남아공 정부로부터 공산주의자, 폭력혁명가, 테러리스트 등의 공격을 받았지만, 그 어떤 것과 거리가 먼 인물이었다. 그는 온건하면서도 합리적인 민주주의자였다. 그의 이러한 특성을 알 수 있는 것이 다음과 같은 1964년 재판 과정에서의 증언이다.

나는 백인의 지배에 맞서 투쟁했을 뿐만 아니라 흑인의 지배에 대해서도 맞서 싸웠습니다. 나는 모든 인간의 조화롭고 평등한 기회를 누리면서 살아갈 수 있는 민주적이고 자유로운 사회라는 이상을 소중히 간직하고 있습니다. 그것을 위해 살고 싶은, 도달하고자 하는 이상입니다. 그

넬슨 만델라

리고 필요하다면 나는 그 이상을 위해 죽을 각오가 되어 있습니다.

만델라는 남아공 백인 정권에 대항하기 위하여 아프리카 민족 회의와는 별도로 '민족의 창Umkhonto we Sizwe'이라는 이름의 무장조직을 결성하여 무장 투쟁을 시도한다. 하지만 그것은 어쩔 수 없이 선택한 방법이었다. 다른 수단이 없었기에 그들이 선택할 수 있는 마지막 길이었던 것이다. 이와 관련해서 만델라는 그 이유를 다음과 같이 말하고 있다.

내가 움콘토Umkhonto, '민족의 창'이라는 무장조직 설립에 기여한 사람 중 하나라는 사실은 이미 말씀드렸습니다. 나와 이 조직을 만든 사람들은 두

가지 이유로 이 일을 했습니다. 첫째, 정부의 정책 때문에 아프리카인들은 곧바로 폭력을 쓸 수밖에 없었습니다. 우리 인민의 감정을 억제하고 인도할 수 있는 책임 있는 지도자들이 없다면, 일찍이 그 어떤 전쟁에서도 찾아볼 수 없을 정도로 강한 적대감과 원한이 여러 종족 사이에서 분출하여 테러로 이어질 수 있다는 사실을 확신했습니다. 둘째, 우리 아프리카 인민이 백인 우위라는 기존의 원칙에 대항해 성공적으로 투쟁하기 위해서는 폭력 이외의 다른 수단이 없음을 인식하게 되었습니다. 법은 이 같은 원칙에 대한 우리의 반대 의사를 표명할 합법적인 수단들을 차단했으며, 우리는 항구적인 열등 상태를 수용하거나 정부에 저항해야 하는 선택의 기로에 서 있었습니다. 우리는 법을 무시하기로 결정했지만 그렇다고 폭력에 의존하지는 않았습니다. 정부가 우리의 방식에 맞서 새로운 법을 만들고 나중에는 정부 정책에 대한 모든 저항을 분쇄하기 위해 무력을 사용하게 된 이후에야, 우리도 폭력에는 폭력으로 대항하리라 결정했습니다.

이런 사고를 갖고 있었던 만델라였기에 권력을 장악한 뒤에도 '진실과 화해'라는 방법으로 남아공의 통합을 모색할 수 있었다. 그런 방향으로 남아공의 정치를 이끌었기 때문에 2013년 12월 5일 그가 사망했을 때, 전세계가 애도를 보내며 "위대한 사랑과 화해의 승리자"라고 평가했던 것이다.

검은 대륙의 피와 눈물, 그리고 제국주의

아프리카는 매우 큰 대륙이다. 면적은 지구 전체의 22퍼센트에 이르고, 인구도 8억 명에 이른다. 아프리카의 잠재력 또한 무한하다. 아프리카는 천연자원의 보고이며, 아프리카의 자연은 천혜의 관광 상품으로서 손색이 없다. 또 아프리카인들은 뛰어난 감성과 열정을 지니고 있으며 강인한 체력을 소유하고 있다. 그것은 그들이 추는 춤과 노래, 운동 경기에서 잘 나타난다.

그렇지만 아프리카는 아직도 어둠의 미로에서 헤어나지 못하고 있다. 정치 상황은 여전히 혼미하기만 하며, 계속되는 군부 쿠데타와 내전, 그리고 잦은 국경 분쟁과 인종 갈등이 끊이지 않고 있다. 경제적으로도 여전히 낙후된 상태이며, 산업과 자원의 대부분은 몇몇 국제 자본의 손아귀에 들어 있다. 빈곤과 기아, 질병이 끊임없이 아프리카인들을 괴롭히고 있다. 이런 모든 문제의 근원에 제국주의가 도사리고 있다는 사실은 새삼 말할 필요가 없다.

그러나 실제로 사람들은 잘 모른다. 제국주의가 얼마나 가혹하게 아프리카를 할퀴었는지를. 외부 침략자들이 아프리카에서 저지른 범죄적 행위는 우리의 상상을 초월한다. 노예 무역뿐만 아니라 인권 유린과 잔혹한 살상의 예는 수도 없이 많다. 그 가운데 한 가지만 예를 들어 보기로 하자. 콩고민주공화국의 전신이었던 콩고 자유국에서 식민주의자였던 벨기에의 레오폴트 2세가 행한 인권 유린과 잔학상이 그것이다.

콩고 자유국이 벨기에령 콩고가 되기까지 20년간 벨기에 왕 레오폴트 2세의 개인 지배하에 있었다. 그 기간 동안에 아프리카인은 그들이 살던 거주지에서 쫓겨나 산으로 추방되어야 했다. 또한 아프리카인들은 쇠사슬에 묶이고 채찍에 얻어맞으면서 대규모 농장에서 강제 노동에 시달려야 했다. 레오폴트 왕은 '야만인'이라고 불리는 이 불행한 사람들에게 문명을 가져다주고 기독교를 가르치며 도덕을 향상시킬 것이라고 했다. 그러나 사실은 완전히 반대로 진행되었다.

당시 콩고의 주요 생산품은 천연 고무였다. 고무는 처음에는 자전거용으로, 나중에는 자동차용 타이어 제조의 원료로 사용되어 떼돈을 벌어주었다. 만일 아프리카의 노예들이 생산해야 될 책임량을 완수하지 못하거나 백인인 주인의 비위에 거슬리는 일을 했을 때에는 가차없이 처벌을 받았다. 당시 널리 이용되던 형벌은 손을 자르거나 발을 자르는 것이었다. 때로는 그 양쪽 모두를 잘리는 경우도 있었다. 이 시기에 적어도 500여만 명의 흑인이 살해당했다고 한다. 문명화와 기독교화의 이름 뒤에는 이러한 살상과 억압이 존재하고 있다는 데 놀랄 뿐이다.

레오폴트 2세의 잔혹한 범죄 행위에 대해서는 《레오폴트 왕의 유령》이란 책에 잘 나와 있는데, 여기서는 콩고에서 학살된 사람을 7백만에서 1천만 명으로 보았다. 조지프 콘래드의 소설 《어둠의 핵심》도 콩고의 역사를 배경으로 하고 있다.

물론 모든 유럽인들이 아프리카인들을 이런 방식으로 통치하거나 지배한 것은 아니다. 콩고도 레오폴트 2세의 개인 지배를 벗어나 벨기에령이 되면서는 조금 상황이 나아지긴 했다. 그러나 그 조금 나아졌다는 것이 결코 아프리카인들의 자유로운 삶을 의미하는 것은 아니었다. 노예라는 범주 안에서 약간의 온정주의가 발현되었을 뿐이다. 물론 이런 온정주의나 자유주의가 바탕이 되어 나중에 노예제 폐지로 발전할 기반이 마련되었다는 점에서는 어느 정도 의미가 있었다.

그렇지만 노예제가 없어졌다고 해서 식민지 지배의 근본이 변한 것은 또 아니었다. 영국은 아프리카에서 간접 통치 방식을 채택하지만 이들이 결코 제국주의적 착취와 수탈을 멈춘 적은 없었다. 또한 영국은 표면적으로는 아파르트헤이트에 반대했지만, 이것을 막기 위해 적극적인 노력을 기울인 흔적은 어디에도 없었다. 심지어 영국은 남아프리카공화국이 인종 차별 정책으로 유엔의 경제 제재를 받고 있던 1980년대에도 남아프리카공화국 백인 정권과 거래를 계속했다. 경제적 이익 때문이었다.

한편 유럽인들의 인종적 편견이 얼마나 견고했던가는 그 유명한 슈바이처Albert Schweitzer를 보아도 쉽게 알 수 있다. 독일계 프랑스인으로 태어난 슈바이처는 의사이자 신학자이면서 사상가이고 음악가였다. 그는 30세에 아프리카에서 봉사하기로 마음먹고 의사가 되어 생의 대부분을 아프리카의 인민들을 위해 헌신하며 살았다. 이렇듯 '밀림의 성자'로 추앙받으며 1952년에는 노벨 평화상까지 받았던 그조차도 인종적 편견에서 벗어나지 못했다고 한다면 믿어지겠는가. 그러나 다음 글을 보라. 그가 1948년에 썼다는 《식민지 아프리카에서 우리가 할 일》이란 책의 한 대목이다.

인민의 의지에 따른 통치란 이들 종족 가운데는 존재하지 않았다. ……

그러므로 우리의 선조가 몇 대에 걸쳐 경험한 것처럼 그들도 같은 길을 걸었다면 그들에게 도움이 되었을지도 모른다. 백인을 믿고 지배에 따르는 것이 평화롭고 질서 있는 방법이며, 정신적으로 진보할 수 있는 길이었다.

'백인의 지배를 믿고 따르라. 그러면 평화와 진보가 있을 것이다.' 이것이 슈바이처의 생각이란 말인가. 사실 슈바이처는 1920년에 쓴 《물과 원시림 사이에서》란 책에서 "아프리카인들의 고등 교육을 반대하고, 그들에게 고도의 기술을 전수하는 것에 반대"했다. 어떤 사람은 슈바이처의 병원은 실제로 "치료 시설과 약품이 없는 골동품 같은 것"이었으며, "그는 원숭이와 개를 좋아하듯이 아프리카인을 좋아했다."고 말하기도 한다. 그래서 1960년대 미국 흑인 해방 운동의 기수 가운데 한 사람이었던 맬컴 엑스는 슈바이처를 "무지하고 고집스러운 백인 우월주의자"라고 비판했다. 아마 슈바이처의 이런 사고는 "나는 살고자 하는 생명에 둘러싸인 살고자 하는 생명이다."는 식의 추상적이고 비역사적인 사상에서 나온 것이라 할 수 있을는지도 모르겠다. 그러나 어쨌든 이러한 사실만으로도 백인들의 아프리카인에 대한 편견과 인종주의가 얼마나 뿌리 깊은 것인지 짐작할 수 있다.

유럽인들이 아프리카에 준 것이 아무것도 없다고는 할 수 없을 것이다. 그러나 그들이 아프리카에 준 것에 비해 아프리카에서 뺏어간 것이 너무 많았다. 아프리카에서 행한 그들의 행위 또한 인간으로서는 할 수 없는 너무도 가혹한 것이었다. 그러나 유럽인들은 아직도 자신들의 선조들이 행한 과오를 진정으로 반성하고 있는 것 같지는 않다.

그 잘못의 극히 일부만을 인정할 뿐이다. 그들은 아프리카 후진성의 원인이 아직도 아프리카인에게 있다고 생각하고 있다. 그러나 그것은 결코 공정한 태도가 아니다. 이성적이지도 않으며 역사의식도 부족하다. 검은 대륙 아프리카는 지난 수세기 동안 제국주의의 희생물이 되어 피와 눈물의 시대를 살았으며, 제국주의는 가난과 내전의 고통 속에서 몸부림치는 오늘의 아프리카를 낳은 장본인이다. 이것을 극복하는 과제는 아프리카인의 몫이지만, 유럽인들의 진정한 반성은 그것과는 별개의 문제로 여전히 남아 있다.

5. 러일 전쟁

일본, 아시아의 맹주를 넘어 세계로 향하다

일본, 아시아의 패권 국가가 되다

1905년 5월 27일, 일본 열도의 '작은 원숭이'는 북극의 '백곰'을 쓰시마 해협에서 쓰러뜨렸다. 이날의 쓰시마 해전은 러일 전쟁의 승패를 결정짓는 마지막 결전이었다. 이날의 승리로 일본은 유럽 강국의 하나였던 러시아를 쓰러뜨리고 아시아의 주도권을 쥐게 되었다. 러일 전쟁에서 러시아에 결정적 패배를 안겨준 쓰시마 해전對馬海戰, Battle of Tsushima은 레판토, 트라팔가르, 유틀란트, 미드웨이 해전과 함께 세계 5대 해전의 하나로 손꼽히고 있을 정도로 중요한 사건이다. 이 해전을 승리로 이끈 도고 헤이하치로東鄕平八郎 제독이 역사상 가장 높이 평가한 해군 장군은 조선의 이순신이었다는 사실은 역사의 아이러니가 아닐 수 없다. 러일 전쟁의 승리로 일본은 조선을 식민지로 확보할 수 있었는데, 그 승리의 일등 공신이 이순신을 가장 존경하고 있었다니 말이다.

일본은 19세기 중반까지만 해도 아시아의 평범한 국가 가운데 하나였다. 이 지역의 전통적인 패권 국가였던 중국에는 한 수 접고 들어가

일본의 연합함대를 지휘한 도고 헤이하치로 제독

는 처지였고, 한때 조선을 넘본 적이 있기는 하지만 모든 면에서 결코 조선보다 나을 게 없었던 나라였다. 그 일본이 개국과 메이지 유신, 그리고 빠른 산업화를 통해 20세기 초반에는 세계 강국과 어깨를 나란히 하고 식민지 경쟁을 벌이는 제국주의 국가가 되었으며, 러일 전쟁의 승리로 아시아의 맹주 자리에 오르게 되었다.

일본이 제국주의 국가를 향한 첫걸음을 내딛게 되는 곳은 조선이다. 조선은 일본에서 전국 시대가 끝나갈 무렵 임진왜란이라는 일본의 침략을 한 차례 받은 적이 있었고, 근대화를 통해 일본의 힘이 강해지자 다시 가장 일차적인 정복 대상으로 떠올랐다. 그래서 일본에서 유행한 것이 '정한론'이었다. 정한론은 메이지 유신 이후 일본 정계에 나타난 주장으로 조선을 정벌해야 한다는 내용이다. 일본 정계에서는 대부분 정한론에 찬성했지만, 그 방법과 시기를 두고 논쟁이 벌어지기도 했다. 일본은 자신들이 페리 제독에게 당했던 방식 그대로 함선으로 위협하며 조선에 개항을 요구했고, 개항과 함께 조선을 식민지로 만들기 위해 본격적으로 나섰다.

조선 침략에서 가장 먼저 부닥친 나라는 청 나라였다. 메이지 유신 이후 해외 팽창에 나선 일본은 먼저 유구 열도^{지금의 오키나와 제도}를 합병했으며 나아가 타이완^{대만}과 조선을 그 다음 대상으로 노리게 되면서 청 나라와 충돌했다. 청 나라와 대립을 계속하던 일본은 1894년 한판 전쟁을 벌였으며, 부패하고 무능한 청 나라는 옛날 자신에게 조공을 바치던 조그마한 섬나라 일본에 형편없이 깨지고 말았다. 청일 전쟁에서 승리한 일본은 타이완과 평후^{澎湖} 열도를 중국으로부터 넘겨받아 아시아 국가로는 유일하게 식민지를 보유한 국가가 되었으며, 조선 침략에서도 유리한 위치에 서게 되었다. 청일 전쟁 이후 일본은 본격적으로 제국주의 경쟁 대열에 끼어들게 되었던 것이다.

청일 전쟁 이후 조선을 식민지로 만들고자 하는 일본의 기도는 노골화되었다. 동학 농민군의 봉기를 관군과 합동으로 진압하고 친일정권을 세워 일본의 진출에 유리한 조치를 시행했다. 일본의 일방통행에 두려움을 느낀 민비가 미국, 러시아를 끌어들여 견제하고 나서자 을미사변을 일으켜 한 나라의 왕후를 시해하는 만행을 저지른다. 일본의 횡포에 두려움을 느낀 고종과 조선 조정은 러시아 공사관으로 피신하는 아관파천^{俄館播遷, 1896년 2월 11일~1897년 2월 20일}을 감행했다. 일본의 침략에 대항할 힘이 없었던 조선 정부가 러시아를 끌어들인 것이다.

이렇게 해서 일본은 조선을 두고 러시아와 충돌하지 않을 수 없었다. 러시아와 일본의 충돌은 조선뿐만 아니라 만주에서도 벌어졌다. 두 나라는 이제 전쟁이라는 정면승부를 펼쳐야 할 상황에 이르렀다. 청일 전쟁이 일어난 지 10년 만인 1904년 일본은 다시 전쟁을 시작했다. 유럽과 아시아에 걸쳐 거대한 영토를 가진 러시아와의 싸움에서 일본이 이길 것이라고 본 사람들은 많지 않았다. 그러나 결과는 일본의 승리였다.

일본은 러일 전쟁에서 승리함으로써 명실상부한 아시아의 패권 국가가 되었고, 나아가 영국, 프랑스, 독일, 미국 등 세계열강과 본격적으로 경쟁하는 위치에 서게 되었다. 반면 전쟁에서 진 러시아에서는 러시아 최고 통치자인 황제를 일컫는 차르체제가 위기를 맞게 되었다. 민중 봉기가 일어나고, 군인들이 반란을 일으키고, 급기야는 1905년 제1차 러시아 혁명으로 발전했던 것이다. 일본과 러시아라는 두 제국주의 국가의 운명을 갈라놓고 아시아와 세계 질서를 뒤바꾸어놓은 전쟁이 바로 러일 전쟁이었다.

선전포고 없는 기습 공격의 달인

1904년 2월 8일 일본 함대가 인천과 뤼순旅順의 러시아 함대를 기습 공격했다. 러일 전쟁은 선전포고도 없이 일본의 선제 기습 공격으로 시작되었다. 일본의 갑작스러운 선제 기습 공격으로 러시아 함대는 심각한 피해를 보았고, 한동안 정신을 차리지 못하고 일본군의 공세에

밀렸다. 선전포고 전에 상대의 중요 기지를 기습하는 것은 일본의 전형적인 수법이었다. 청일 전쟁과 러일 전쟁은 물론이고, 중일 전쟁, 그리고 태평양 전쟁에 이르기까지, 일본 군부는 항상 선전포고 없이 기습 공격으로 전쟁을 시작했다. 다만 제1차 세계대전에서 독일에 대한 선전포고와 러시아 혁명 후 시베리아 출병 때는 연합국과의 관계 때문에 사전에 기습하는 것이 불가능했다. 기습 공격은 일단 전쟁에서 주도권을 쥘 수 있는 가장 손쉬운 방법의 하나이다. 하지만 그것은 전쟁이 짧은 기간에 끝날 때 유효할 수 있으나 장기전으로 갈 때는 크게 효과를 보지 못할 수도 있다.

러시아는 일본이 허를 찌르는 기습 공격을 가해 올 것이라는 예상을 하지 못하고 있었다. 그렇게 쉽게 일본이 자신들에게 도전장을 던질 줄 몰랐던 것이다. 일본이 조그마한 '섬나라의 황색 원숭이'라면 러시아는 '유라시아 대륙의 백곰'이었다. 러시아로서는 싸움을 건다면 자신들이 걸 것이고, 일본은 피해야 마땅하다고 생각했다. 그러나 일본의 계산은 달랐다. 일본군의 작전 계획은 신속한 군사 행동으로 러시아의 지원 부대가 도착하기 전에 러시아 극동군을 섬멸해 결정적 승리를 거둘 수 있다고 생각하고 있었다.

전체 병력은 러시아가 압도적으로 많았으며 러시아 육군은 훈련이 잘되어 있어 당시 영국군, 프랑스군과 함께 세계 최강이었다. 하지만 극동 수비대는 모두 15만 5천 명에 불과했고, 그것도 여기저기 흩어져 있었다. 더욱이 극동 수비대는 8천 킬로미터나 떨어진 곳으로부터 보급 물자와 증원군을 지원받아야 했지만, 그들을 수송할 시베리아 횡단 철도는 아직 완공되지도 않은 상태였다. 반면 일본군은 85만 명의 훈련된 병력을 보유하고 있었으며, 그 가운데 15만 명을 즉각 동원할 수 있었다. 작전만 잘 세운다면 단기전에서는 일본이 유리하다는 판단이었다.

해군도 규모 면에서 보면 러시아가 일본의 3배 이상 되었다. 하지만 러시아의 태평양 함대에 속한 배들은 뤼순과 블라디보스토크의 두 군데로 나뉘어 있었으며, 일본 함대에 비해 구형이었다. 러시아 발트 함대는 태평양 함대보다 규모가 더 컸지만, 지구의 반 바퀴나 되는 반대 방향에 떨어져 있었다. 그 함대가 전쟁에 투입되기 위해서는 최소한 6개월 이상 지구의 반 바퀴를 항해한 다음에야 가능했다. 그리고 저 유명한 흑해 함대는 크림 전쟁Crimean War, 1853~1856년* 뒤 맺은 파리 조약에 의해 다르다넬스 해협을 통과할 수 없었으므로 의미가 없었다. 이런 상황을 생각하면 일차적인 관건은 뤼순 함대를 어떻게 효과적으로 공략하는가 하는 것이었다. 기습 공격으로 뤼순 함대를 완전히 궤멸시키거나 그에 버금가는 타격을 입힐 수만 있다면 일본에 얼마든지 전쟁의 승산이 있었다.

1904년 2월 6일 새벽 일본을 떠난 함대 가운데 도고 제독이 이끄는 주력 부대는 뤼순으로, 그 가운데 몇 척은 제물포항으로 향했다. 일

---

*   크림 반도를 중심으로 러시아가 영국, 프랑스, 오스만 제국과 벌인 전쟁(1853년 10월 ~1856년 2월). 크림 전쟁은 동유럽에 대한 열강들의 이해관계가 얽혀 벌어졌으나 이 문제를 해결하지 못하고 끝났다. 새로 러시아 황제가 된 알렉산드르 2세(1855년 3월 니콜라이 1세를 계승함)는 이 전쟁을 통해 러시아가 유럽 강국들과의 경쟁에서 이기기 위해서는 후진성을 탈피해야 한다는 것을 깨닫게 되었다. 이 전쟁의 또다른 결과는 오스트리아가 영국과 프랑스 편에 가담함으로써 중부 유럽 문제에 대해 러시아의 지지를 잃은 점이다. 오스트리아는 영국과 프랑스에 의지하게 되었으나, 이들의 지원을 받지 못해 1859, 1866년의 전쟁에서 패배했고 오스트리아에 승리한 이탈리아와 독일은 각각 통일을 이룩할 수 있었다. 오스만 제국 또한 이 전쟁에서 영국과 프랑스의 도움으로 체면치레는 했으나 이미 '유럽의 환자'가 되고 있다는 사실을 확인시켜주었다.

러일 전쟁 당시 서울을 점령한 일본군

본군은 기습 공격으로 먼저 러시아의 태평양 함대를 무력화시키기로 계획을 세웠던 것이다. 2월 8일 밤 10시, 일본의 어뢰정들은 뤼순으로 잠입해 들어갔다. 그러나 러시아 함선들은 전혀 눈치를 채지 못하고 있었다. 불이 켜진 채 정박하고 있던 러시아 군함들은 일본 어뢰정의 손쉬운 목표물이 되었다. 순식간에 러시아 전함 두 척과 순양함 한 척이 손해를 입었다. 다음 날까지 계속된 포격전 끝에 뤼순 항은 완전히 봉쇄되고 말았다. 러시아 함대는 뤼순 항에 오랫동안 묶여 있어야 했다.

뤼순 전투는 오랫동안 계속되었고, 일본군도 값비싼 대가를 치러야 했다. 일본 해군에 의해 러시아 함대가 뤼순 항구 안에 갇혀 있는 동안, 일본 육군은 도시를 포위하고 공격을 개시했다. 항구 주변을 점령하기 위해 일본군은 수많은 전사자를 내야 했다. 5월 30일에 개시된 육상에서의 전투는 7개월이 지난 뒤에야 끝났다. 1904년 12월 20일 일본군이 항구를 굽어보는 전략적 요충지를 점령하여 러시아 함대에 포격을 가할 수 있게 되자 러시아군은 더 버티기 어렵게 되었다. 포위 속에서도 진지를 사수하던 난공불락의 뤼순 요새가 무너진 것이다.

조선과 만주를 둘러싼 전쟁

러일 전쟁은 필연이었을까? 그것은 왜 일어났으며, 발단은 언제부터 시작되었을까? 러일 전쟁은 기본적으로 제국주의 전쟁이었다. 중국에 진출하려는 일본과 남진 정책을 펼치던 러시아, 이 두 제국주의 세력이 조선과 만주의 지배권을 둘러싸고 격돌을 벌인 사건이 러일 전쟁이다. 그랬기 때문에 전쟁은 1904년에 일어났지만, 갈등은 이미 오래전부터 시작되고 있었다.

러시아와 일본이 처음으로 맞부닛긴 것은 청일 선생 식후었나. 청일 전쟁의 대가로 일본은 타이완과 평후 열도, 랴오둥 반도를 청 나라로부터 빼앗았지만, 러시아와 프랑스, 독일의 이른바 3국 간섭으로 6일 만에 랴오둥 반도는 되돌려주어야 했다. 일본으로서는 분통이 치밀었지만 어쩔 수 없었다. 일본이 당시 국력으로 이들 세 나라를 상대한다는 것은 상상할 수 없는 일이었다. 사실 프랑스나 러시아, 독일 중 한 나라를 상대하기도 어려운 상황이었다. 이때부터 러시아와 일본의 본격적인 갈등이 시작되었다. 3국 간섭을 주도한 것이 러시아였을 뿐 아니라 러시아와 계속해서 조선과 만주에서 맞닥뜨렸기 때문이다.

일본이 다시 러시아와 첨예하게 부딪친 것은 조선에서였다. 청일 전쟁의 승리로 조선에서 주도권을 쥔 일본은 친일 내각을 앞세워 조선의 내정에 간섭하기 시작했지만, 곧 러시아에 밀려났다. 3국 간섭에 일본이 굴복하는 것을 본 민비 일파가 박영효 등의 친일 내각을 밀어내고 다시 권력을 잡으면서 러시아와 가까워졌기 때문이다.

조선에서 친러파가 득세하면서 일본이 밀려나자 일본은 을미사변을 일으켰다. 일본 공사관의 지휘 아래 낭인 깡패들과 군인들을 동원, 궁궐에 침입해 민비를 살해하는 만행을 저질렀던 것이다. 이 사건으로 생명에 위협을 느낀 고종은 러시아 공사관으로 피신했다. 결국 일본

❋ 1895년 일본 공사 미우라가 지휘하는 폭도들이 경복궁에 난입하여 명성황후(민비)를 학살한 사건. 일제는 조선에서 러시아 세력을 몰아내기 위해 명성황후의 영향력을 제거하는 것이 우선이라고 보았다. 폭도들은 고종과 명성황후의 침소인 건청궁에 난입, 고종에게 왕비의 폐출 조서에 서명하라고 강요하며 위협했다. 그러나 고종이 이를 거부하자 왕세자에게 칼을 휘두르는 등 극악한 만행을 저질렀다. 이어 궁내부 대신 이경직을 살해한 뒤, 옥호루에서 왕비를 무참하게 학살하고, 그 증거를 없애기 위해 시신을 화장하는 야만적 행동을 저질렀다. 이후 왕비 학살을 일본인들이 하지 않았다는 것으로 위장하기 위해 방안을 세웠는데, 그 내용은 "이번 사건은 훈련대와 대원군이 결탁하여 행한 쿠데타이며, 일본군은 고종의 요청으로 출동하여 훈련대와 시위대의 싸움을 진압했고, 왕비 시해는 아는 바 없다."는 것이었다.
그러나 만행을 목격한 외국인들은 외교관들에게 사건의 진상을 폭로했고, 이에 미국과 러시아 공사 측은 각각 군병들을 동원하여 시위하는 한편, 일본의 관여 사실과 폐위 조치 불인정 등을 발표했다. 한편 12월 1일 고종은 정식으로 왕비가 승하했음을 발표했으나 일본인의 관련에 대해서는 한마디도 언급하지 못했다. 오히려 조정은 사건을 은폐하기에 급급했을 뿐이다. 그러나 왕비 학살에 대한 국민의 반일 감정이 극도에 달해 이후 전국적인 반일 의병인 '을미의병'을 불러일으키는 계기가 되었다.

의 과격한 행동이 조선의 등을 러시아 쪽으로 떼밀어버린 형국이 되었다. 이것이 '아관파천' 사건이다. 고종은 1년 동안이나 러시아 공사관에 머물렀고, 조선은 독립 국가의 위신을 잃어버리게 되었다. 이 사건으로 조선은 완전히 러시아의 영향력 아래 들어갔으며 나라의 이권은 러시아를 비롯한 서구 열강들에 속속 넘어갔다. 상황이 이렇게 돌아가자 일본은 1894년 조선에서 빼앗은 이권을 회복하고 러시아의 영향력을 축소하기 위해 고심했다.

일본은 러시아와 앙숙관계에 있는 영국과 손을 잡고 외교 무대에서 러시아에 대항했고, 조선 내에서 러시아의 진출에 위협을 느낀 독립 세력의 비판을 바탕으로 조선에서도 마침내 발언권을 회복했다. 결국 일본과 러시아는 조선의 내정과 재정 문제에 대해 공동으로 참여하기로 합의했다. 독립협회를 비롯한 조선의 애국 세력이 러시아의 내정 간섭에 강하게 반발하고 있었기 때문에 러시아는 일본과 타협하지 않을 수 없었던 것이다. 이후 러시아와 일본은 조선에서 적당하게 타협하며 이권을 나눠 먹었으며, 여기에 미국과 영국, 프랑스 등 다른 서구 제국도 끼어들었다.

일본과 러시아는 다시 만주에서 충돌했다. 만주로 세력을 확대하고 있던 러시아는 청 나라와 비밀 협정을 맺고, 동청東淸 철도하얼빈 철도 부설권을 얻었다. 러시아는 1898년에는 청일 전쟁 후 일본이 차지했다가 3국 간섭으로 포기해야 했던 뤼순과 다롄의 조차권까지 차지했으며, 동북 철도만주 철도를 다롄까지 연결하는 남만주 철도 부설권마저 가져갔다. 영국, 프랑스, 독일, 미국 등 서구 열강들도 중국에서 온갖 이권을 탈취해갔다. 일본도 이에 뒤질세라 중국에서 이권을 확보하기

의화단 운동을 묘사한 그림

위해 혈안이 되었고, 랴오둥 지역을 되찾기 위해 절치부심했다. 그런 가운데 일본이 중국에 다시 진출할 기회가 왔다.

　1900년 중국에서 의화단* 투쟁이 벌어졌다. 화베이 지방에서 시작된, 제국주의 열강의 중국 침략을 반대하는 의화단 투쟁은 중국 전체 지역으로 확대되었다. 그러자 제국주의 열강은 연합군을 편성해 의화단을 진압하기로 했고, 이에 일본도 군대를 보냈다. 당시 영국은 아프리카에서 보어 전쟁으로, 미국은 필리핀에서 민족 운동 진압 때문에

---

* 　원래 의화권(義和拳)으로 알려진 중국의 비밀 결사로, 이들의 목표는 서구 열강과 만주족 왕조인 청을 몰아내는 것이었다. 의화단원들은 자신들이 독특한 권법과 봉술의 연마로 초자연적인 힘을 얻어 총에 맞아도 다치지 않을 것이라는 믿음을 가지고 있었다. 당시 청의 관리들도 의화권의 비법을 익히기 시작했으며, 조정을 장악하고 있던 서태후도 서구 열강의 항의에도 의화단을 계속 지원했다. 의화단원들이 서구 열강의 앞잡이로 인식되고 있던 기독교 선교사들과 신자들을 공격하기 시작하면서 문제가 발생했다. 결국 이 사건을 빌미로 서구 열강은 중국에 전격적으로 군대를 파견했다.

많은 병력을 보낼 형편이 아니었고, 러시아와 독일은 파병이 늦어 결국 1만 2천 명의 일본군이 3만 2천 명의 연합군 주력이 되었다. 제국주의 연합군은 1900년 8월 베이징을 점령했고 뒤이어 청국과의 협상에서 거액의 배상금과 베이징에 군대를 주둔시킬 권리를 얻었다.

이렇게 열강의 주의가 베이징 주변의 화베이 지방에 집중되고 있는 상황을 이용하여 일본은 독자적으로 푸젠 점령 계획을 세우게 된다. 일본군은 푸젠 성 샤먼에 있는 본원사本願寺에 불을 지르고 "폭도가 불태웠다."며 '거류민 보호'라는 구실을 내세워 군대를 보냈다. 그리고 타이완에 주둔하고 있던 군대까지 출동시켰다. 그러나 영국의 강력한 항의로 일본의 푸젠 점령 계획은 무산되었다. 의화단 진압을 위한 군대 파병과 푸젠 점령 계획의 실패는 일본 지배층에 자신감과 함께 교훈도 주었다. 자신감이란 동아시아에서 문제가 생기면 곧바로 많은 군대를 파병할 수 있는 나라는 일본뿐이며, 일본은 '동아시아의 헌병'으로서의 지위를 얻었다는 것이었다. 반면 교훈이란 일본이 아직 독자적으로 중국 일부를 차지할 힘은 없으므로 반드시 제국주의 열강들의 대립에 기대면서 그 중 한편과 연합해서 이득을 볼 수밖에 없다는 것이었다.

그렇다면 누구와 손을 잡을 것인가? 이토 히로부미 같은 전통 관료들은 러시아와 협상할 것을, 야마가타 아리토모 같은 군인들은 러시아와 싸울 것을 주장했다. 한편 의화단 진압에서 일본이 맡은 역할을 높이 평가한 영국은 러시아를 견제하기 위해 일본을 이용하려는 정책을 더욱 강화했다. 이렇게 해서 1902년 1월 30일 영일 동맹이 맺어졌다. 영일 동맹은 조선과 청 나라에서 다른 나라의 침략과 소요가 일어나면 영국과 일본은 서로 자국의 이익을 보호하는 행동을 취하며, 그것 때문에 다른 나라현실적으로는 러시아와 전쟁이 발생할 때는 한편은 중립을 지키지만 제3국이 적국에 가담하면 동맹국을 원조하기 위해 참전하기로 했다. 영일 동맹은 일본에 러일 전쟁을 앞당기는 효과를 발휘했다.

이즈음 러시아와 일본의 대립은 나날이 날카로워졌다. 1902년 7월 러시아는 조선의 용암포를 점령했으며, 의화단 투쟁 당시 철도 보호를 구실로 만주를 점령한 뒤 1903년 4월까지 군대를 철수하기로 해놓고도 오히려 군대를 증강했다. 그러자 일본은 만주에서 러시아의 우월한 권리를 인정하는 대신 조선에서 일본의 우위를 인정하라고 요구했다. 그런데 조선에서 일본의 우월한 권리란 한반도 전체를 일본이 완전히 독점하는 것이고, 만주에서 러시아의 우위를 인정한다는 것은 러시아가 '현재 차지한 범위 안에서만' 인정하는 것이었다. 그러나 일본을 우습게 생각하고 있던 러시아는 이런 조건을 받아들이지 않았다. 오히려 러시아는 39도선을 경계로 한반도를 나누어 그 이북 지역을 중립 지대로 하라고 요구했다. 일본과 러시아의 협상은 지지부진했다. 일본은 전쟁을 위한 군사적·외교적 준비를 위한 시간 벌기가 필요했고, 러시아는 필요하면 언제든지 전쟁을 할 수 있다는 생각이었다.

일본과 러시아의 협상은 1904년 2월 5일 마지막으로 결렬되었다. 그날 러시아는 한반도의 이권을 조금도 양보할 수 없다고 했고, 일본 역시 만주에서의 이권을 조금도 양보할 수 없다고 최후통첩을 보냈다. 이제 전쟁은 피할 수 없게 되었다. 러시아는 일본이 쉽게 전쟁을 일으키지는 못하리라고 생각했지만, 그것은 오산이었다. 협상이 결렬된 지 3일 후인 2월 8일 일본은 러시아를 기습 공격함으로써 전쟁의 포문을 열었다. 일본의 행동이 이처럼 전광석화처럼 빨랐던 것은 일본 지도부가 허를 찌르는 공격으로 전쟁에 승리하겠다는 계획을 일찍부터 갖고 있었기 때문이었다.

러시아의 자랑, 발트 함대의 궤멸

뤼순이 함락되자 러시아는 패색이 짙어졌고, 그에 따라 국내의 정치 상황도 불안하게 되었다. 1905년 1월 9일 '피의 화요일' 사건이 일어나 민심이 완전히 차르체제를 떠나 버렸다. 1월과 2월에는 러시아 곳곳에서 철도 파업이 일어나 시베리아 철도의 군용 물자 수송에도 큰 차질이 빚어졌다. 각지에서 반정부 시위가 이어지고 반란이 일어났으며 소수 민족의 반러시아 운동이 고조되었다. 시위 진압에 군대를 보내야 할 형편이 되고 보니 전쟁은 뒷전이었다. 안팎으로 곤경에 처한 가운데 러시아군은 1905년 2~3월의 펑톈奉天, 지금의 선양 회전에서도 패배했다.

러시아는 마지막으로 발트 함대에 기대를 걸었다. 뤼순이 함락되기 석 달 전 발트 함대는 곤경에 처한 태평양 함대를 돕기 위해 태평양으로 떠나라는 명령을 받았다. 1904년 10월 9일 발트 해 연안의 항구 탈린에서 거행된 공식 환송식에는 니콜라이 황제가 직접 참석했다. 이후 발트 함대의 항진은 세계 언론기관에 의해 상세히 보도되었다. 당연히 일본 해군은 발트 함대의 동정을 정확히 파악하고 있었다. 2만 8천 8백 킬로미터에 달하는 긴 항해는 거의 8개월이나 걸렸고, 실수와 예상치 못한 어려움의 연속이었다.

발트 함대가 항구를 떠난 지 일주일쯤 지났을 때, 함대는 안개 자욱

뤼순항의 모습

한 북해에서 일단의 배들을 발견했다. 이 배들이 일본 어뢰정이라고 판단한 러시아 해군은 포격을 가해 배 두 척을 가라앉혔다. 그러나 이 배들은 영국의 트롤 어선이었다. 이 사건으로 영국은 크게 분노했고, 발트 함대는 '미친개 함대'라는 조롱 섞인 별명을 얻게 되었다.

오랜 기간의 장거리 항해로 병사들의 사기는 점점 떨어졌다. 발트 함대는 1905년 1월에 마다가스카르에 도착해 뤼순이 함락되었다는 소식과 함께 뤼순 대신 블라디보스토크로 항진하라는 명령을 받았다. 그리고 5월 인도차이나의 캄란 만에서 뒤늦게 출발한 10여 척의 군함과 합류했다. 수리와 연료 보충을 위해 이곳에서 잠시 머문 함대는 긴 항로의 마지막 구간을 항해하기 시작했다.

발트 함대의 지노비 페트로비치 로제스트벤스키Zinovij Petrovič Rožestvenskij 사령관은 동지나해를 지나 북쪽으로 나아가면서 쓰시마 해협쓰시마섬과 일본 열도 사이을 통과하기로 했다. 연료도 바닥나고 병사들의 사기도 떨어진 상태에서 블라디보스토크로 질러가기 위한 것이었다. 이 해협은 늘 짙은 안개가 끼어 있어 일본군에 발각되지 않고 통과할 수 있으리라 생각했다. 그는 야간 항행등을 제외한 모든 등을 끄고 온갖 집기와 고정되지 않은 비품들을 바다 위로 내던지라고 명령했다.

한편 도고 헤이하치로 제독이 이끄는 일본 함대는 조선의 진해만에서 러시아 함대를 기다리고 있었다. 뤼순 함락 후 몇 달 동안 장비를 새로 갖추었고, 실전 경험을 쌓은 사병들은 다가올 해전에 대비하여 훈련을 거듭하고 있었기 때문에 사기가 매우 높았다. 주변 바다에는 정보를 제공할 배와 요원들이 깔렸었다. 이들은 러시아 함대를 발견하는 즉시 보고할 준비가 되어 있었다.

1905년 5월 27일 새벽, 러시아 함대가 쓰시마 해협에 모습을 드러냈다는 보고가 접수되었다. 해협에는 안개가 짙게 끼어 물체를 분간할 수 없었지만, 일본 해군은 러시아 함대가 북상 중임을 알 수 있었다. 러시아 함대의 병원선 오렐호가 등화관제를 지키지 않아 안개가 짙게 낀 동트기 전의 어둠 속에서 그 불빛이 발견되었기 때문이다.

'적 함대를 발견했다'는 보고를 받은 도고 사령관은 "황국의 흥망이 이 일전에 달려 있으니 전원 분발하라!"며 공격 명령을 내렸다. 오후 1시 55분경 일본의 선제공격으로 전투가 시작되었다. 전투의 승패는 싱겁게 끝났다. 3시가 조금 지나 사실상 끝난 전투 결과는 러시아 함대의 참패였다. 해전에 참가한 러시아 군함 38척 가운데 3척을 제외하고 나머지는 모두 격침되거나 파괴 또는 나포되었다. 전체 병력의 절반 가까운 4천 8백 명이 전사했으며, 사령관을 포함한 수천 명이 포로로 잡혔다. 반면 일본 해군은 3척의 어뢰정이 파괴되고 117명이 전사했을 뿐이었다.

아시아를 넘어 세계로 향하는 일본

쓰시마 해전에서 일본의 승리는 러시아의 남진 정책을 강력하게 견제하고자 했던 영국의 도움에 힘입은 바 컸다. 1904년 시작된 러일 전쟁 상황이 불리하게 돌아가자 러시아의 니콜라이 황제는 북해의 발트 함대를 파견하기 위해, 수에즈 운하의 운영권을 가지고 있던 영국에 '운하를 통과하게 해달라'고 요청했다. 그러나 일본과 1902년 영일 동맹을 맺은 영국은 이 요청을 거절했고, 러시아 함대는 남아프리카의 희망봉까지 지구의 반 바퀴나 돌아야 했다. 이들이 쓰시마 섬 근처에 다다랐을 때는 8개월에 걸친 오랜 항해로 지칠 대로 지친 상태였다. 반면 일본 함대는 충분한 훈련과 휴식을 하고 러시아 함대가 오기만을 기다리고 있었다.

그러나 러시아 패배의 진정한 원인은 다른 곳이 아니라 함대 내부에 있었다. 당시 함대 사령관 로제스트벤스키는 마카로프 사후 가장 뛰어난 해군 사령관으로 평가되었지만, 함대의 병사들은 대부분 발트 지방의 농민들 가운데서 징집한 자들이었고 훈련도 거의 안 되어 있었다. 이런 사정은 장교들도 마찬가지여서 실전 경험이 거의 없었다. 또 함대는 모두 42척의 군함으로 구성되어 있었지만, 그 가운데 4척의 전함과 4척의 순양함만이 새 군함이었다. 나머지 군함들은 대부분 오래

된 군함들이었고, 그 가운데 한 척은 원래 범선으로 설계된 것이었다. 한마디로 함대 규모는 컸지만, 기동력이 떨어지고 실속이 없었다. 러시아는 함대의 규모가 다른 결함들을 보완할 수 있다고 생각했지만, 실전에서 나타난 결과는 그것이 오산이었음을 보여주었다.

승전보가 일본에 전해지자 군중이 거리로 쏟아져 나왔다. 그날 밤 도쿄의 히비야 공원에서는 눈부신 불꽃놀이가 하늘을 수놓은 가운데 춤과 노래의 축제가 벌어졌다. 그러나 러시아의 수도 상트페테르부르크의 분위기는 침울하기 짝이 없었다. 불만에 가득 찬 대중들은 차르 체제의 부패와 무능을 질타했고, 군중 시위와 노동자 파업이 끊이지 않았다. 이제는 시위가 농촌으로까지 옮겨붙고 있었다. 그리고 군인들마저 동요하기 시작했다. 바야흐로 혁명의 불길이 거세게 타오르기 시작한 것이다.

쓰시마에서의 패배 이후 러일 전쟁의 승패가 결정되었다. 러시아는 믿었던 발트 함대를 잃었을 뿐 아니라 내부적으로 혁명 위기가 고조되고 있었다. 이런 상황에서는 일본과의 전쟁보다 국내 치안 회복이 급선무가 되었다. 전쟁을 계속하는 것은 차르체제의 무덤을 파는 일이었다. 일본도 1년이 넘게 계속된 전쟁으로 물자가 바닥나고 재정이 고갈되어 더 이상 끌고 갈 여력이 없었다. 이에 일본은 비밀리에 미국에 중재를 요청했다.

1905년 9월 5일 시어도어 루스벨트 미국 대통령의 중재로 미국 북동부의 포츠머스에서 강화조약이 체결되었다. 조약의 결과 일본은 뤼순과 다롄을 포함한 랴오둥 반도와 사할린의 남쪽 절반에 대한 지배권을 수중에 넣었으며, 연해주와 캄차카의 어업권을 인정받았다. 그러나 일본은 애초 요구했던 조건 가운데 전쟁 배상금과 사할린 북부의 할양은 포기해야 했다.

러시아는 안일한 사고방식으로 일본을 대하다가 치욕적인 패배를 당했다. 이것으로 러시아가 겉은 멀쩡하지만 속은 곯을 대로 곯은 후진적이고 취약하기 짝이 없는 전제 국가라는 사실이 그대로 드러났다. 이제 러시아는 전쟁의 패배는 부차적인 문제가 되었다. 다가오는 혁명을 어떻게 막을 것인가가 더욱 큰 문제였던 것이다. 일본과의 전쟁을 종결지은 러시아는 황급히 내정 수습에 나서 가까스로 더 이상 혁명이 진전되는 것을 막을 수 있었다. 차르체제는 제1차 러시아 혁명을 피로써 진압하고 살아남았지만 12년 뒤 마침내 최후를 맞이하고 말았다.

러일 전쟁에서 승리함으로써 일본은 드디어 아시아 지역의 맹주가 되었다. 중국, 러시아 등 거대 국가들이 모두 일본과의 전쟁에서 패배했고, 일본의 기세는 세계를 향해 뻗어나갔다. 물론 그것은 제국주의 침략의 길이었고 세계를 파국으로 이끄는 세계 전쟁의 길이었지만, 제국주의 일본은 거기에 제동을 걸 이성을 상실하고 있었다. 그것은 일본만이 아니라 모든 강대국, 제국주의 국가들의 공통된 모습이었다.

일본은 러일 전쟁의 승리로 조선을 반식민지로 만들 수 있었고, 몇 년 뒤 조선을 강제로 일본 제국에 편입시켰다. 또한 러일 전쟁 뒤 일본은 만주에서 러시아의 이권을 모두 확보해 장차 만주 침략의 발판을 마련했다. 러일 전쟁에서 승리한 일본은 이제 더 이상 동방의 작은 섬나라가 아니었다. 일본은 영국, 프랑스, 미국, 독일과 어깨를 나란히 하는 제국주의 열강의 하나였다. 그러나 그 일본은 제국주의적 광기가 지나쳐 결국 파멸의 길로 나아가게 된다.

6. 러시아 혁명

세계 최초로 사회주의 정권이 세워지다

레닌, 비밀열차를 타고 귀국하다

1917년 10월, 러시아에서 볼셰비키 혁명Bolshevik Revolution이 성공한 것은 노동자, 병사 등 대중의 자발성과 레닌이 이끄는 볼셰비키의 헌신적인 노력이 절묘하게 결합한 덕분이었다. 레닌의 볼셰비키는 혁명이 자연스럽게 성공하기를 기다리는 조직이 아니었다. 그것은 혁명을 위해 자신의 목숨을 바칠 각오가 된 의식적인 혁명가들의 단련된 조직이었다. 볼셰비키는 대중의 의식에 뒤쫓아가는 것이 아니라 그들을 앞서서 이끌어가는 전위조직이었다. 레닌은 혁명가들이 당 조직의 규율에 복종하며 혁명 운동에 헌신해달라고 요구했다. 그는 조합주의적 의식과 경세주의적 의식을 가진 노동대중민으로 혁명은 가능하지 않다고 보았다. 정치의식으로 무장된 혁명가들의 비밀 조직이 있어야 혁명 운동을 끝까지 승리로 이끌어갈 수 있다고 보았으며, 이를 위하여 볼셰비키 조직을 만들었다.

1905년에 이어 1917년 2월 러시아에서 혁명이 일어나 곳곳에서 소비에트가 조직되고 마침내 차르가 물러나고 케렌스키가 이끄는 임시 정부가 구성되었다. 임시정부는 사회혁명당과 멘셰비키, 나아가 볼셰비키와도 좋은 관계를 유지했다. 이 무렵 그 누구도 사회주의 혁명에 대한 전망을 알고 있지는 않았다. 그러나 이때 레닌이 등장하여 혁명의 방향을 근본적으로 바꾸어놓았고, 그것은 10월 볼셰비키 혁명으로 발전했다. 러시아 10월 혁명으로 세계에서 최초로 사회주의 혁명이 그 모습을 드러냈다. 이것은 누구도 경험해보지 못한 혁명이었다. 새로운 신천지가 열렸다. 하지만 그 신천지는 사람들이 바라마지 않았던 유토피아가 아니었다. 오히려 숱한 모순과 비극을 잉태한 실험극이었을 뿐이다.

레닌이 혁명 소식을 들은 것은 망명지 스위스의 취리히에서였다. 1917년 2월 하순 어느 날, 저녁 식사를 끝내고 막 도서관으로 떠나려는데 아는 동지 한 사람이 뛰어왔다. "아직 소식 못 들었어요? 러시아에서 혁명이 일어났어요." 신문을 보고 이를 확인한 레닌은 곧바로 귀국 준비를 서둘렀다.

그러나 그가 러시아로 돌아간 것은 그로부터 한 달이 더 지난 4월 초순이었다. 케렌스키가 이끄는 임시 정부는 전쟁 반대를 외치고 있던 레닌의 귀국을 바라지 않았기 때문이다. 독일과 싸우고 있던 프랑스도 역시 레닌이 러시아에 돌아가 노동자와 병사들을 선동해 임시 정부를 괴롭히기를 바라지 않았다. 고민 끝에 레닌은 독일 정부의 협력을 얻어 핀란드를 거쳐 러시아에 들어가기로 마음먹었다. 러시아와 전쟁을 끝낼 수 있다면 동부 전선의 병력을 서부 전선으로 돌려 전쟁의 주도권을 쥘 수 있을 것이기 때문에 독일은 레닌의 귀국을 눈감아줄 수도 있을 것으로 생각한 것이다. 레닌의 예상은 적중했다. 그렇게 해서 레닌은 31명의 혁명가와 함께 '밀봉열차'를 타고 러시아로 향했다.

레닌과 일행이 마지막으로 도착한 곳은 페트로그라드*의 교외에 있는 핀란드 역이었다. 레닌은 10년 만에 다시 러시아 땅을 밟은 것이다. 플랫폼에는 병사들이 '받들어 총!' 자세로 서 있었고, 광장에는 엄청난 군중이 모여 있었다. 곳곳에서 무수한 붉은 기가 휘날리고 군대와 군악대가 늘어서 귀빈을 기다리고 있었다. 그리고 볼셰비키 당원들은 꽃을 들고 서 있었다.

레닌의 귀국을 기다리는 사람들이 어찌나 많이 모였던지 가까스로 역 구내 대기실로 들어간 페트로그라드 소비에트 의장 츠케이드가 레닌을 향해 "레닌 동지, 페트로그라드 소비에트의 이름과 전체 혁명의 이름으로 우리는 당신의 러시아 귀환을 환영합니다."라고 인사했다. 마침내 레닌이 광장을 향해 모습을 드러냈다. 그러자 〈라 마르세예즈〉가 '천둥소리처럼' 울려 퍼지고, 군중의 환호성이 광장을 뒤흔들었다. 이어 군중을 향해 레닌의 연설이 시작되었다.

친애하는 동지 여러분, 그리고 병사와 노동자 여러분! 나는 여러분과 더불어 러시아 혁명의 승리를 맛보게 되어 기쁩니다. 나는 여러분을 전 세계 프롤레타리아 군대의 전위대로서 맞이하는 것입니다. 제국주의 약탈 전쟁은 유럽 전체를 내란으로 몰아넣는 출발점입니다. 전 세계에 사회주의 혁명의 아침이 이미 밝아오고 있습니다. 독일도 부글부글 끓기 시

---

* 지금의 상트페테르부르크. 러시아 혁명 성공 후 '레닌그라드'로 이름을 바꿨으나 소련 붕괴 뒤 지금의 이름으로 돌아왔다.

작했습니다. 오늘 당장은 아닐지라도 곧 유럽의 자본주의가 전면적으로 무너지게 될 것입니다. 우리는 러시아 혁명으로 그 신호탄을 쏘아 올렸고, 새 시대의 서막을 열었습니다. 세계 사회주의 혁명 만세!

레닌의 열변을 들은 청중들은 흥분과 격정에 빠졌다. 그들은 〈라 마르세예즈〉를 미친 듯이 불러 대면서 레닌을 향해 달려들었다. 레닌은 가까스로 그 자리를 빠져나와 볼셰비키 당원들이 모여 있는 시내로 갔다. 다음 날 레닌은 볼셰비키 간부 회의를 소집하고 이른바 '4월 테제'를 발표했다. 그 핵심 내용은 "자본주의 타도 없이 전쟁을 종결짓는 것은 불가능하다. 의회제 공화국 주장은 받아들일 수 없다. 임시 정부를 더는 지원하지 말고, 권력을 소비에트로 집중시키며, 소비에트 안에서 볼셰비키가 주도권을 쥐어야 한다."는 것으로 요약될 수 있었다.

트로츠키의 맹활약

레닌의 '4월 테제'는 당장 볼셰비키 내부에서조차 논란을 일으켰다. 몰로토프, 스탈린 등 좌파와 중도파는 대체로 지지했으나, 카메네프를 중심으로 한 우파는 반대했다. 그것은 지금까지 대부분의 혁명가들은 부르주아 혁명을 거치지 않고는 사회주의 혁명으로 나아갈 수 없다고 생각하고 있었는데, 레닌은 그것을 단번에 뒤집어버렸기 때문이다. 거기다가 임시 정부 문제도 그랬다. 케렌스키가 이끄는 임시 정부와 비교적 좋은 관계를 유지하고 있었는데, 그걸 끊어버리고 임시 정부를

레프 트로츠키, 블라디미르 레닌, 레프 카메네프(왼쪽부터)

뒤집어엎으라는 것이니……. 그러나 레닌은 3주간의 끈질긴 설득으로 '4월 테제'를 볼셰비키의 공식 입장으로 만들었다.

레닌은 자신의 입장을 펴면서 "모든 이론은 회색이며, 오직 살아 있는 것은 영원한 생명의 나무뿐이다."는 《파우스트》의 시 구절을 인용했다. 그 말은 탁상공론으로 세월을 보내지 말고 눈앞에 보이는 실제 상황을 잘 주시하며, 혁명을 실천적으로 대해야 한다는 이야기였다. 레닌의 주장이 받아들여짐으로써 볼셰비키는 정치적 수도권을 장악할 기초를 마련했다. 멘셰비키나 사회혁명당과는 달리 당내 파쟁과 이론 논쟁으로 시간을 허비하지 않고 단일한 대오로 일사불란하게 움직일 수 있게 되었다. 레닌의 귀국은 러시아 혁명 운동에서 볼셰비키의 활동력을 크게 강화시켰던 것이다.

4월 대규모 반전 시위가 터졌다. 이 '4월의 위기'로 무력해진 임시 정부는 소비에트에 연합 정부를 요청했다. 볼셰비키는 당연히 반대했지만, 멘셰비키와 사회혁명당 우파는 동의했다. 하지만 연합 정부도 안정적이지 못했다. 토지 문제가 해결되지 않은 것이다. 농민들은 봉기를 일으켜 스스로 지주와 중산층의 토지를 차지해버렸고, 전장에서 이탈한 병사들이 계속 농촌으로 흘러들면서 토지를 둘러싼 폭력과 혼란이 극심했던 것이다.

이런 상황에서 6월 1일 제1차 전 러시아 노동자·병사 대표자 소비에트 회의가 페트로그라드에서 개최되었다. 여기서 레닌은 "소비에트가 임시 정부를 반대해야 한다."고 주장하며 "이제 볼셰비키는 집권 태세를 갖췄다."고 선언했다. 하지만 대회에서는 543 대 126(기권 52)으로 소비에트의 임시 정부 지지를 결정했다. 그러자 수상이 된 케렌스키는 독일과의 전쟁에서 승리하여 임시 정부의 기반을 넓히겠다는 생각으로 독일에 대한 대대적인 공세를 폈다. 그러나 그것은 임시 정부의 자살 행위나 마찬가지였다. 트로츠키의 지적처럼 "공세가 군의 존재 자체를 위협하는 모험"이었던 것이다.

7월 6일부터 독일군의 대대적인 반격으로 러시아군은 패배를 거듭했고, '7월 위기'가 닥쳐왔다. 후방에 있던 군인과 노동자들이 반전을 주장하며 반란을 일으킨 것이다. 그러자 임시 정부는 레닌과 볼셰비키를 공격하고 나섰다. "볼셰비키당 자금은 독일 정부에서 나온 것이며, 레닌은 적과 내통하여 정부를 뒤집어엎으려 하고 있다."는 것이었다. 임시 정부는 이와 함께 레닌 체포령을 내렸다. 그리고 군부의 지원을 받아 가까스로 위기를 모면했으나 이미 임시 정부는 흔들리고 있었다.

체포령이 내리자 레닌은 핀란드 지역으로 대피해 상황을 지켜보지 않을 수 없었다. 레닌은 10월에 다시 러시아로 돌아올 때까지 『국가와 혁명』을 썼다. 그 사이 레닌을 대신해 맹활약을 펼친 것은 트로츠키였다. 트로츠키는 처음 멘셰비키로 출발했으며, 여러 차례 레닌과 마찰을 빚었었다. 그러나 이 상황에서 트로츠키는 "전쟁 반대, 임시 정부 반대, 소비에트의 타협주의 노선 반대"를 분명히 했다. 그는 레닌의 노선에 대해 "과거 우리 사이에 존재하던 견해 차이를 무의미하게 만들었다."고 생각하고 레닌의 체포령에 항의하다 구속되었다.

　그런데 8월이 되자 옛 시절을 잊지 못하던 코르닐로프 장군이 쿠데타를 일으켰다. 이에 위기의식을 느낀 케렌스키는 사회주의자들의 지원을 받기 위해 트로츠키를 감옥에서 풀어주었다. 결국 트로츠키의 지도를 받은 노동자들이 파업을 일으키는 바람에 코르닐로프의 쿠데타는 실패하고 말았다.

　이 사건으로 트로츠키의 인기는 하늘을 찌를 듯 높아졌고, 그는 페트로그라드 소비에트 의장에 선출되었다. 이때부터 트로츠키는 도피 중인 레닌을 대신하여 볼셰비키를 이끌며 10월 혁명을 준비했다. 트로츠키는 볼셰비키가 장악한 공장 소비에트에 준 군사 기관인 '적위대'를 만들었고, 페트로그라드 소비에트에 군사 혁명 위원회를 설치해 의장이 되어 수도권 일대의 병력을 장악했다. 그는 곳곳을 누비고 다니면서 뛰어난 연설로 대중을 사로잡으며 볼셰비키를 다수파로 끌어올렸다.

세계 최초의 사회주의 정권

몇 달 전만 해도 멘셰비키, 사회혁명당보다 소수파였던 볼셰비키는 이제 다수파가 되었다. 페트로그라드와 모스크바 소비에트에서 제1당이었고 군대^{赤衛隊}까지 가졌다. 여러 정파 가운데 가장 강력한 정치 세력으로 성장한 것이다. 상황이 이렇게 발전하자 레닌은 망명지 핀란드에서 볼셰비키당 중앙위원회에 편지를 보내 '즉각 무력 봉기를 준비해 나가라'고 촉구했다. 그는 이렇게 주장했다.

러시아뿐만 아니라 모든 유럽이 혁명의 언저리에 와 있다. 볼셰비키는 세 곳을 때리지 않으면 안 된다. 페트로그라드와 모스크바, 그리고 발트 함대가 그것이다. 그들은 동궁^{冬宮}을 공격하고, 네바 강을 건너는 다리를 장악하고, 수도를 오지로부터 고립시킬 계획을 마련해야 한다. 중앙위원회는 어째서 행동하지 않으려 하는가?"

그러나 중앙위원회는 움직이지 않았다. 일부 중앙위원들이 "제헌의회의 소집을 기다려 이 의회에서 사회혁명당 좌파와 제휴해 혁명의 주도권을 쥐어야 한다."고 주장한 것이다. 그러자 레닌은 하는 수 없이 중앙위원들을 직접 만나 설득하기로 마음먹었다. 10월 10일 레닌은 수염을 깎고 가발을 쓴 채 은밀하게 페트로그라드로 들어왔다. 10월 21일 중앙위원회가 열렸다. 레닌과 지노비예프, 카메네프, 트로츠키, 스탈린, 스베르들로프, 콜론타이, 부브노프 등이 참석했다.

중앙위원회 회의는 10시간이나 계속되었다. 레닌은 "독일군이 페트로그라드를 점령할 가능성이 있고, 우익 군부의 쿠데타 가능성이 있으며, 제헌 의회에서 볼셰비키는 여전히 소수가 될 것이고, 제헌 의회를 통해 구성될 비非볼셰비키 정부는 독일과 단독 강화를 맺을 가능성이 크며, 서구 각국에서 노동자에 의한 혁명 가능성이 높고, 러시아에서도 농민 반란이 격화되고 소비에트에 대한 노동자의 지지가 늘어나고 있다.”면서 볼셰비키 주도 아래 무장봉기를 감행해야 한다고 주장했다. 결국 카메네프와 지노비예프를 제외하고는 레닌의 주장에 찬성했다.

이때부터 무장봉기를 위한 공작이 본격적으로 시작되었다. 트로츠키의 주도로, 코르닐로프의 쿠데타와 같은 우익 군사 쿠데타로부터 소비에트를 지키기 위해서는 노동자와 병사들을 대규모로 무장시켜야 한다는 결의안을 소비에트 집행 위원회에서 통과시켰다. 이를 바탕으로 볼셰비키 행동 대원들에게 5천 자루의 총을 넘겨주었다. 그러자 볼셰비키의 군사 쿠데타 설이 파다하게 퍼졌다.

그러나 트로츠키는 시침을 뚝 떼고 이를 부인했다. 미국 대사도 ‘국민의 감정 때문에 볼셰비키는 쿠데타를 감행하지 못할 것’이라고 본국 정부에 보고했다. 하지만 군부에 대한 볼셰비키의 영향력은 점점 강해지고 있었고, 무장봉기 계획은 하나하나 진행되었다. 트로츠키의 격정적인 언설로 반反볼셰비키 부대들도 속속 돌아섰다. 수만 자루의 총이 볼셰비키 적위대에 넘겨졌고 거사 준비는 완벽하게 끝났다.

10월 23일 적위대는 총 한 발 쏘지 않고 페트로그라드의 유서 깊은 요새 피터-폴을 장악했다. 드디어 볼셰비키 혁명의 막이 오른 것이다. 무장한 볼셰비키 대원들의 공격으로 임시 정부의 각 기관이 맥없이 무너져 갔다. 10월 25일 새벽에는 중앙 전화국, 국립 은행, 재무성, 중앙 우체국, 중앙역, 그리고 시내의 발전소들이 모두 볼셰비키의 손에 들어갔다. 이어 동궁冬宮에 대한 공격이 시작되었다. 저녁 9시 45분, 순양함 오로라호는 동궁을 향해 포격을 개시했다. 그러자 관리 대부분이 적위대에 투항했고 볼셰비키 적위대원들이 동궁으로 진격해 들어갔다. 10월 26일 새벽 2시 10분, 미국 대사관으로 달아난 케렌스키를 제외한 임시 정부 각료들이 모두 체포되었다. 군사 혁명 위원회는 임시 정부의 권력이 자신들에게 이양되었음을 선포했다.

한편 10월 25일에 열린 전 러시아 소비에트 대회에서는 멘셰비키와 우파 사회혁명당원들이 볼셰비키의 무장봉기를 맹렬히 비난했다. 이에 트로츠키는 "당신들은 불쌍한 파산자들이오. 당신들의 역할은 이제 끝났소. 당신들을 기다리고 있는 역사의 쓰레기통으로나 들어가시오."라고 응수했다. 대회는 볼셰비키와 사회혁명당 좌파의 지지를 받아 무장봉기의 정당성을 정식으로 승인했다. 그리고 레닌을 의장, 트로츠키를 외무 담당 인민위원, 스탈린을 내무 담당 위원으로 하는 새 정부를 탄생시켰다. 세계 최초의 사회주의 정권이 세워진 것이다.

러시아 혁명의 최고 지도자 레닌

혁명운동이나 정치운동에는 항상 지도자가 있다. 그러나 러시아 혁명만큼 지도자가 중요한 역할을 한 경우는 일찍이 찾아보기 어렵다. 러시아 혁명은 레닌을 빼고는 이야기할 수 없을 만큼 그가 혁명에 미

1920년의 레닌

친 영향은 컸다. 러시아 혁명의 기본 동력은 노동자와 병사, 농민 등 인민 대중이었지만, 그것을 의식적으로 이끌어간 것은 레닌과 볼셰비키 당이었다. 만일 레닌과 당 조직이 없었다면 혁명의 성공을 장담할 수 없었을 것이며, 설령 혁명이 성공했더라도 그것은 우리가 역사에서 본 것과는 전혀 판이한 모습이었을 것이다.

그렇다면 레닌은 어떤 인물이며, 그가 러시아 혁명을 이끌면서 제시한 레닌주의의 핵심 내용은 무엇인가? 소련과 다른 사회주의 국가 및 이를 지지하는 사람들은 레닌주의가 아닌 마르크스-레닌주의라고 불렀지만 실제로는 레닌주의라고 부르는 편이 보다 정확할 것이다. 레닌주의가 마르크스의 자본주의 분석이론을 바탕으로 자본주의 붕괴와 그에 기초한 사회주의 혁명의 필연성을 설파하기는 했지만, 실제로 러시아 혁명을 성공적으로 이끄는 데 바탕이 된 혁명의 전략과 전술에 관한 이론은 마르크스와는 전혀 관계가 없기 때문이다. 이 문제는 사람에 따라서 다소 이견이 있을 수 있지만 실제로 사회주의 혁명 이후 소련에서 시행된 체제는 마르크스의 사상과 이론을 일탈한 것으로 보는 주장도 많다는 점을 생각하면 설득력이 없는 것은 아니다.

레닌의 본명은 블라디미르 일리치 울리야노프다. 레닌은 혁명 활동을 하면서 쓴 필명이었다. 레닌은 1870년 볼가강 근처의 심비르스크에서 태어났다. 그의 아버지는 그 지방의 교육 공무원이었는데, 레닌이 열여섯 살 되던 해인 1886년 1월에 여섯 아이를 남겨둔 채 사망했다. 어머니는 여섯 자식이 모두 혁명 운동으로 고생하는 것을 지켜보면서 그들을 뒷바라지하느라 죽도록 고생하다가 1916년에 세상을 떠났다.

아버지가 죽은 그해 3월, 상트페테르부르크 대학에 다니던 큰아들 알렉산드르가 차르 암살 음모에 가담한 혐의로 체포되어 사형 선고를 받고 처형되었다. 형은 겨우 스물한 살이었다. 형의 죽음은 레닌에게 커다란 충격을 주었다. 레닌은 매우 차가운 사람으로 변해갔고, 남과 잘 어울리지도 않았다. 그리고 그는 혁명에 대해 심각하게 고민하기 시작했다.

레닌은 볼가강 중류 지방의 카잔 대학에 입학해 법학과 정치경제학을 공부했다. 어느 날 교내 시위와 관련해 조사를 받다가 형이 황제의 암살 사건에 관련돼 사형당한 사실이 밝혀지면서 대학에서 쫓겨났다. 이때부터 레닌은 마르크스의 저서들을 읽기 시작했다. 1890년 다시 어머니의 탄원으로 법과대학 졸업 시험을 치를 수 있게 된 레닌은 1년 만에 졸업 시험을 통과해 1892년 법률 사무소에 취직했다. 그리고 마르크스주의를 받아들인 레닌은 그해 가을 노동 계급의 혁명을 실천에 옮기기 위해 상트페테르부르크로 갔다. 그의 나이 스물세 살이었다.

상트페테르부르크로 온 레닌은 마르크스주의 서클과 연결되었고, 그곳에서 동지이며 아내로서 평생을 함께한 나데즈다 크루프스카야 Nadezhda K. Krupskaya를 만나게 된다. 레닌은 해박한 마르크스주의자로서 그곳 혁명가들의 눈길을 끌게 되었고, 서클에서 지도적 역할을 맡게 되었다. 레닌은 혁명 운동에 본격적으로 참여하면서 운동 내부의

'그릇된 경향들'을 이론적으로 부수는 것이 무엇보다 중요하다고 생각했다. 그래서 레닌은 1894년 『인민의 벗이란 누구이며 그들은 사회민주주의자와 어떻게 싸우는가』라는 팸플릿에서 농민들을 계몽하거나 비밀 결사로 테러를 벌여 혁명하려 한 인민주의자 나로드니키를 거세게 비판했다. 그 후 레닌의 잘못된 노선과의 이론 투쟁은 혁명이 성공할 때까지 줄기차게 계속되었다.

레닌은 합법적 마르크스주의도 비판했다. 마르크스주의자들은 사사건건 인민주의자들을 비판했는데, 이를 보고 경찰은 적당한 선에서 마르크스주의를 용인해주었다. 그러나 경찰의 한계 안에서 활동하는 마르크스주의는 당연히 혁명적일 수가 없었다. 레닌은 당연히 이런 합법 마르크스주의자들을 신랄하게 비판했다.

1895년 레닌은 '혁명적 마르크스주의자'를 모아 상트페테르부르크에서 '노동자 계급 해방 투쟁 동맹'이라는 비밀 조직을 만들었다. 그는 여기에 지식인뿐만 아니라 노동자들까지 묶어 세우려 했다. 그는 《노동자의 대의》라는 신문도 만들었다. 노동자들에게 파업 소식을 전하고 혁명 의식을 불어넣기 위해서였다. 그러나 곧 경찰의 추적을 받아 레닌과 동지들이 체포되고 말았다. 레닌은 이 사건으로 14개월 동안 형무소에 갇혔고, 3년간의 시베리아 유형을 선고받았다. 얼마 후 크루프스카야도 체포되어 3년 유배형을 받았다. 둘은 레닌이 있던 시베리아의 슈센스코예에서 결혼식을 올렸다.

레닌은 유형지에서 『러시아 자본주의의 발전』이라는 유명한 책을 썼다. 그는 이 책에서 러시아에서도 자본주의가 발전하여 노동 계급이 성장하고 있으며, 따라서 농민을 혁명 주체로 보고 농촌 공동체를

스위스 취리히에서 망명생활 시 레닌이 거주했던 곳

토대로 사회주의를 건설하겠다는 나로드니키의 생각은 완전히 잘못되었다는 것을 증명하려고 했다. 동시에 그는 혁명을 성공적으로 이끌 사회주의 정당의 필요성을 절감했다. 마침 1898년 민스크에서 레닌이 빠진 가운데 '러시아 사회민주노동당'이 창당됐다. 그러나 창당 대회가 끝나기 무섭게 경찰의 탄압을 받아 사실상 유명무실하게 돼버리고 말았다.

레닌은 독일 사회민주당 지도자였던 베른슈타인과도 싸웠다. 베른슈타인은 마르크스와 달리 기술이 발전하고 생산력이 높아지면 폭력혁명 없이도 자본주의에서 사회주의로 넘어갈 수 있다고 주장하며 의회를 통해 자본주의를 개혁해나가자는 주장을 폈다. 베른슈타인의 영향을 받아 러시아에서도 이와 비슷한 주장을 펴는 사람들이 생겨났다. 그들은 자본주의가 성숙하지 못한 러시아에서 혁명가들은 노동조합 활동과 임금 인상 투쟁을 도와주면서 민주주의 혁명을 위해 자유주의자들을 밀어주어야 한다고 주장했다. 그러나 레닌은 이런 주장을 받아들일 수 없었다. 오히려 자본주의가 덜 발달하고 정치적 탄압이 극심한 차르 체제의 러시아에서 혁명 가능성이 더 높다는 것이었다. 그는 혁명가들을 모아 베른슈타인과 같은 수정주의에 반대하는 선언을 내놓았다.

무엇을 할 것인가

레닌은 시베리아 유형생활을 마친 뒤 1900년 유럽으로 망명했다. 레닌은 제네바에서 '러시아 마르크스주의의 아버지' 플레하노프를 만나 정치 신문을 만들었다. 편집진은 플레하노프, 레닌, 악셀로트, 자술리치, 마르토프 등이었다. 신문의 이름은 '불꽃'이란 뜻의 《이스크라》였다. 12월 당원 한 사람이 외쳤던 "불꽃 속에서 혁명이 피어날 것이다."라는 구호에서 따온 것이었다. 레닌이라는 필명이 이때 쓰이기 시작했으며 이후 그는 줄곧 이 이름을 사용했다. 레닌은 《이스크라》를 통해 러시아 각지의 혁명 운동을 하나로 묶어 세우려 했다.

1902년 3월 레닌은 그의 혁명 이론과 조직 이론을 담은 팸플릿 『무엇을 할 것인가』를 발표했다. 여기에는 레닌주의의 핵심 내용이 담겨 있었다. 레닌은 자신이 마르크스 사상을 가장 정통적으로 받아들였다고 주장했지만, 그것은 서구의 노동 운동과 사회주의 운동 경험을 자본주의 발전이 뒤처진 러시아의 특수한 상황에 맞게 적용하려는 시도였다. 이 팸플릿 속표지에는 "당 투쟁은 당에 힘과 생명을 준다. 당은 자신을 숙청하면서 더욱더 강해진다."라는, 라살이 마르크스와 엥겔스에게 쓴 편지 구절이 있었다.

마르크스와 엥겔스는 생각하지 않았던 이 구절을 레닌은 러시아 사회민주당의 '단결'과 '통일'을 위한 행동 강령으로 선택했다. 레닌은 당을 중앙의 지도와 통제를 받으며 일사불란하게 움직이는, 규율이 선 혁명가 조직으로 만들어야 한다고 생각했다. 그렇게 하지 않고는 러시아와 같이 엄혹한 차르 체제 아래서 조직을 지키며 혁명 운동을 이끌어 갈 수 없다고 본 것이다.

레닌은 '대중의 뒤꽁무니를 쫓아다니는 사람들^{대중 추수주의자}'을 비웃으며 혁명적인 정당에서는 민주주의가 불가능하다고 말했다. 그의 이야기는 이런 것이다.

민주주의는 우선 공개 토론이 있어야 하고 모든 직책을 선거로 뽑아야 한다. 독일 사회당은 당 대회가 공개적이니까 민주주의로 나아갈 여지가 있다. 하지만 비밀공작을 해야 하고 혁명 활동의 각 분야에서 모든 일의 비밀을 지켜야 하는 조직에서 어떻게 민주주의적 방식으로 일할 수 있겠는가. 누가 훌륭한 노동자인지 일반 대중이 모르는 상황에서 민주적 선거가 어떻게 가능하겠는가. 멀리 유럽에 망명해서 실정도 모르는 상황에서 일반론만 가지고 호언장담하는 자들만이 '반민주적'이니 어쩌니 하고 떠들 따름이다. 전제정치의 암흑 아래 비밀경찰이 판치는 사회에서 당 조직의 광범위한 민주화란 결국 백해무익한 장난감에 지나지 않는다는 걸 조금만 생각해보면 알 수 있다. …… 장난감식의 민주주의는 생각할 필요도 없고 …… 다만 책임의식이 강하면 된다. 진정한 혁명 조직은 못마땅한 당원을 서슴없이 버린다는 것을 그들은 경험으로 알고 있다.

레닌의 혁명 이론 가운데 가장 중요한 '전위정당론'이 등장한 것이다. 이와 함께 레닌은 노동자들의 정치의식이 어떻게 발전하는가에 대해서도 언급했다. 레닌은 '단순한 노동자 정당'만으로 혁명을 할 수는 없다고 주장했다. 레닌은 혁명의식으로 무장한 혁명가 조직의 지도가 없다면 노동자들도 결국 '부르주아적' 의식의 포로가 되고 말 것이라고 했다. 다시 레닌의 이야기를 들어보자.

노동 계급만으로는, 또 그 자신의 노력만으로는 오직 노동조합 의식만을 발전시킬 수 있을 뿐이다. 현대 사회주의자의 의식은 외부로부터 그들에게 주어질 수 있고, 그 의식은 심오한 과학적 지식의 바탕 위에서만 일어날 수 있다. …… 순수하고 단순한 노동조합주의는 부르주아지에 대한 노동자의 이념적 예속을 의미한다. …… 우리의 과업은 혁명적 사회민주주의의 날개 아래 노동 운동을 옮겨놓는 것이다. …… 노동자가 어떤 계급의 영향을 받든 모든 종류의 폭정, 억압, 폭력, 남용에 대항하도록 훈련받지 않으면, 노동자의 계급의식은 진정한 정치의식으로 발전할 수 없다.

이처럼 레닌은 노동자의 혁명의식은 결코 자연스레 생겨나는 것이 아니라 혁명가들에 의해 주어져야 한다고 생각했다. 레닌이 비판한 사람들은 경제적 권익을 위한 투쟁을 통해 노동자들의 정치의식이 자연스레 발전할 수 있다고 보았기 때문에 '경제주의자'라고 비판받았다. 또한 레닌은 러시아에서 혁명 운동을 승리로 이끌기 위해서는 '폭넓은 노동자의 대중 정당'이 아니라 '철의 규율이 세워진 소수 혁명가의 전위 정당'이 필요하다고 주장했다.

이렇게 해서 레닌주의의 핵심 내용이 마련되었다. 이후 레닌은 자신의 주장을 절대 굽히지 않았고, 그와 어긋나는 주장에 대해서는 날카로운 비판의 칼날을 들이대었다. 1905년 제1차 러시아 혁명 후 레닌은 '민주적 중앙집권'이란 말로써 당 조직의 양면적 성격을 동시에 나타내려 했다.

볼셰비키와 멘셰비키의 분열

레닌이 《이스크라》를 창간하고 자신의 조직 이론을 펴면서 러시아 혁명 운동의 통일적인 지도부를 만들어내기 위해 노력하고 있을 때 러시아 혁명에서 빼놓을 수 없는 또 하나의 인물이 등장한다. 레브 다비도비치 브론슈타인, 즉 레온 트로츠키이다. 트로츠키는 1879년 우크라이나 지역에서 유대인 농부의 아들로 태어났다. 부모는 아이에게 러시아어로 '사자'를 뜻하는 '레브'라는 이름을 붙여주었는데, 후에 영어와 프랑스·스페인어로 레온으로 번역되었다.

수학과 작문에 재능을 보인 트로츠키는 흑해 연변의 오데사에서 학교를 졸업하고, 1896년 고급반에 다니기 위해 고향에서 가까운 소도시 니콜라예프로 옮겨 갔다. 그는 그곳에서 급진적인 사회주의 서클과 관련을 맺고 마르크스주의자가 되었다. 1898년 1월 트로츠키는 '남러시아 노동자 동맹' 사건으로 체포돼 형무소에 갇히는 신세가 되었고, 1899년 11월 동시베리아에서 4년의 유형을 선고받았다. 그는 이때 같은 사건으로 체포되어 유형을 선고받은 알렉산드라 스콜로프스카야와 결혼을 했고, 1900년 5월 동시베리아로 유형을 떠났다.

유형지에서는 지나와 니나라는 두 딸이 태어났고, 시베리아에서 합법적 인민주의자 망명객들이 만든 《동방평론》에 고정 평론을 연재하며 칼럼니스트가 되었다. 이때 《이스크라》와 레닌의 『무엇을 할 것인가』가 그의 손에 들어왔다. 이것은 트로츠키에게 하나의 소환장이었다. 유형지를 탈출해서 혁명의 대열에 참여해야 한다는 절박감이 그의 온몸을 휘감았다. 그는 마침내 농부의 수레 바닥 건초더미에 몸을 숨긴 채 시베리아를 탈출했다. 그가 러시아를 떠나는 유럽행 기차에 몸을 실으며 내민 위조된 증명서에 씌어진 이름이 트로츠키였다. 그는 그 뒤 평생을 그 이름으로 살았다.

러시아를 떠난 트로츠키가 런던에서 레닌을 처음 만난 것은 1902년 10월이었다. 이때 레닌은 《이스크라》 편집진에 트로츠키를 참여시키기로 결정했다. 트로츠키는 시베리아 유형 때부터 '펜'이란 필명으로 《이스크라》에 기고하고 있었는데, 레닌은 그의 재능을 높이 샀으며 그를 끌어들임으로써 자신의 영향력을 확대할 수 있었다. 플레하노프는 트로츠키를 달갑지 않게 여겼지만, 모두들 찬성하여 트로츠키는 편집진에 참여하게 되었다. 그리고 얼마 뒤 1903년 4월 《이스크라》 편집 위원회는 제네바로 옮겼다.

그해 여름 마침내 제2차 러시아 사회민주당 대회가 브뤼셀에서 열렸다. 7월 30일 큰 밀가루 창고에서 시작된 당 대회는 "축제 분위기를 위해 붉은 천으로 내부를 장식했지만, 낡은 건물 안에는 쥐새끼들이 돌아다니고 밖에는 러시아 비밀경찰과 벨기에 형사들이 둘러싸고 있는 가운데" 진행되었다. 대회는 여러 지역 위원회들과 다양한 정파들, 싸우고 있는 기관지들, 그리고 국내 조직과 해외 망명 그룹들을 하나의 '전 러시아 사회민주노동당'으로 통합하기 위한 통합 당 대회였다.

통합 당 대회는 오히려 당의 분열을 일으킨 대회가 되고 말았다. 레닌이 이끄는 볼셰비키와 마르토프가 이끄는 멘셰비키로 분열된 것이다. 분열을 일으킨 가장 중요한 문제는 당원의 자격에 관한 것이었다. 레닌은 당 규약 제1조 당원의 자격을 "당의 프로그램을 인정하고 그것을 물질적인 수단과 '당 조직들의 어느 하나에 참가하여' 지지하는 자"로 정하자고 했다. 그러나 마르토프는 '당 조직의 어느 하나에 참가하여'라는 부분을 '당 조직들의 어느 하나의 지시 아래 정기적으로 인적 지원을 하여'라고 고칠 것을 주장했다. 두 사람의 의견은 큰 차이가 없어 보였다.

그러나 레닌은 "마르토프의 공식이 당원의 개념을 확대하려고 하는 것임에 반해, 나의 공식은 당원의 개념을 제한하려는 것"이라고 설명했다. 그는 '실제로 당 조직에 참여해서 일하는 당원'을 강조한 것이다. 소수의 정예 혁명가로 구성된 전위 정당을 강조하는 레닌의 조직이론을 그대로 엿볼 수 있는 대목이었다. 이에 반해 마르토프는 자신도 중앙집권적인 당을 지지하지만 '사고하는 권리를 포기한' 사람들로 구성된 당을 지지하지는 않는다고 반박했다. 그는 직업 혁명가들만의 당이 아니라, 당의 프로그램을 지지하며 그 지도로 움직일 모든 노동자와 지식인에게 개방된 보다 광범위한 당을 원한 것이다.

레닌과 마르토프는 결국 견해차를 좁히지 못했다. 플레하노프는 레닌의 편을 들었으나 악셀로트와 트로츠키는 마르토프 편을 들었다. 레닌의 노력에도 그는 28 대 22로 패배했다. 그런데 이때 마르토프를 지지하던 '유대인 동맹' 5명과 《노동자의 대의》 신문 팀 2명이 퇴장함으로써 판세는 역전되었다. 이때부터 레닌은 자신을 지지했던 세력을 '다수파'라는 뜻의 볼셰비키로 불렀고, 마르토프 세력을 '소수파'란 뜻의 멘셰비키로 불렀다. 이렇게 해서 사회주의 세력은 볼셰비키와 멘셰비키로 분열되었다. 이때 레닌과 트로츠키는 서로 갈라섰지만 1905년 혁명에서, 그리고 중요한 시기에 서로 생각을 같이했으며 1917년 혁명에서 다시 결합했다. 하지만 마르토프와는 끝내 함께하지 못했다.

그리고 레닌은 얼마 뒤 《이스크라》도 떠났다. 편집진 구성을 두고 플레하노프와 대립했고, 마르토프, 악셀로트, 자술리치 등과 갈등을 일으켰기 때문이다. 레닌은 그 뒤 제2차 당 대회에 대한 상세한 비판을 담은 『일보 전진, 이보 후퇴』라는 소책자를 썼고, 자신을 지지하는 인물들을 모아 기관지 《전진》을 창간했다. 하지만 이러한 분열로 레닌을 비롯한 사회주의자들의 혁명 운동에 대한 지도력은 약화되었다. 이렇게 끝없는 집안싸움으로 사회주의자들이 세월을 보내고 있을 때 러시아에서는 새로운 상황이 만들어지고 있었다.

혁명의 서곡이 울리다

1905년 1월 22일은 일요일이었다. 그날 아침 황제가 거주하는 상트페테르부르크의 동궁 앞에는 20만 명이 넘는 노동자와 그 가족들이 모여들었다. 거기에는 성인 남녀는 물론이고 아이들과 노인들까지 섞

1905년 동궁 앞에서 일어난 비폭력 시위

여 있었다. 그들은 대열을 이끌고 있는 가퐁 신부의 지휘를 받아 행진을 시작했다. 사람들은 모두 맨손이었고, 대열의 맨 앞에 선 사람들은 차르의 초상을 들고 있었다. 그들은 "하느님이시여, 차르를 구해주소서!"라는 노래를 부르며 행진했다. 이것은 그들이 전혀 무장하지 않았고 평화적 시위를 벌이고 있다는 적극적 표시였다. 그러나 누가 알았으랴. 이것이 죽음의 행진이 되리라는 것을.

시위 대열이 동궁으로 다가가자 무장한 군대와 경찰이 바리케이드를 치고 가로막았다. 지휘자는 시위대를 향해 더 이상 행진을 하지 말라고 명령했다. 그러나 자신들의 숫자와 행동에 자신감을 가진 노동자와 가족들은 정지 명령을 듣지 않았다. 그러자 군대와 경찰이 발포를 시작했다. 사격이 시작되자 대열은 흩어졌지만, 거리는 삽시간에 피로 물들었다. 이날의 발포로 몇 명이 죽고 얼마나 부상당했는지 정확한 기록은 없다. 하지만 적어도 수백 명이 사망하고 수천 명이 부상당한 것은 분명했다. 과연 '피의 일요일'이라 부를 만한 사건이었다.

결정적으로 민중의 분노를 폭발시킨 사건은 그 뒤에 일어났다. 이날 아침에 있었던 발포 소식을 듣고 격분한 학생들과 사태가 궁금해진 시민, 그리고 귀가하던 노동자들이 오후에 다시 동궁으로 몰려들었다. 그러자 두려움을 느낀 황궁 수비대가 다시 발포를 명령한 것이다. 두 번째의 발포로 더 많은 사상자가 생겼고, 마침내 민중의 분노가 폭발하기 시작했다. 자비를 바랐던 사람들에게, 그것도 하루에 두 번씩이나 총탄 세례를 안긴 차르에게 이제 민중은 더 이상 사랑과 존경의 찌꺼기조차 남겨두지 않았다. 하지만 황제는 아직도 사태의 심각성을 알지 못하고 있었다. 황제는 그날의 일기에 이렇게 적어놓았다.

슬픈 날이다. 노동자들이 동궁으로 들어오려 했을 때, 상트페테르부르크에서는 질서가 파괴되는 중대한 사태가 일어났다. 시의 여러 곳에서는 군대가 발포하지 않을 수 없는 상황이 벌어졌다. 많은 사람이 죽거나 다쳤다. 주여, 이 얼마나 슬프고 고통스러운 일입니까!

'피의 일요일' 사건이 일어나자 차르 체제는 금방 위기로 빠져들고 말았다. 1904년에 시작된 러일 전쟁에서 계속해서 패배를 거듭하고 있어 병사들의 불만이 고조되고 있었고, 3월에는 마지막으로 믿었던 발트 함대마저 궤멸하면서 병사들 사이에서는 반란 분위기가 무르익고 있었다. 이와 함께 볼셰비키, 멘셰비키, 사회혁명당 할 것 없이 국내의 모든 혁명가가 '차르 체제를 타도하자'며 노동자와 농민들을 선동하고 있었다.

1905년 5월 1일 세계 노동자의 날에는 수만 명의 노동자가 일손을 놓고 거리로 몰려나왔다. 6월에는 오데사 항구에 닻을 내리고 있던 전함 포툠킨호에서 해병들이 반란을 일으켰다. 오랫동안 참아 온 병사들의 불만이 기어코 폭발한 것이다. 7월에도 곳곳에서 병사들의 무장봉기가 일어났다.

마침내 10월이 되자 노동자들이 총파업을 시작했다. 상트페테르부르크 철도 노동자들의 파업으로 시작된 투쟁은 금방 다른 산업으로 미쳤다. 기관차가 멈추고, 전기와 수도가 끊어지고, 공장 굴뚝에서 연기가 피어오르지 않게 되었다. 그리고 노동자들은 대표를 뽑아 소비에트를 구성했다. 소비에트는 노동자와 병사들이 만들어 낸 의회이면서 집행 기관이었다. 소비에트는 《이스베스챠뉴스》라는 신문도 만들어 파업 소식을 전했다.

그러자 막다른 골목으로 몰린 차르는 마침내 '10월 선언'을 내놓았다. 니콜라이 2세는 입헌 군주제 헌법을 제정하여 국민이 선출한 대표로 의회를 구성하고 언론과 출판, 집회, 결사, 사상과 신앙의 자유를 보장하겠다는 발표를 한 것이다. 그러나 이것은 궁지에 몰린 차르의 기만 술책이었다. 사람들은 그런 사실을 금방 알아챘다. 차르의 기만적인 입헌군주체 발표에 대해 트로츠키는 이렇게 말했다.

헌법을 주겠다고 한다. 집회의 자유도 주겠다고 한다. 그러나 집회는 군대에 의해 포위당하고 있다. 언론의 자유를 주겠다고 한다. 그러나 여전히 검열은 존재하고 있다. 지식의 자유를 주겠다고 한다. 그러나 대학은 군대에 의해 점령되어 있다. 인간의 존엄성을 세우겠다고 말한다. 그러나 감옥에는 갇힌 사람들로 넘쳐나고 있다. …… 헌법을 주겠다고 하지만, 여전히 전제정치가 남아 있다. 모든 것을 주겠다고 하지만 우리는 아무것도 받지 못했다. …… 우리는 늑대의 입도 원하지 않으며 여우의 꼬리도 원하지 않는다. 우리는 헌법으로 보장된 채찍을 원하지 않는다.

26세의 트로츠키야말로 1905년 혁명의 가장 빛나는 승리자였다. 트로츠키의 연설은 참으로 뛰어났고, 대중들로부터 엄청난 갈채를 받았다. '피의 일요일' 소식을 접한 트로츠키는 2월 국경을 넘어 우크라이나 지역으로 들어왔고, 그때부터 맹활약을 펼치면서 일선에서 혁명을 지도해갔다. 어디에도 소속되지 않은 자유인 트로츠키는 확실히 대중 운동에서 빛을 발했다. 그는 10월에야 러시아에 들어온 레닌보다 훨씬 더 많은 역할을 하면서 소비에트를 이끌었다.

혁명은 새로이 시작되었다

트로츠키가 말한 것처럼 차르의 '10월 선언'은 속임수였다. 당시 노동자들을 분열시켜 파업을 파괴하겠다는 생각이었던 것이다. 그러나 트로츠키의 외침에도 노동자들은 승리자가 된 것처럼, 차르 정치가 무너진 것처럼 생각하고 파업을 그만두기 시작했다. 11월 20일 소비에트는 하는 수 없이 일단 파업을 끝냈다. 그리고 다시 '10월 선언'에서 약속한 내용을 보장받기 위한 싸움에 들어갔다. 정치범 석방, 출판의 자유, 검열의 폐지, 8시간 노동제의 확보 등을 요구하며…….

그러나 차르는 이미 반격을 준비하고 있었다. 12월 27일 드디어 노동자에 대한 군대의 공격이 시작되었다. 노동자들도 무장하고 저항했지만, 군대를 막을 수는 없었다. 수많은 노동자가 죽거나 다쳤고, 소비에트 집행위원들도 3백 명이나 체포되었다. 그 가운데 가장 거물은 마지막 소비에트 의장이었던 트로츠키였다. 1906년 6월 정식 재판이 시작되었다. 트로츠키는 실로 당당하게 말했다.

파업은 수십만 명의 노동자들을 공장 밖으로 내몰았고, 그들을 정치의식에 눈뜨게 했다. 누가 이 군중을 이끌 것인가? 경찰? 헌병? 또는 비밀 경찰? …… 바로 노동자 대표들의 소비에트만이 이 일을 할 수 있었다. 그와 같은 상황에서 소비에트는 혁명적 대중의 자치기관, 국가 권력기관 그 이상도 이하도 아니었다. 지금의 검찰관이 대표하는 국가기관의 힘은 다수에 대한 소수의 조직적인 침해일 뿐이다.

트로츠키는 계속해서 다음과 같이 주장했다.

그러나 새로운 힘은 다수의 조직된 의사를 대표한다. 이 차이가 소비에트에 혁명적 생명력을 불어넣는 것이다. …… 지금 당신들은 노동자 소비에트가 노동자들에게 현재의 국가 권력과 직접 맞서도록 무장시켰다는 사실을 인정하라고 말한다. 만일 당신들이 나에게 그것이 사실이냐고 묻는다면 나는 단호하게 대답하겠다. '그것은 사실'이라고.

트로츠키는 14명의 동료와 함께 시베리아 종신 유형을 선고받았다. 시베리아로 떠날 때까지 14개월 동안 그는 아무런 위험도 없이 형무소 감방에서 마음껏 독서에 몰두할 수 있었다. 그리고 트로츠키는 유형지에서 약 1천 마일가량 떨어진 지점에서 용의주도한 준비에 따라 핀란드로 탈출할 수 있었다. 이렇게 해서 1905년 혁명은 끝났다. 그러나 그것은 혁명의 끝이 아니라 새로운 시작이었다.

1905년 혁명이 실패로 끝나고 다시 그 불꽃이 피어오르기까지는 12년이란 기간이 필요했다. 긴 역사의 과정에서 12년이란 실로 눈 깜짝할 사이에 불과하다. 더욱이 러시아 혁명이 1825년 '12월 당원'*의 반란으로 첫 신호탄이 올라 거의 1백 년에 가까운 시간이 걸렸다는 사실을 생각해본다면 12년은 별로 긴 기간이 아니다. 그러나 한편으로 12년의 세월은 강산이 바뀔 수 있는 시간이며, 혁명을 위해 모든 것을 바친 혁명가들과 나날의 고통을 견디며 살아야 하는 인민 대중에게는 결코 짧은 시간이 아니다.

1905년 혁명을 진압한 뒤 차르 정부에서 실권을 쥔 사람은 스톨리핀이었다. 스톨리핀Pyotr Arkadyevich Stolypin은 혁명 운동을 무자비하게 탄압하는 한편, 인민이 혁명가들의 선동에 넘어가지 않도록 자유수의

＊　1825년 12월 26일 무장봉기를 일으킨 러시아 혁명가들을 통칭하는 말로서, 러시아어로는 '데카브리스트'라고 한다. 이들은 주로 상류층 출신이었는데 대부분 나폴레옹 전쟁에 참가했다가 러시아가 프랑스를 점령할 때 참가했던 장교들로, 자유주의적 비밀 결사단체에 가입한 사람들이었다. 이들의 혁명은 실패로 끝났지만, 러시아의 현실에 불만을 품은 다음 세대들에게 깊은 영향을 주었다.

적 개혁을 폭넓게 시행했다. 혁명가나 테러리스트는 붙잡는 즉시 처형하고, 정부에서 황실에 빌붙어 부정부패를 일삼는 세력들도 과감하게 쓸어냈다. 또 1861년의 농노 해방에도 땅에 얽매여 살아가고 있던 농민들의 고통을 덜어 주기 위해 농지자금 대여법과 농민들의 토지 소유를 허용하는 새로운 토지법을 제정했다. 이를 두고 레닌은 '건전한 반동 정치'라고 평했다.

스톨리핀은 두마Duma, 의회를 해산시켰다. 제2대 두마에서 사회주의 정당들의 진출이 두드러졌기 때문이었다. 선거법을 고쳐 노동자의 투표권을 대폭 줄이자 제3대 두마에서는 사회주의 세력이 형편없이 쪼그라들고 말았다. 그런데 이처럼 스톨리핀의 반동 정치가 사회를 옥죄고 있을 때 스톨리핀이 암살되고 말았다. 끝내 배후가 밝혀지지 않은 이 사건은 1911년 키예프에 있는 한 극장에서 일어났다. 스톨리핀이 살해되자 차르 정부는 흔들리기 시작했다. 다시 부정부패가 극성을 부렸고, 러시아 민중의 삶은 날로 고통스러워지기만 했다.

임시정부와 소비에트의 이중권력체제

이 무렵 레닌은 농민에 대한 생각을 다시 하기 시작했다. 사회주의자들은 대부분 농민을 혁명의 주체로 본 나로드니키를 비웃고 있었다. 농민들은 토지 소유에 집착하고 낡은 사고방식을 쉽게 떨쳐버리지 못하고 있었기 때문이다. 그러나 당시 러시아는 농민이 인구의 절대다수를 차지하고 있었고 차르체제에 대한 불만도 컸다. 그래서 레닌은 러시아에서 혁명이 성공하자면 반드시 농민의 지지를 받아야 한다고 생각했다. 말하자면 노동자와 농민이 서로 손잡는 것이 필요하다고 본 것이다. 또한 레닌은 1905년 혁명을 평가하면서 멘셰비키의 주장처럼 성급하게 무기를 들었던 것이 잘못된 게 아니라, 더 단호하고 분명하게 무기를 들었어야 했다고 주장했다. 그래서 레닌은 무장봉기에 대해서도 깊이 연구하기 시작했다.

1914년 러시아 차르체제의 무덤이 된 제1차 세계대전이 일어났다. 전쟁이 시작되자 차르는 기세 좋게 동원령을 내렸고, 1백만 명 이상의 징병 대상자들이 이에 참여했다. 그러나 전쟁이 시작되자 상황은 금방 달라졌다. 러시아는 패배를 거듭하고, 수많은 사상자를 냈다. 전쟁 1년 만에 러시아군은 15만 명 이상이 사망하고, 70만 명이 부상당했다. 거기다가 90만 명이 포로로 잡혔다. 러시아군은 도저히 독일군의 상대가 되지 못했다. 또한 러시아는 서부 공업 지대를 빼앗겨 물자 부족에 시달려야 했고, 물가가 올라 경제는 엉망이 되었다. 전쟁이 길어지면서 농민 출신 병사들은 농사를 지으러 갈 수 없게 되었다. 러시아는 민중의 불만이 높아 가면서 위기 상황으로 빠져들고 있었다.

러시아 황실은 스톨리핀이 사라진 뒤 라스푸틴^{Grigory Yefimovich Rasputin}이라는 괴상한 승려에 의해 좌우되고 있었다. 황제의 유일한 아들이었던 알렉세이 황태자는 혈우병을 앓고 있었다. 혈우병은 현대 의학으로도 치료할 수 없는 불치병이다. 그런데 오직 황태자에게 권력을 고스란히 물려주기만을 바랐던 황후는 예언자를 자칭하는 라스푸틴에게 완전히 현혹되었다. 라스푸틴이 기도하면 황태자의 병이 좀 나아졌다. 라스푸틴은 황후의 신임을 등에 업고 궁정을 주름 잡으며 온갖 해괴한 짓을 다 했다. 귀족들은 "러시아는 독일 군대가 아니라 시베리아 '돌중' 손에 망하겠다."고 한탄했다. 궁정 안팎에서 라스푸틴에 대한 비난 여론이 거세어졌고, 1916년 마침내 분노한 귀족들이 그를 죽여 버렸다. 그런데 라스푸틴은 쉽사리 죽지 않았다. 그가 독약을 먹고도 죽지 않고 총을 두 발이나 맞고도 죽지 않자 귀족들은 그를 네바강에 빠뜨려 죽였다.

라스푸틴은 살해되기 두 달 전 러시아에 혁명이 일어날 것이라고 예언했는데, 얄궂게도 그 예언은 사실이 되었다. 그것은 빵을 요구하는 시민의 시위로 시작되었다. 1917년 2월 22일, 영하 20도의 추위에 배급소 앞에서 길게 줄을 늘어선 사람들은 먹을 것이 다 떨어진 사실을 알고는 분노해 주변 빵 가게와 식료품점을 습격했다. 다음 날 사회주의자들은 '부녀자의 날'을 선포하고 먹을 것을 요구하며 시위에 나섰다. 그리고 24일에는 20만 명의 노동자가 거리로 쏟아져나왔다. 학생들도 시위에 가담했다. 전선에서 동료가 무더기로 죽어가고 후방에서는 국민이 신음하는 참상을 보면서 진압 명령을 받은 코사크 기병대도 움직이지 않았다.

1917년 2월 26일 황제에게 충성하는 친위 사단의 한 부대가 군중을 향해 발포하면서 사람들이 다치자 드디어 병사들이 반란을 일으켰다. 그들은 거리의 군중과 합세했고, 저지하는 장교들을 향해 총부리를 겨누었다. 시위대는 법원 청사를 불태우고 동궁으로 몰려들었다. 다음 날 노동자들은 피터-폴 감옥을 점령했다. 다시 혁명이 일어난 것이다. 1917년 '2월 혁명'이다. 사태가 심각해지자 3월 2일 니콜라이 2세는 동생에게 황제 자리를 넘겨주고 물러난다는 성명을 발표했으나 이미 때는 너무 늦었다. 황제와 가족은 폐위되어 갇혔고, 1918년 7월 모두 총살되었다.

황제가 사라지자 두마가 중심이 된 임시정부가 세워졌다. 형식상 임시 정부의 수반은 온건파 귀족인 리보프 공이었으나 실질적인 지도자는 온건 사회주의자 케렌스키^{Aleksandr Kérenski}였다. 그리고 1905년 혁명에서 잠시 나타났다 사라진 소비에트가 다시 등장했다. 노동자와 병사들은 '노동자·병사 소비에트 임시 집행위원회'를 조직했고, 두마가 주도하는 임시 정부와 함께 두 개의 권력이 공존하는 상황이 나타났다. 2월 혁명과 함께 외국에 망명해 있던 레닌, 트로츠키를 비롯한 혁명가들이 귀국하기 시작했고, 그들의 활동에 따라 러시아의 운명이 결정 나게 되었다.

혁명의 실험극이 막을 내리다

두 개의 권력이 공존하는 상태는 볼셰비키의 10월 무장봉기로 끝났다. 그러나 권력을 잡은 볼셰비키 정권 앞에는 수많은 어려움이 놓여 있었다. 무엇보다 당장 급한 문제는 혁명을 지키는 일이었다. 볼셰비키가 권력을 장악하자 나머지 모든 정치 세력이 등을 돌렸다. 왕당파와 자유주의자는 말할 것도 없고 지금까지 혁명 세력이었던 멘셰비키와 사회혁명당 우파까지 반대편에 서서 총을 든 것이다. 게다가 자본주의 열강들까지 이 '불온한 사회주의 혁명'을 무너뜨리기 위해 나섰다.

레닌은 독일과의 전쟁을 끝내기 위해 나섰으나 독일은 쉽사리 휴전에 응해주지 않았다. 러시아의 약점을 알고는 가혹한 요구 조건을 내걸고 페트로그라드를 향해 계속 전진했다. 레닌은 내부의 격렬한 반대에도 1918년 3월 폴란드의 브레스트-리토프스크에서 독일과 단독 강화조약을 맺었다. 러시아는 핀란드와 우크라이나, 폴란드, 에스토니아, 라트비아, 리투아니아를 잃었다. 그러나

러시아 제국의 마지막 황제 니콜라이 2세

후에 독일의 패전으로 그 조약은 무효가 되었고, 핀란드를 제외한 지역 대부분을 되찾았다.

독일과의 강화 조약으로 전쟁에서 빠져나온 볼셰비키는 국내 문제에 힘을 쏟을 수 있게 되었다. 1918년 5월 코사크의 백군白軍이 반란을 일으켰고, 다른 백군들도 속속 반란에 가담했다. 러시아 혁명이 전염될 것을 두려워한 영국과 프랑스는 러시아를 해상에서 봉쇄하는 한편, 백군에게 무기와 보급품을 대 주었다. 거기다가 체코 군대와 혁명정부의 '붉은 군대赤軍'가 충돌한 것을 빙계로 군대까지 파견했다. 동쪽에서는 일본이 시베리아에 군대를 파견해 전략적인 요충지를 점령했다. 또한 새로 독립한 폴란드도 프랑스의 지원을 받아 적군赤軍을 공격했다.

대도시를 중심으로 권력을 장악한 볼셰비키 정부는 변방 국경 지역

에서는 힘을 쓰지 못했다. 그러나 농민들은 백군보다 토지를 나누어 준 적군을 더 좋아했다. 그래서 농촌 지역에서도 반격 작전을 펼 수 있는 기반이 생겼다. 볼셰비키 정부는 징병제를 시행해 적군을 강화하고 반격 작전을 개시했다. 1919년부터 반격이 시작되었고, 1921년 말까지 혁명을 위협하는 세력 대부분이 제거되었다. 제1차 세계대전으로 입은 피해를 복구하느라 자본주의 강국들도 군대를 철수하지 않을 수 없었다. 국방위원 트로츠키는 3년 동안 동분서주하면서 백군과의 전쟁을 승리로 이끄는 데 큰 역할을 했다.

이로써 혁명가들은 러시아에서 낡은 체제를 무너뜨리고, 반혁명 세력의 공격으로부터 정권을 지키는 데 성공했다. 그러나 정작 중요한 문제는 지금부터였다. 혁명은 권력을 탈취하는 것으로 끝나는 것이 아니었다. 새로운 사회를 건설해야 할 일이 고스란히 남은 것이다. 반혁명 세력을 물리친 신생 사회주의 국가 러시아는 새로운 사회를 건설하기 위한 노력을 본격적으로 시작했다. 그것은 쉬운 일이 아니었다. 그것은 인류 역사에서 한 번도 경험해본 적이 없는 전인미답의 길이었다. 혁명가들도 낡은 체제를 무너뜨리는 일에만 온갖 노력을 쏟았을 뿐 혁명이 성공한 뒤의 새로운 사회 건설에 대해서는 구체적인 계획이 없었다.

러시아에서 이제 막 사회주의 건설이라는 새로운 작업을 시작한 1924년 러시아 혁명의 최고 지도자 레닌이 세상을 떠났다. 54세의 한창 일할 나이였지만, 그동안 혁명 운동으로 피로가 너무 누적되었던 탓인지 뇌출혈이 온 것이다. 그의 뒤를 이은 후계자는 스탈린이었다. 스탈린도 러시아 혁명의 중요한 지도자 가운데 한 사람이었지만, 혁명에서 한 역할만으로 따진다면 트로츠키에 훨씬 못 미쳤던 인물이다. 스탈린이 권력을 잡은 뒤 러시아는 경제적으로 빠른 발전을 이룩했다. 20년이 채 안 되는 사이에 "낡은 전제 정치 아래서 신음하던 후진 농업 국가에서 서구 자본주의 열강들과 어깨를 나란히 할 수 있는 강력한 산업 국가로" 탈바꿈했다.

그러나 스탈린이 세운 사회주의 소련에서는 '프롤레타리아 독재'라는 이름 아래 개인의 자유가 철저히 억압되었으며, 땅을 분배받았던 농민들은 집단농장을 만드는 과정에서 수없이 처형당했다. 정치적 경쟁자에게 온갖 이름을 붙여 숙청하고 암살하는 공포 정치가 펼쳐졌으며, 그 과정에서 스탈린 1인 독재체제가 완성되었다. 스탈린식 사회주의는 철저한 중앙집권적인 계획경제체제로서 모든 것이 강압적인 행정 명령체계에 의해 움직였다.

그러한 스탈린식 체제가 과연 진정한 의미의 사회주의인지 계속해서 문제가 제기되었다. 그것을 개혁하려는 시도도 계속되었다. 거기에는 사하로프나 솔제니친 같은 반체제 인사도 있었고, 후루시초프나 고르바초프 같은 정치 지도자도 있었다. 하지만 그러한 시도는 성공하지 못했다. 그리고 소련은 1991년대 스스로 모순을 견디지 못하고 무너지고 말았다. 이것으로써 새로운 사회를 위한 러시아 혁명의 실험도 실패로 끝나고 말았다.

7. 멕시코 혁명

민중의 피에서 탄생한 창조적 드라마

러시아 혁명에 비견되는 사회 혁명

멕시코 혁명은 서방 세계에서는 널리 알려진 사건이며, '19세기와 20세기의 라틴 아메리카 역사에서 가장 집중적인 연구가 이루어진' 분야 가운데 하나다. 그러나 우리에게 멕시코 혁명은 그다지 친숙하지 않은 편이다. 혁명의 무대가 된 멕시코는 지리적으로도 멀고, 문화적으로 친숙하지 않은 라틴 문화권에 속하며, 역사적으로도 그다지 관계가 깊지 않다. 멕시코에 대한 우리의 이해 수준 또한 낮은 편이다.

멕시코 혁명이 20세기 초반에 일어난 사건이라는 점도 우리의 이해를 떨어뜨리는 요인으로 작용하고 있다. 쿠바 혁명이나 니카라과 혁명과 비교하면 금방 그런 사실을 알 수 있다. 지역적으로는 비슷한 곳에서 일어난 사건이지만 이들 사건과 비교할 때 멕시코 혁명은 시간적 거리감이 크다. 러시아 혁명은 비슷한 시기에 일어났지만, 우리에게 미친 영향력이 직접적이었다.

그러나 멕시코 혁명이 우리에게 미친 영향이 미약하다고 해서 그 역사적 의미가 퇴색되는 것은 아니다. 멕시코 혁명은 비슷한 시기에 일어난 러시아 혁명과 비견될 정도의 '사회적 혁명'으로 해석되고 있다. 멕시코 혁명은 러시아 혁명과는 다른 길을 걸었고, 결과적으로 혁명이 합법화된 체제가 등장하며 현재까지 체제를 지속하고 있다는 점에서 그 의미가 남다르다. 또한 그 체제는 20세기를 극단적 대립의 시대로 만든 '공산주의'와 '자본주의' 사이에서 '제3의 길'을 모색했다는 점에서도 의미가 있다.

멕시코 혁명은 20세기 역사 해석에서 매우 중요한 역사적 의미를 내포한 사건이지만 그에 대한 우리의 지식은 매우 단편적이며, 때로는 편협하기까지 하다. 학술적 연구는 미미한 수준에 머물러 있고, 관련 서적의 번역도 제대로 되지 않았다. 우리가 멕시코 혁명을 접하게 되는 것은 주로 서방(대부분 미국)의 언론 보도나 미국 할리우드 영화를 통해서다. 서방 언론과 미국 영화에 등장하는 멕시코 혁명의 영웅인 사파타Emiliano Zapata나 판초 비야Fransico Villa는 산적 우두머리일 뿐이다. 그들은 대의가 부족하고 외국인에 대한 적개심이 넘치며 여성들을 함부로 대하는 무뢰한에 지나지 않는다. 그들이 이끄는 부대가 하는 일이라고는 무고한 사람들을 마구잡이로 죽이고, 재산을 약탈하거나 부녀자를 겁탈하며 재산을 파괴하는 것이 전부다. 아무리 호의적으로 묘사한다고 해도 로빈 후드 같은 '의적' 이상을 넘어서지 못한다. 그러한 무뢰한들이 판치고 다니는 멕시코 혁명 역시 그 의미가 격하되는 것은 당연하다.

멕시코 혁명을 제대로 보기 위해서는 이 같은 편견에서 벗어나야 한다. 멕시코 혁명을 알려면 멕시코의 역사, 문화, 지리, 인종적 배경에 대한 이해가 필수적이다. 멕시코 혁명은 멕시코의 특수한 상황과 조건에서 일어난 혁명이다. 멕시코의 역사학자 헤수스 실바 헤르소그는 "우리나라의 사회운동은 고유의 토착 환경과 민중의 끓는 피 속에서 태어났으며, 고통스러우면서도 다른 한편으로는 창조적인 드라마였다."라고 말한 바 있다. 모든 혁명은 토착 환경에서 태어나서 민중의 피 끓는 투쟁과 함께 발전한다. 멕시코 혁명 역시 멕시코의 '토착 환경과 멕시코 민중의 끓는 피' 속에서 탄생한 매우 독창적이며 창조적인 혁명이다.

모든 혁명에는 혁명을 이끌어간 주요 이념이 존재한다. 시민혁명, 사회주의혁명, 그리고 민족민주혁명, 나아가 이슬람 혁명에 이르기까지. 그러나 멕시코 혁명에서는 이념이 차지하는 역할이 미약하다. 이것은 다른 혁명과 큰 차이점이다. 그럼에도 두 가지의 지향은 뚜렷하다. 자유주의적 대농장주가 중심이 된 정치적 자유주의와 농민을 중심으로 한 토지 개혁의 요구가 그것이다. 멕시코 혁명에서는 이념 문제보다 혁명을 역동적으로 만든 인물들이 다수 등장한다. 사바타, 비야, 카란사. 오브레곤, 카예스, 카르데나스 같은 인물들이다. 이들은 혁명가, 군사지도자, 군벌, 카우디오 등의 복합적인 성격을 지녔으며, 다른 혁명에서 이념이 했던 역할, 즉 혁명 세력을 결집하고 조직을 형성하는 역할을 했다.

멕시코 혁명의 주역들은 대체로 1910년부터 1920년까지의 시기에 혁명 내전 과정에서 군사지도자로 활약했다. 이들은 자신의 군사력을 바탕으로 혁명 전쟁을 치렀으며, 전쟁이 일단락된 후에는 군사력과 권력을 바탕으로 혁명이 목적했던 바를 제도화하는 역할을 담당했다. 이들의 활약으로 멕시코 혁명은 드라마처럼 극적으로 진행된다. 그래서 멕시코 혁명에는 "삼국지 같은 드라마가 있고, 유비와 관우, 장비와 조조 같은 영웅들이 등장한다. 한국 현대사에서 볼 수 있는 이승만, 박정희, 장면도 있다. 동서고금의 전쟁에서 맹활약을 펼친 맹장들과 그들의 신출귀몰하는 전법도 펼쳐진다." 그들을 중심으로 각 정치 세력 간의 합종연횡, 모략, 배신, 음모 등등이 파노라마처럼 펼쳐 친다. 그와 같은 극적 드라마의 밑바탕에는 민중의 고통과 눈물, 그리고 피가 배어 있다.

멕시코 혁명에 대해서는 아직도 학자들 사이에 이견이 많다. 과연 이 사건을 혁명이라 부를 수 있는가 하는 데서부터 언제까지 혁명기로 볼 것인가 하는 문제에 이르기까지 핵심 문제에 대해서 여전히 논란이 되고 있는 것이다. 1910년부터 1920년까지 각 세력 사이에 군사적 대결이 격렬했던 시기를 '내전'으로 보고 혁명적 성격을 부정하는 학자가 있지만, 이 기간을 '멕시코 혁명'으로 그 다음 20년을 '혁명 이후' 시기로 보는 학자도 있다. 후반 20년의 기간이 혁명적인가에 대해서는 여전히 견해가 엇갈리고 있다. 1920년까지를 혁명기간으로 보면서 '중단된 혁명'이라는 개념을 사용하는 학자도 있다.

그러나 어떤 견해를 밝히든 1910년에서 1920년까지의 10년과 1920년에서 1940년까지의 20년은 구별된다는 점에는 의견이 일치하고 있다. 1910년에서 1920년까지의 혁명 운동은 마데로의 자유주의 혁명에서 시작하여 토지 개혁과 농민해방, 외국자본 문제 등 근본적인 사회 혁명의 요구로 심화, 발전되어 가는 과정이다. 이 기간에 혁명 세력은 정치적 입장과 이해관계에 따라 다양한 형태로 할거割據하면서 내전에 버금가는 군사적 충돌을 벌였고, 그 최종적인 승자가 된 것은 오브레곤이었다.

1920년부터 1940년까지는 혁명전쟁에서 승리한 군사지도자들이 지배 연합을 형성하여 권력을 주고받으면서 혁명의 목표를 점진적으로 제도화해나가는 시기다. 이 시기에도 반란과 진압, 권력자의 축출과 새로운 권력자의 등장이 반복되었는데 이것을 최종적으로 마무리 지은 것은 카르데나스 대통령이었다. 그는 1940년까지 멕시코 혁명에서 제기한 여러 문제를 점진적인 방법으로 정착시켜 사회주의와 자본주의 그 어느 쪽도 아닌 멕시코형의 사회제도를 정착시키게 된다.

혁명의 씨앗이 뿌려지다

멕시코 혁명은 포르피리오 디아스^Porfirio Díaz 정권에서부터 시작된다. 1876년 디아스가 대통령이 되었을 때 멕시코 국고는 텅 비어 있었고, 외채는 감당하기 벅찬 상태였다. 관료조직은 방대했으나 비효율적이었다. 멕시코 산업을 대표하는 광산업은 낙후했고, 농업은 여전히 식민지 시대의 기술과 도구에 의존하고 있었다. 디아스는 대통령에 당선되자 우선 정치적 안정을 해치는 군벌과 농민들의 반란을 잔혹하게 진압했다. 그리고 외국 자본을 끌어들여 철도망을 확충하고, 석유를 개발하고, 광산업을 근대화했다. 디아스 정권이 정치적 안정성을 기반으로 외국 자본을 끌어들이자 유리, 시멘트, 담배, 섬유, 비누, 가구 등 다양한 산업이 새로이 생겨났다.

디아스가 집권한 1876년부터 1911년 사이에 멕시코는 빠르게 발전했다. 그 결과 대외 무역량도 많이 늘어나 1876년 5천만 페소에서 1910년 4억 8천 8백만 페소로 증가했다. 이 과정에서 미국과 영국으로 대표되는 외국 자본은 멕시코에서 엄청난 부를 획득했다. 1911년 기준으로 멕시코 내 국부 총액은 21억 3천만 달러였는데, 그 가운데 미국과 영국이 각각 10억 6천만 달러, 3억 2천만 달러를 차지했다. 멕시코 국부의 절반 이상을 열강이 장악하고 있었던 셈이다.

디아스의 근대화 정책을 뒷받침한 것은 '과학자들cientificos'이라고 불리는 경제관료들이었다. 이들은 유럽의 유명 대학에서 교육을 받고 돌아와 디아스 정부에서 관료가 된 자들로 프랑스 실증주의 철학자 어거스트 콩트의 사상에 깊이 경도되었다. 이들은 말끝마다 자신들의 주장이 '과학적'이라고 떠들어댔기 때문에 '과학자들'이라는 경멸적인 명칭이 붙여졌다.

디아스의 통치를 뒷받침하는 또 하나의 바탕은 식민지 시대 이후 대토지를 소유하거나 거대한 재산을 축적한 지방 호족들이었다. 카우디요caudillo라고 불리는 이들은 정치와 경제의 양면에서 각 지역을 장악한 군벌의 일종이었다. 디아스는 이들의 영향력을 최대한 인정해주는 상태에서 멕시코 전역을 지배했다. 이것은 봉건제 국가의 군주가 지방 호족들과 권력을 분점하고 있는 일종의 지배 연합과도 비슷한 것이었다. 디아스가 통치한 멕시코는 이른바 '과학자들'이 주장하는 것처럼 근대 국가는 아니었다.

디아스 지배 연합의 목표는 멕시코를 진정한 근대 국가로 만드는 것이 아니라 자신들의 경제적 부를 확대하고 정치적 지배력을 공고히

포르피리오 디아스

하는 것이었다. 디아스의 과학자들은 멕시코의 발전을 위해서는 농업의 근대화가 필요하다고 보았는데, 그 핵심을 토지조사를 통한 근대적 소유권의 확립, 외국자본의 도입을 통한 상업농의 육성 등으로 보았다. 당시 토지는 소수 대농장을 제외하고는 모두 에히도^{Ejido}라고 불리는 농촌 공동체의 공동소유 토지들이었다. 농민들은 조상 대대로 공동체의 땅을 경작해오고 있었지만 어떤 법적 소유권의 근거가 있지는 않았다. 본래 땅의 주인이었던 인디언들은 아주 옛날부터 그 땅에서 농사를 지어왔고, 그것은 당연히 그들 모두의 것이었다. 디아스 정권이 농업 근대화의 방향을 자본주의적 토지 소유권 확립과 상업농의 발전으로 잡게 되면서 문제가 발생하기 시작했다.

1883년 발표된 토지조사법은 지방을 장악한 카우디요들이 인디언들의 토지를 수탈할 수 있는 수단이 되었다. 토지조사사업이 진행된 지 5년 만에 토지회사들은 멕시코의 비옥한 토지들을 2천 752만 헥타르나 소유했다. 1894년경에는 멕시코 전체 토지의 약 5분의 1이 그들 소유가 되었다. 토지 집중은 시간이 지나면서 더욱 심해졌다. 1910년에 이르면 전체 토지의 97퍼센트가 830여 명의 대농장주에게 집중되었다. 파괴적인 토지 집중으로 중앙에 있는 멕시코 계곡 지대에만 소수의 자영농과 집단농장들이 살아남았으며, 총인구의 88.7퍼센트가 대농장의 농업노동자로 생활해야 하는 처지가 되었다.

토지의 집중은 권력의 집중을 가져왔다. 멕시코 동북부, 특히 치와와 주를 장악한 테라사스 가문이 대표적이었다. 1900년 초 이 가문은 283만 2천 9백 헥타르에 달하는 대장원과 소농장을 소유하여 당대 아메리카 대륙 전체를 통틀어 가장 부유한 농장주가 되었다. 이 가문은 토지와 더불어 방직공장과 방대한 창고들, 철도, 전신전화회사, 양초공장, 설탕공장, 정육회사, 광산도 함께 소유하여 하나의 독립 왕국을 이루었다. 이들 거대 농장주들은 부와 함께 끼리끼리 혼맥을 맺어 부와 권력을 동시에 장악했다.

디아스가 통치하는 멕시코는 극소수의 대농장주들에게는 천국이었다. 그러나 토지를 이들에게 빼앗기고 농업노동자로 전락한 대다수 민중에게는 지옥이나 다름없었다. 소작농도 아닌 대규모 상업농장에 고용된 농업노동자의 생활은 비참하기 짝이 없었다. 임금만으로는 거의 생존이 불가능한 상황이었다. 노동시간은 늘어났고 어린이까지 포함하여 온 가족이 노동에 매달려야 겨우 입에 풀칠할 수 있었다. 이 시기 유아사망률이 30퍼센트를 넘고 평균수명은 30.1세에 불과했던 것은 다 이유가 있었다.

농업노동자들은 이중 삼중의 착취 구조로 고통을 받았다. 농장주들은 빚을 진 농업노동자를 상대로 고리대금업을 했으며, 갚지 못한 빚은 아들에게 대물림되었다. 농업노동자와 그들의 자식은 대를 이어 농장의 노예가 되어야 했다. 농업노동자의 딸들은 수시로 강간당했고, 조그마한 실수나 잘못에 대해서도 가혹한 폭력과 육체적 처벌이 따랐다. 이를 견디다 못한 농민들이 도망자가 되어 산속으로 숨어들면서 산적이 되었다. 지옥으로 변한 현실에서 농민들이 선택할 길은 둘 중 하나였다. 영원히 노예로 살든지 아니면 소리라도 질러보고 죽든지. 객관적으로 혁명이 일어날 수 있는 조건이 형성되고 있었다.

이때 혁명의 전령사가 나타났다. 리카르도 플로레스 마곤Ricardo Flores Magón이다. 그는 부유하진 않지만 부모의 열성적인 노력 덕분에 지식인이 되었고, 자유주의적 부모의 명료한 교육 덕분에 세상을 비판적으로 바라볼 수 있었다. 그는 몇 번의 투옥을 거쳐 1900년 8월 7일 동생 엔리케 마곤과 함께 《갱신Regeneracion》이라는 잡지를 창간했다. 마곤 형제는 디아스 정권의 탄압을 피해 미국 세인트루이스로 이주했고, 그곳에서 유럽에서 건너온 혁명가들을 만났다. 시간이 지나면서 《갱신》지의 구독 부수는 점점 늘어났고, 마곤은 마침내 혁명을 선동하기 시작했다. 다음과 같이.

이제 우리는 한 손에 혁명의 불꽃을 들고, 다른 한 손에는 자유당의 계획을 들고 전쟁을 선언할 시점에 와 있다. 카이사르의 용병들이 가진 무기는 의식 있는 시민을 결코 해할 수 없다. 저항자들의 총검이 답할 것이다. 디아스 정권에 타격을. 멕시코인들이여, 전쟁으로 나아가자!

혁명의 불꽃이 타오르다

레닌은 "지배계급이 반란을 시작할 때가 가장 위험한 순간이다."라

1903년, 반(反)디아스 신문사 엘 이호 데 엘 아우이소테(El hijo de El Ahuizote) 사무실의 시위. 가운데에 "헌법은 죽었다(La constitucion ha muerto)"라고 쓰여 있다.

는 말을 했다. 디아스의 재선 반대와 자유선거를 외치며 반기를 든 마데로는 레닌이 말하는 '지배계급'이었다. 그의 말대로 마데로가 반란을 시작하면서 정말이지 디아스가 위험에 처하게 된다. 프란시스코 마데로Francisco Madero는 1873년 10월 30일 부유한 마데로 가문의 맏아들로 태어났다. 그의 가문은 코아우일라주를 중심으로 70만 헥타르에 달하는 방대한 토지와 면화, 섬유, 포도주 제조, 고무, 은행업 분야에 걸친 상권을 장악하고 있었다. 마데로는 당시에 받을 수 있는 최고의 인문교육을 받았다. 그는 유럽과 미국에 유학했고, 프랑스 유학 동안 라틴아메리카 출신 친구들과의 토론을 통해 멕시코 민주주의의 불가피성을 깨달았다. 1893년 귀국한 마데로는 농장의 효율성을 높이기 위해 노력하는 한편, 농장에 소속된 사람들의 복지를 증진하는 데 관심을 기울였다. 그는 자유주의적 이상주의자였다.

마데로는 멕시코 사회의 민주화와 발전을 위해 정치에 참여하기로 마음먹었다. 그는 1904년 10월 자유주의자들을 모아 저명한 대통령 이름을 딴 '후아레스 민주클럽'을 조직하고, 기관지로 《민주당보》를 발간했다. 그는 산 페드로 시의 시장 선거와 코아우일라 주지사 선거에 출마했으나 디아스의 강압 통치의 쓴맛을 보아야 했다. 그는 이 과정에서 전국적 차원의 민주화 없이 지역 차원의 민주화는 불가능하다는 사실을 깨달았다. 이제 그는 디아스의 강압 통치를 끝내기 위해 대통령 선거에 나서기로 한다.

1909년 마데로는 『1910년 대통령 계승의 문제』라는 책자에서 "인간 디아스는 훌륭하지만, 통치자 디아스는 국가의 평화를 해치는 존재라면서 장기독재 체제가 조국 멕시코를 위기상황으로 몰아가고 있다."고 주장했다. 이 책은 당시 큰 반향을 불러일으켰고, 마데로의 이미지가 크게 주목받았다. 1909년 5월 19일 '재선반대중앙클럽' 결성되고, 마데로는 부총재로 선출되었다. 재선반대중앙클럽은 마데로를 중심으로 전국 유세에 나섰다. 마데로의 전국순회강연회는 겨울과 봄에 걸쳐 계속 진행되었다. 정국은 점차 디아스와 마데로의 대결로 좁혀지고 있었다.

1910년 4월 15일 디아스의 재선을 반대하는 전국의 정당 대표 2백 명이 모여 통합 전당대회를 개최하고 마데로를 대선 후보로 선출했다. 이후 디아스 정권의 반압 강도는 더욱 높아지고. 강연회 주최 인사들이 구속되었고, 마데로 지지 시위가 철저히 금지되었다. 마데로가 혁명의 가능성을 암시하는 말들을 내놓기 시작했다. 6월 4일 바야돌리드에서 폭동이 발생하고, 6월 6일 정부는 이를 빌미로 다른 곳을 방문 중이던 마데로를 체포했다. 마데로는 감옥에서 디아스에게 최후통첩을 보냈다.

만일 당신이나 코랄이 국민적 의지에 반하여 스스로 재선하려 한다면, 자신이 선정한 관료들을 당선시키기 위해 현재와 같은 공격을 계속한다면, 그리고 다음 선거에서 과거처럼 부정한 방법을 동원한다면, 그때는 디아스 장군, 당신은 국가 앞에서, 세계 앞에서, 그리고 역사 앞에서 멕시코의 평화를 깬 책임을 져야 할 것이다.

마데로의 경고에도 아랑곳하지 않고 디아스는 그냥 밀어붙였다. 6월 26일 디아스-코랄 정부통령 조합으로 선거가 강행되었고, 9월 27일 의회는 정식으로 당선을 선포했다. 생명의 위협을 느낀 마데로는 10월 6일 감시의 눈초리를 피해 텍사스행 열차에 올랐다. 산 안토니오에 도착한 마데로는 2천 5백 자짜리 혁명선언문을 발표했다. 선언문은 '산 루이스 포토시 계획'으로 명명되었다. 선언문은 이렇게 시작된다. 선언문의 날짜는 그가 멕시코에 머물렀던 10월 5일로 소급되었다.

자유와 정의를 추구하는 인민들이라면 때로 위대한 희생을 치러야 할 역사적 순간을 갖게 된다. 지금이 바로 우리의 사랑하는 조국을 위해 그러한 희생을 치러야 할 때다.

선언문은 지난 7월의 선거가 무효이며, 따라서 디아스의 대통령직도 인정되지 않는다고 밝혔다. 또한 혁명을 위해 마데로를 멕시코의 임시대통령으로 삼으며, 그의 임기는 멕시코에서 자유로운 선거가 이

1910년 반란의 지도자들이 첫 후아레스 전투 후 사진 자세를 취하고 있다. 보이는 사람들은 호세 마리아 피노 수아레스, 베누스티아노 카란사, 프란시스코 마데로 (그리고 그의 아버지), 파스쿠알 오로스코, 판초 비야, 구스타보 마데로, 라울 마데로, 아브라암 곤살레스, 주세페 가리발디 2세이다.

루어질 때까지라고 했다. 그리고 모든 멕시코인은 조국을 위해, 자유를 위해 1910년 11월 20일 오후 6시를 기해 일제히 봉기할 것을 촉구했다. 이것은 '혁명선언문이면서도 사회 개혁에 대한 언급이 전혀 없다'는 점에서 매우 특이했다. 그러나 '구체적으로 어떻게 혁명을 진행할 것인지를 보여주는 지침이 되었다'는 점에서 혁명선언문 구실을 톡톡히 하고 있었다.

마데로가 선언문을 발표하고 봉기를 촉구하고 나서자 멕시코 전역이 금방 혁명의 불길로 타올랐다. 곳곳에서 혁명군이 봉기를 시작한 것이다. 혁명군이 가장 활발했던 지역은 중앙에서 멀리 떨어져 있고 착취가 가장 심했던 치와와 주였다. 11월 20일부터 치와와 전역에서 혁명군이 봉기했으며, 소노라주, 두랑고주, 모렐로스주에서도 혁명군이 봉기했다. 혁명군을 구성한 것은 대부분 삶의 터전을 상실한 농업노동자들이었고, 여기에 하인, 대학생, 가게 점원, 수리공, 노새 상인, 거지, 광산노동자, 카우보이, 연방군 탈영병, 법률가, 미국의 용병 등이 함께 섞여 있었다. 이들 가운데 상당 부분은 이미 오래전부터 산적 노릇을 하면서 군사력을 키워온 사람들이었다.

프란시스코 마데로

1911년 혁명군의 기세는 더욱 높아져 갔다. 1911년 4월 현재 혁명군은 치와와 5천 2백 명을 비롯하여 전국에서 모두 2만여 명이 활동하고 있었다. 디아스의 정부군은 혁명군을 제대로 진압하지 못했다. 특히 모렐로스의 사파타 농민군은 멕시코주 바로 코앞에서 활동하면서 디아스가 북부로 병력을 집결시킬 수 없게 만들었다. 5월 혁명군의 수는 기하급수적으로 늘어났다. 측근들조차 사임을 요구하며 압력을 넣자 더 이상 버틸 수 없게 된 디아스는 가족을 끌고 유럽으로 망명했다. 뒤이어 선거가 벌어져 마데로가 압도적인 지지로 대통령에 당선되었다. 1911년 11월 6일 마데로는 대통령에 취임했다. 이로써 35년간의 디아스의 강압 통치가 끝나고 멕시코 역사에 새로운 장이 열리게 되었다.

그러나 마데로 정부는 혁명을 통해 들어섰지만, 혁명적인 정부는 아니었다. 대농장주 출신의 마데로는 토지 개혁의 시급성을 인식하지 못했다. 마데로 혁명의 강령이 된 '산 루이스 포토시 계획'에도 토지문제가 언급되고 있었지만, 그는 이를 해결할 의지가 없었다. 그에게 가장 중요한 당면 문제는 정치적 자유와 자유로운 선거의 보장이었다. 마데로는 인민의 교육과 복지가 필요하다고 생각한 이상주의자였지만 토지 개혁에는 소극적이었다. 토지 개혁은 자신을 포함한 대농장주의 기득권을 침해하는 것이었다. 토지 문제는 혁명적 방법이 아니라 점진적 개선이 필요하다고 보았다. 그러나 그것은 잘못된 생각이었다. 그는 당시 멕시코 사회에서 토지 개혁의 의미를 제대로 깨닫지 못했다. 그는 왜 혁명의 불길이 삽시간에 그처럼 거세게 타올랐는지, 농업노동자와 농민들이 무엇을 바라며 혁명군에 참여했는지를 제대로 알지 못했던 것이다. 이들이 마데로를 대통령으로 만들기 위해 혁명에 나선 것은 아니었다.

더욱이 마데로는 대통령이 되자 혁명의 대의를 망각하고, 사파타, 판초 비야 같은 민중적 혁명군 지도자들을 홀대했다. 그의 주변에는 과거 디아스 정부 아래서 기득권을 유지하던 인사들이 몰려들었다. 그는 과거 '디아스의 아들들'을 각료와 주지사에 임명하고, 이들에게 병권까지 내주었다. 카우디요들의 반란과 마데로 암살 음모가 계속 발생했음에도 그는 음모꾼과 야심가들을 가까이하고 진정한 혁명동지들을 멀리했다.

민중 혁명이 시작되다

마데로 정부군은 농민의 세력 확장을 두려워한 나머지 농장주들의 반혁명적 활동을 방조, 지원했다. 마데로 정부군은 과거 지위를 회복하기 위해 무장한 농장주들이 농민들을 살해해도 제대로 처벌하지도 않았으며, 대신 농장주에 대항했던 농민군을 습격하여 살해하고 그 지도자들을 감옥에 보냈다. 이에 사파타 군이 다시 무장하자 마데로는 사파타에게 조건 없는 항복을 요구하는 최후통첩을 보냈다. 마데로의 배신에 사파타는 할 말을 잃었다. 사파타는 모렐로스 혁명평의회를 소집한 뒤 다시 전쟁을 선포했다. 사파타는 동시에 1911년 11월 27일 혁명의 대강을 담은 '아얄라 계획'을 발표했다.

아래에 서명한 우리는 1910년 11월 20일의 혁명이 국민 앞에서 약속한 바를 실천하기 위해 혁명평의회를 구성했다. ……

1. 프란시스코 마데로의 지도로 멕시코 인민들은 그들의 자유와 권리를 회복하기 위해 피를 흘렸다. 이는 어떤 개인에게 권력을 돌려주고자 함이 아니었다. 그러나 그는 …… 인민의 믿음과 (혁명의) 이유와 정의와 자유를 배반했다. ……

2. 따라서 지금부터 우리는 프란시스코 마데로를 혁명군의 최고 지도자로서, 멕시코의 대통령으로서 인정하지 아니한다. ……

6. 우리는 다음과 같이 선언한다. 지주와 과학자들cientificos과 정치 보스들이 찬탈했던 토지와 목재와 물은 원래의 소유자였던 마을이나 시민에게 즉각적으로 반환될 것이다. 그리고 이러한 소유권은 어떠한 비용을 치르더라도 반드시 지켜내고야 말 것이다. 아직도 이러한 재산들에 대한 권리가 있다고 생각하는 찬탈자들은 혁명의 승리 위에 세워진 특별재판정 앞에서 그 근원을 상고해보아야 할 것이다.

사파타의 아얄라 계획은 '국가를 재구성하려는 계획' 그것이었다. 집권을 목표로 한 다른 선언이나 계획과 결정적으로 다른 점이었다. 사파타가 목표로 하는 것은 멕시코에 가장 시급히 요구되는 '토지개혁과 사회정의'의 확립이었다. 순수한 혁명가 사파타는 이상주의자였다. 그는 사태를 장악할 기회가 여러 번 있었으나 오직 혁명의 대의만을 생각했다. 그는 멕시코 시에 입성해 권력을 장악할 기회가 왔을 때에도 "나의 목표는 권력이 아니라 토지 혁명"이라며 그곳에서 철수했을 정도로 순수한 인물이었다. 그러나 사파타도 마데로의 통첩을 듣고는 불같이 화를 내며 이렇게 말했다.

나는 얼마 전까지 마데로의 가장 충실한 동지였소. 아마 나의 모든 행적이 이를 충분히 증명해주리라고 믿소. 그러나 이제는 아니오. 그는 나와 나의 군대와 모렐로스 주민과 멕시코 국민을 여러 번 배반했소. 보시오. 지금 그와 혁명을 시작했던 많은 동지가 감옥에 들어가 있거나 처형당했소. 이제 아무도 그를 믿지 않고 있소. 왜냐하면 그는 자신이 했던 모든 약속을 어겼기 때문이오. 그는 내가 지금까지 알던 사람 중에서 가장 변덕스럽고 우유부단한 사람이오. 그에게 전달해야 할 말이 있소. 그대는 지금 바로, 아직 시간이 있을 때에 아바나로 떠나시오. 내가 한 달 이내에 2만 명의 대군을 거느리고 멕시코 시에 입성하게 될 터이니 말이오.

사파타가 이탈하면서 마데로는 과거 세력들에게 포위당했다. 그의 주변에는 음모가들이 몰려들었고, 권력을 탈취하려는 야심가들이 반란을 꾀했다. 1912년 내내 마데로와 함께 했던 카우디요들과 디아스

1913년에 그의 참모와 함께한 프란시스코 판초 비야 장군. 중앙에 회색 옷을 입은 사람이 판초 비야이며, 그 오른쪽에 로돌포 피에로 장군이 있다.

의 지지 세력이 반란을 일으켰다. 마데로는 반란 세력을 진압하기 위해 빅토리아노 우에르타Victoriano Huerta를 총사령관에 임명했다. 그러나 우에르타는 디아스가 망명할 때 군함까지 전송하러 올라갔을 만큼 디아스에 충성하던 구시대의 인물이었다. 이때 디아스는 우에르타에게 이렇게 말했다. "마데로가 호랑이를 풀어놓았어. 이제 그가 호랑이를 어떻게 다룰지 한번 보세. 결국 그들은 온갖 고생 끝에 알게 될 걸세. 이 나라를 다스리는 방법은 내가 했던 방식밖에 없다는 것을 말이야."

1913년 2월 9일 마침내 쿠데타가 일어났다. 이때 우에르타는 쿠데타는 진압하지 않고 멕시코 시내에서 엉뚱한 포격전만 벌였다. 그 바람에 열흘 동안 약 5천 명의 민간인이 살해당하는 '비극의 열흘'이 벌어졌다. 그리고 2월 18일 오후 1시 30분 마침내 쿠데타군이 대통령궁에서 각료회의를 열고 있던 마데로 대통령과 각료들을 체포했다. 마데로 대통령과 피노 수아레스 부통령은 2월 21일 자정 무렵 감옥에서 군인들에게 살해당했다. 이로써 우에르타의 쿠데타는 성공했고, 멕시코 민주주의는 길을 잃었다.

우에르타의 쿠데타가 성공할 수 있었던 것은 멕시코 주재 미국 대사 헨리 레인 윌슨Henry Lane Wilson의 역할이 컸다. 극단적 보수주의자였던 윌슨은 불안정한 정치 상황이 계속되자 윌슨은 우에르타에게 쿠데타를 종용했다. 미 국무부는 멕시코 정정에 대한 구체적인 지침을 주지 않았지만, 윌슨의 행동을 적극 제지하지도 않았다. 쿠데타가 성공 후 윌슨은 미 국무부로 다음과 같은 전문을 보냈다. "마침내 행복한 결말이 났음. 훈령에서 직접 혹은 간접적으로 지시한 바를 따라."

마데로의 비극적인 죽음과 함께 권력은 우에르타에게 넘어갔지만, 그도 쉽게 정국을 장악하지 못했다. 1913년 3월 2일 사파타 군이 우에르타 정부를 비합법적 정부로 규정하고 우에르타를 '혁명을 암살한 자'라고 비난하는 공개서한을 보냈다. 이어 타바스코, 페드로 콜로라도, 베라크루스, 두랑고 등지에서 혁명군이 봉기했다. 소로라에서는 오브레곤Álvaro Obregón을 사령관으로 하는 혁명군이 조직되어 삽시간에 요충지를 상악했다. 미국에 망명 숭이넌 판초 비야노 8녕의 농지와 국성을 넘어 멕시코로 들어왔다.

그동안 눈치를 보던 코아우일라 주지사 베누스티아노 카란사Venustiano Carranza가 3월 26일 '헌정 복귀'를 목표로 한 '과달루페 강령'을 발표했다. '우에르타를 타도하고 헌정 질서를 회복한다'는 것을 핵심으로 하고 있었다. 카란사는 아무도 인정해주지 않았는데도 스스로 '헌정군 최고사령관'을 자처하고 나섰다. 카란사는 군사적으로는 그다지 활약을 하지 못했으나 정치력과 외교력을 바탕으로 헌정군 사이에서 주도력을 행사할 수 있었다.

군사적으로 가장 뛰어난 활약을 보인 것은 북부의 비야군이었

빅토리아노 우에르타

다. 판초 비야의 활약에 힘입어 혁명군은 북부지역에서 승승장구할 수 있었다. 남부에서는 사파타가 활동하고 있었고, 동부에서는 오브레곤의 지휘 아래 카란사 군이 활약했다. 1914년 전세는 혁명군 쪽으로 기울어졌다. 이때 윌슨 정부가 멕시코 혁명에 개입하면서 정세가 복잡해졌다. 이상주의자였던 미국의 우드로 윌슨 대통령은 '우에르타를 권좌에서 쫓아'내기 위해 군사적 개입을 했다. 1914년 4월 미 해병대가 베라크루스에 상륙하여 항구를 일시 장악했다. 정부군에게 공급될 무기를 압수해 혁명군을 간접적으로 지원하기 위해서였다. 그러나 이 사건은 멕시코인들의 반미감정을 자극하여 오히려 우에르타의 생명을 일시 연장해주는 역할을 했었다. 미국은 멕시코에서 바로 물러서지 않을 수 없었다.

시간이 지나면서 우에르타군의 패배는 분명해졌다. 7월 15일 우에르타가 대통령직을 사임하고 독일로 망명길에 올랐다. 8월 15일 오브

레곤 군이 멕시코 시에 입성했다. 우에르타는 패배했으나 문제는 지금부터였다. 카란사는 토지 개혁과 사회 개혁에는 관심이 없었고, 오직 자신의 대통령직에만 관심이 있었다. 사파타는 혁명의 대의가 토지 개혁에 있음을 분명히 했지만, 혁명을 성공적으로 완수하기 위한 계획이나 프로그램이 없었고, 권력의지도 부족했다. 비야는 군사적으로 가장 강력한 힘을 갖고 있었으나 토지 개혁에 대한 이해가 부족했고, 정국을 읽는 눈도 부족했다. 카란사는 군사적으로 취약했으나 정치력이 있었고, 오브레곤이라는 뛰어난 장군을 확보하고 있었다.

1914년 10월 아과스칼리엔테스 군사회의가 개최되었다. 회의에서는 카란사 측과 사파타 측이 토지 개혁을 두고 심각하게 대립했다. 비야 측이 사파타 측에 동조하면서 연합전선이 형성되었다. 비야와 사파타의 연합으로 정국의 주도권은 민중의 편으로 넘어왔다. 1914년 12월 비야 군과 사파타 군이 멕시코 시에 입성했다. 멕시코 혁명에서 가장 빛나는 순간이었다. 그러나 운명은 민중의 편이 아니었다. 비야군과 사파타군은 권력이 목표가 아니라면서 1915년 1월 멕시코 시에서 물러났다. 연합군은 카란사를 군사적으로 완전히 제압할 기회가 있었으나 이를 놓치고 말았다. 기회를 놓치자 오브레곤이 지휘하는 카란사군은 양측을 분리한 다음 차례로 공략했다.

1915년 4월 6일 비야군과 카란사군의 운명을 결정짓는 전투에서 비야군은 비참하게 패배했다. 이 전투에서의 패퇴 이후 비야군은 더 이상 재기하지 못했다. 그 이후 비야는 '멕시코 혁명의 주인공에서 다시 산적으로' 되돌아갔다. 사파타군도 다시 게릴라 부대로 되돌아가고 있었다. 오브레곤이 이끄는 카란사군이 비야-사파타 연합전선을 무너

판초 비야 Fransico Villa

판초 비야라는 애칭으로 더욱 알려진 그의 본명은 도로테오 아랑고이다. 비야는 미국 언론이나 영화를 통해서 우리에게도 널리 알려진 인물이다. 그는 사파타와 더불어 멕시코 혁명의 민중 지도자로 유명하지만, 그에 대한 평가는 엇갈린다. 그는 매우 잔인하고 거칠며 종잡을 수 없는 인물로 묘사되기 일쑤이지만, 민중의 여망을 반영하고 있는 혁명가라는 평가도 적지 않다.

비야가 열여섯 되던 해 그의 열두 살 난 여동생이 농장주 또는 그 주변 관리인에게 겁탈당할 뻔한 일이 생기자 그가 총을 쏘아 저항한 일이 발생했고, 이를 기화로 그는 산적이 되었다. 이때부터 비야는 치와와와 두랑고 지역을 떠돌며 때로는 산적으로, 때로는 광산노동자로, 또 때로는 하인으로 약 16년간을 살았다. 1910년 마데로를 따르던 치와와 시의 유지 아브라함 곤살레스의 권유에 따라 혁명에 가담하게 되었고, 처음 게릴라 부대를 이끌고 배후를 교란하는 임무를 맡았다. 그는 이때 프란치스카 비야로 이름을 바꾸게 되며, 판초 비야는 이것의 애칭이다.

비야는 혁명이 진행되면서 뛰어난 군사적 재능을 보이며 혁명군 지도자로 변신하게 된다. 1912년 6월 1일 우에르타의 음모로 사형선고를 받고 형이 집행되기 전 마데로 대통령의 특사로 간신히 목숨을 부지한 그는, 감옥에 갇혔다가 극적으로 탈출하여 미국으로 망명하게 된다. 마데로 대통령이 우에르타에게 살해되었다는 소식을 들은 비야는 1913년 3월 6일 8명의 동지와 귀국길에 올랐다. 그 뒤 비야는 '마데로의 복수'를 외치며 민중을 조직하여 혁명에 본격적으로 뛰어들었다. 그의 부대는 시간이 지나면서 눈덩이처럼 불어났고 그의 명성도 나날이 높아져갔다.

판초 비야의 천재적 군사 활약과 명성을 바탕으로 6개월 만에 그는 1만 명을 거느린 북부군의 총대장이 되었다. 비야의 장기는 기마군을 이용한 돌격전술이었다. 그는 대포로 적군의 포대를 침묵시킨 다음 수천 기의 기마대를 이용해 사방에서 폭풍처럼 몰아쳐 쓸어버리는 전술을 애용했다. 비야 군은 야전의 돌격전에만 강한 것이 아니었다. 그는 오랜 게릴라생활에서 얻은 경험을 바탕으로 기습전을 감행했고, 대중을 획득하기 위한 선전전에도 강했다. 하지만 뛰어난 군사지도자의 재능을 가졌지만 정치적 능력이 떨어졌고, 자신에 대한 통제력이 부족했던 그는 결국 1923년 7월 암살되고 말았다. (백종국 지음, 『멕시코 혁명사』, 한길사 ; 브리태니커 백과사전 ; 위키백과 참고)

뜨리면서 멕시코 혁명도 더 이상 나아갈 수 없게 되었다. 비야-사파타 연합의 패배로 구시대의 지배체제인 카우디요주의를 극복할 수 없었고, 토지 개혁도 제대로 진행될 수 없었다. 카우디요주의를 극복하지 못함으로써 멕시코 혁명은 '중단된 혁명la revolution interumpida'이 되고 있었다.

혁명이 내전으로 발전하다

　1915년 8월경 카란사의 군사적 승리는 결정적이었다. 그러나 카란사는 멕시코 시로 복귀하지 않고, 전국을 순방하면서 자신의 권력기반을 다졌다. 그의 국토순방은 1916년 4월까지 계속되었다. 6월, 카란사는 9월 첫 일요일에 지방선거를 치르고, 10월 22일 국회의원 선거를 치를 것이라고 발표했다. 선거는 비교적 순조롭게 진행되었다. 반카란사 측의 출마는 봉쇄되었고, 카란사측의 인준을 받은 후보들만 출마할 수 있었다. 각지에서 무장 투쟁으로 8분의 1에 해당하는 선거구에서 선거가 치러지지 못했다. 11월 20일부터 케레타로에서 제헌의회가 개최되었다. 제헌의회는 오브레곤 파와 카란사 파로 갈렸다. 12월 1일 카란사가 헌법 초안을 제출했다. 그가 제출한 조안은 1857년 후아레스 헌법을 약간 수정한 것이었다. 12월 11일부터 초안을 기초로 축조逐條 심의에 들어갔다. 가장 논란이 된 것은 제3조 교육, 제5조 노동, 제27조 재산권, 제123조 노동에 관한 조항 등이었다.

　케레타로 헌법은 민중적 대의를 완벽하게 보장하지는 않았으나 당시에는 매우 진보적인 헌법이었다. 세계에서 가장 진보적인 노동권과 더불어 멕시코 현실에서 유상몰수 유상분배 원칙이지만 토지 개혁이 보장되었고, 교회와 외국인의 토지소유와 자원 소유를 제한하고 있다는 점에서 그러했다. 그러나 문제는 이러한 내용을 실제로 실천할 수 있는가 하는 점이었다. 그런 점에서 카란사는 문제가 있는 인물이었다. 그는 멕시코 부르주아를 대변하는 인물로서 케레타로 헌법의 실현에 큰 의지가 있지 않았다.

1917년 5월 1일 카란사가 대통령에 취임했다. 그러나 카란사는 지배 연합 내에서 그다지 큰 세력을 확보하지 못했다. 카란사의 대통령 선출을 위해 오브레곤과 곤살레스가 조직한 '헌정자유당'은 반카란사 조직으로 변했다. 반면 카란사는 디아스 시절부터 활동해온 크리오요들에게 둘러싸여 있었다. 카란사는 국회를 장악하기 위해 3월 선거에서 디아스 시절에 버금가는 부정선거를 자행했다. 그러나 국회는 여전히 그의 통제 밖에 있었다.

1919년 3월 17일 사파타가 '멕시코 시민 카란사'에게 보내는 편지를 보냈다. 편지에서 사파타는 카란사를 대통령으로 인정하지도 않고 신뢰하지도 않는다면서 비판했다. 편지는 "카란사는 토지 개혁은 하지도 않고, 디아스 치하의 카우디요들이 가졌던 농장을 빼앗아 자신이 거느리고 있는 카우디요들에게 나누어 주었을" 뿐이며, 그는 자유선거도 실천하지 않았고, 단지 그가 한 일이라고는 "혁명을 가장한 독재를 확립했을 뿐"이라고 통박했다.

카란사에게 사파타는 가장 골치 아픈 존재였다. 카란사 정부는 사파타를 확실하게 제거하기 위해 고육지계의 암살 음모를 꾸몄다.

1919년 4월 10일 2시 10분경, 쿠아우틀라 강변에 있는 치나메카 마을에서 사파타군에 투항한 것처럼 가장하고 접근한 코하르도 대령과 그 부하 군인들에 의해 사파타가 암살되었다. 카란사 정부는 그의 죽음에 환호했으나 농민들은 '에밀리아노 사파타의 슬픈 이별'이라는 애도곡을 부르며 진정한 혁명가의 죽음을 슬퍼했다. 사파타는 죽었으나 그는 '멕시코 혁명의 전설적 영웅'으로 남았다. 그의 육체적 생명은 사라졌지만, 그의 정신은 계속 이어져 75년 뒤 1994년 다시 '사파티스타민족해방군'의 등장으로 부활하게 된다.

사파타는 죽었으나 카란사에게는 또 다른 정적이 남아 있었다. 오브레곤이었다. 오브레곤은 카란사가 비야-사파타 연합군에 의해 궁지에 몰렸을 때 뛰어난 군사전략으로 정세를 역전시킴으로써 카란사가 대통령이 되는데 일등공신 노릇을 했다. 하지만 오브레곤은 신중하고 현명한 사람이었기에 자신을 드러내지 않고 정세를 보면서 기다리고 있었다. 그런데 카란사의 실정이 계속되면서 민중의 기대가 오브레곤을 향하게 되었다. 이런 상황에서 사파타의 암살 사건이 일어났고, 이 사건을 보면서 많은 혁명 동지들은 누구든지 카란사의 암살 표적이 될 수 있다는 사실을 깨닫게 되었다. 특히 오브레곤이 이러한 '우려와 희망의 표적'이 되고 있었다. 카란사의 독재와 음모 정치에 혁명의 소멸을 두려워한 많은 혁명가는 이제 오브레곤에 기대를 설었다. 그는 사파타 다음으로 순수한 혁명가로 평가되고 있었다.

1919년 6월 1일 오브레곤은 대통령 선거에 출마하겠다고 선언했다. 오브레곤은 출마 성명에서 "혁명이 위기에 봉착했으며, 근본적인 수술이 없으면 지난 수년간의 희생이 헛된 것이 될 수 있다."고 주장했

• 제3조는 교육의 세속화에 관한 선언이었는데, 교회의 기관들이나 개인은 더 이상 교육기관을 운영할 수도 없으며, 초등교육기관은 국가가 운영한다는 내용이었다. 제5조는 강제노동 금지, 개인의 자유를 제한하는 노동협약 체결의 금지와 같은 일반적 내용과 함께 8시간 노동제, 여성과 아동의 야간 노동 금지, 7일 중 하루 안식 등을 포함하고 있었다. 그리고 제123조 또한 노동에 관한 조항이었는데 당시에 세계에서 가장 진보적인 헌법조항이었다. 여기서는 8시간 노동과 7시간 야간노동, 12살에서 16살까지의 아동에게는 6시간 노동, 일주일에 하루 휴식 등을 규정했으며, 임산부의 보호, 최저임금제 시행 선언, 임금의 법정화폐 지급, 노동조합 구성권과 노동쟁의권 부여, 노동자의 주거와 생활에 대한 적절한 고려, 노동쟁의에 대한 절차의 명시, 무단해고 금지, 채무노동 금지, 노동보험 설치 등을 포함하고 있었다.

• 제27조는 재산권을 다루고 있는데, 지금까지 다룬 모든 조항을 포함하여 멕시코 헌법에서 가장 긴 조항이 되었다. 이 조항은 격렬한 논란 끝에 통과되었다. 기본적으로 모든 소유권을 공공적 필요에 귀속시켰고, 농지에 대해서는 유상몰수 유상분배가 결정되었다. 지주에 대해서는 20년 분할상환의 이자율 5퍼센트짜리 토지증권으로 보상하도록 규정되었다. 국가는 모든 지하자원에 대한 권한도 소유한다고 선언되었다. 석유나 석탄 등 모든 종류의 자원은 국가가 필요할 때 국유화할 수 있게 되었다. 이 조항에 따르면 외국의 토지 소유는 사실상 금지되었다. 물론 교회도 토지 소유를 할 수 없는 주체였다.

다. 문제 해결의 열쇠는 자유롭고 공정한 선거를 통해 인민이 자신의 지도자를 선택할 수 있게 하는 것이라고 말했다. 이것은 카란사의 1월 15일 성명에 대한 답변이었다. 카란사는 1월 15일에 발표한 성명에서 "모든 혁명 세력이 자신의 정부를 중심으로 뭉쳐야 한다."면서 차기 대통령 후보를 자신이 지명할 것임을 시사했던 것이다.

오브레곤의 성명이 발표되자 지지 물결이 멕시코 전역에서 일어났

에밀리아노 사파타

다. 수백 명의 국회의원과 멕시코지역노동자협의회가 지지했고, 헌정자유당PLC과 민족조합주의당PNC이 동시에 오브레곤을 대통령 후보로 지명했다. 지도자를 잃은 사파타 군도 오브레곤을 지지하고 나섰다. 이에 카란사는 자신의 추종자 중 기반이 가장 취약한 이그나시오 보니야스를 후계자로 지명했다. 그는 보니야스를 대통령에 당선시킨 뒤 후견자로 행세하겠다는 생각이었다. 카란사는 1919년 11월 '민주민족당 PDN'을 창당, 보니야스를 대통령 후보로 지명했으며, 이어서 주지사들을 불러 모아 오브레곤을 비판하는 성명을 발표하도록 했다.

그러자 소노라주 주지사 우에르타Adolfo de la Huerta가 강하게 반발했다. 소노라주는 오브레곤의 출신지역으로 일찍부터 개명되고 부유하며 멕시코 혁명에도 가장 크게 기여했다. 카란사를 파멸의 늪에서 구해준 것도 소노라의 힘이었다. 혁명에 대한 자부심이 넘치는 소노라는 카란사 다음은 오브레곤이라고 믿었다. 이런 소노라에 카란사도 힘을 보여줄 필요가 있었다.

1920년 3월 카란사는 디에게스 장군에게 소노라주로 진격하라는 명령을 내렸다. 그러자 4월 9일 소노라 주는 공식적으로 연방정부와 관계가 없어졌다고 선언했다. 소노라가 반기를 들었다는 소식에 군부가 들고 일어났다. 4월 23일 앙헬 플로레스, 프란시스코 세라노 등이 주동이 되어 카란사 정부가 인민주권의 원칙을 짓밟았으며 혁명을 배신했다고 주장하면서 들고 일어났다. 그들은 이제 카란사는 대통령직에서 추방되어야 한다고 선언했다.

4월 12일 생명의 위협을 느낀 오브레곤은 멕시코 시를 탈출, 혁명군에 합류했다. 다시 전쟁상태가 되었지만, 이번 전쟁은 오래가지 않았다. 카란사를 지지하는 세력은 거의 없었다. 5월 5일 카란사는 멕시코 시민에게 정부를 방위하기 위해 무기를 들라고 촉구하지만, 혁명군의 공세를 막을 수 없었다. 혁명군에 쫓기던 카란사는 1920년 5월 21일 틀락스칼란톤고라는 인디언 거주지역에서 에레로가 이끄는 군대에 의해 살해당한다. 사파타를 암살한 지 1년 만에 자신도 같은 길을 걸었다. 카란사는 2차 멕시코 혁명의 주연이었으나 혁명을 배반한 자가 되었다. 혁명의 배신자 카란사는 부하들에게 차례로 배신당하고 마침내는 그가 그토록 경멸했던 인디언 촌락에서 살해당하는 비참한 최후를 맞았다.

카란사의 죽음은 멕시코 혁명의 비극성을 보여주고 있다. 혁명은 노동자가 노동자 군대를, 농민들이 농민의 군대를 죽이는 학살의 연속이었다. 사파타와 비야 군대를 빼고는 혁명 군대의 대부분이 농민들을 집단으로 학살하고 노동자를 대포밥으로 징발했다. 무엇을 위해 혁명이 필요한 것인지 모를 지경이었다. 사파타가 지적했듯이 카우디요 통치를 종식하기 위해 나선 혁명군 지휘관들이 새로운 카우디요가 되었다. 두 번에 걸친 혁명을 카우디요나 카란사 같은 대농장주들이 주도한 것 자체가 혁명을 불가능하게 만든 요소였다. 이들의 영향력으로 혁명은 줄곧 배반당했다. 마데로의 혁명도 비극으로 끝났지만, 카란사의 혁명은 더 큰 비극으로 끝났다.

멕시코 혁명 비용과 국가적 정체성

혁명에는 항상 피가 뒤따른다. 혁명은 대부분 혁명적 폭력을 수반한다. 혁명은 폭력의 수준을 넘어서는 전쟁으로 발전하기도 한다. 멕시코 혁명도 그러하다. 1910~1920년의 멕시코 혁명은 엄청난 유혈과 참극을 불러일으켰다. 물질적 피해 또한 상상을 초월한다. 혁명 기간 살인과 약탈, 방화와 강간이 전국을 뒤덮었고, 성한 건물이 없을 정도로 파괴가 성행했다. 철도와 산업시설이 수시로 뜯기고 파괴되었다. 외국인 소유의 산업시설도 파괴의 광풍을 피해 가지는 못했다. 디아스가 이룬 근대화의 열매는 그가 뿌린 씨 때문에 철저히 파괴되었다.

멕시코 혁명은 마데로의 1차 혁명과 카란사의 2차 혁명으로 구분할수 있는데, 그 전개 양상이 판이했고, 그에 따라 피해의 규모도 전혀 달랐다. 마데로 혁명으로 불리는 1차 혁명은 우선 그 기간이 짧았다. 1910년 10월 5일 '산 루이스 포토시 계획'이 선언되고 1911년 5월 25일 디아스가 망명하기까지 약 8개월 사이에 결판이 났던 것이다. 더불어 강도強度도 강하지 않았다. 혁명 세력과 반혁명 세력 사이에 전투가 발생한 지역은 치와와 북부로 한정되었다. 마데로 혁명은 "마치 가족사를 다루듯이 진행되었"기 때문에 적대감도 약했다. 그에 따라 인명과 재산 피해도 작았다. 한 연구자의 추계에 따르면 마데로 혁명이 가져온 경제적 비용은 약 34억 페소 정도였다고 한다. 그 중 10억 페소는 멕시코 국내 재산의 파괴이고 다른 10억 페소는 외국인 재산 손실에 대한 보상액이었다. 나머지는 혁명으로 말미암은 기회비용까지 포함한 것으로서 혁명 비용치고는 약소한 편이었다.

카란사 혁명으로 일컫는 2차 혁명은 양상이 전혀 달랐다. 우선 그 기간이 길었다. 1913년 3월 26일 카란사가 '과달루페 계획'을 선언한 날로부터 카란사가 살해당한 1920년 5월 21일까지 계산하면 무려 7년 2개월이나 되었다. 또한 2차 혁명에서는 1차 혁명에서는 거의 영향이 없었던 중남부 지역까지 전쟁터가 되었다. 이 기간 혁명 전쟁이 영향을 미치지 않은 곳은 치아파스와 캄페체, 유카탄 등 열대우림 지역 일부뿐이었다.

심각한 것은 혁명의 강도가 엄청났다는 사실이다. 2차 혁명 전쟁은 일종의 복수전으로 시작되었고, 시종 그러한 양상으로 진행되었다. 마데로를 살해하고 정권을 찬탈한 자를 살려둘 수 없다는 분위기가 혁명군을 지배했다. 그 결과 2차 혁명 전쟁에서는 엄청난 인명손실이 발생했다. 마데로에서 시작해 오로스코, 사파타, 앙헬레스, 카란사에 이르기까지 혁명을 주도한 주요 인물들이 암살되거나 처형되었다. 혁명 지도자들이 암살, 처형, 학살 등 다양한 방법으로 혁명의 제물이 되었을 지경이니 일반 병사나 민중의 목숨은 어떠했겠는가. 말 그대로 파리 목숨이었다.

1910년에서 1920년 사이에 대략 150만에서 2백만의 사람들이 목숨을 잃은 것으로 추정되고 있다. 이는 인구 8명당 한 명꼴로 목숨을 잃은 셈인데, 당시의 가구구조로 보면 한 가구당 한 명꼴로 목숨을 잃었다. 당시 무기체계가 대량살상에 적합한 것이 아니었음을 생각하면 정말이지 유혈이 낭자한 방식으로 살해되었음을 알 수 있다. 2차 혁명전은 기본적으로 혁명전쟁이 복수전의 형태로 진행되었으며, 보복의 대상에는 군인뿐만 아니라 민간인도 포함되었다. 외국인이라고 예외가 아니었다. 혁명군은 외국인을 거리낌 없이 살해했고, 특히 스페인인들은 심한 혐오대상이 되었다. 살상 행위는 혁명군이나 정부군이나 차이가 없었다. 왜 혁명이 필요한지, 무엇을 위해 혁명을 하는지 회의하지 않을 수 없는 일이다.

혁명으로 인한 경제적 피해 또한 엄청났다. 정부군이나 혁명군이나 점령지역의 경제를 쑥대밭으로 만들었다. 군대를 위한 징발은 기본이고, 목장에서 자라고 있던 소들은 북쪽으로 실려가 무기로 교환되었다. 부유한 자나 성직자는 군대가 요구한 액수의 돈을 내놓을 때까지 잡혀 있었고, 성의가 부족하다고 판단되면 총살당하기 일쑤였다. 카란사가 처음 시작하고 나중에는 전국으로 퍼진 화폐 발행은 멕시코 경제를 사실상 완전히 마비시켰다.

멕시코 혁명은 당시 멕시코 경제의 주축이었던 농업을 거의 초토화했다. 처음에는 수확기에는 움직이지 않았던 혁명군도 나중에는 수확기, 파종기를 가리지 않았고, 농작물도 불태우기 일쑤였다. 초토화 작전은 멕시코 전역을 황무지로 만드는 데 크게 공헌했다. 혁명군과 정부군은 모두 민중의 재산을 약탈하고 인명을 살상했다.

혁명 과정에서 가장 큰 피해자는 노약자와 여성들이었다. 특히 여성들은 남편과 아들, 연인을 잃었고, 점령군의 성적노리개가 되었으며, 무참하게 살해당했다. 교육의 희생도 막대했다. 교사들은 지휘관으로 참가했고, 어린 학생들도 장총을 매고 혁명에 참가했다. 1910년경 약 1만 6천 개 정도였던 초등학교 수가 1920년에는 1만 1천 개 정도로 줄어들었다. 학생 수도 1910년 88만 명에서 1920년경 74만 명으로 줄어들었다.

그러나 이러한 엄청난 혁명 비용에도 불구하고 혁명이 멕시코에 가져다준 것도 적지 않았다. 혁명이 가져다준 가장 긍정적인 측면은 비로소 멕시코라는 국가가 만들어졌다는 점이었다. 제1차 혁명 전까지만 해도 멕시코는 인종적으로, 지리적으로 나누어져 있는 내부의 식민지국이었다. 디아스의 충실한 부하였던 우에르타가 자신의 나라를 외국 식민지 대하듯이 다루었다는 데서 그런 사실을 쉽게 확인할 수 있다. 혼혈인 메스티소가 인구의 다수를 차지하고 있었으나 나라는 백인인 크리오요가 완전히 지배하고 있었다. 그러나 혁명을 거치면서 멕시코 사회의 주도권은 인구의 다수를 차지한 메스티소에게 넘어갔다. 혁명군 지휘자 중 다수가 메스티소였으며 그들의 활약으로 혁명이 진행되었다. 크리오요는 구체제의 상징으로서 혐오의 대상으로 전락했다.

혁명을 통해 사회적 이동도 극대화되었다. 혁명이 아니었다면 결코 밟아보지도 못했을 땅을 전쟁 때문에 알게 되었다. 계급과 계층 간 이동도 활발했다. 디아스 시절이라면 상상도 할 수 없는 신분상승이 이루어졌다. 사파타나 오브레곤, 비야가 이런 경우에 속했다. 혁명의 지배연합을 형성한 지휘관 중 대부분은 백인 대농장주 출신이 아니었다. 이것은 1920년 지휘관 대부분이 카란사가 아니라 오브레곤의 편을 들었는지 설명해주는 이유 가운데 하나이기도 하다.

혁명의 제도화와 완성을 향하여

모든 혁명이 그러하듯 멕시코 혁명 또한 긍정적인 측면과 부정적 측면을 함께 가지고 있다. 그러나 혁명은 개인의 요구나 바람에 의해 일어나는 것이 아니다. 사람들은 자신의 요구와 상관없이 생각지도 못한 역사의 격랑에 휩쓸려 가는 경우가 종종 있다. 피하고 싶다고 피할 수 있는 것도 아니다. 역사의 흐름 속에서 개개인의 운명을 개척해야 한다. 멕시코 혁명은 한 개인의 바람 때문이 아니라 개인의 집합체인 사회와 역사의 흐름에 따라 일어났고, 또한 흘러갔다. 그 과정에서 숱한 민중의 피를 흘려야 했다. 10년에 걸친 고통의 기간이 있었으니 이제 더 이상 피를 흘리지 않고 혁명의 결실을 보아야 했다. 언제까지나 카우디요들이 폭력으로 권력을 농단하게 두어서는 안 될 일이었다. 이 문제에 대해 비야는 생각이 없었고, 사파타는 특정한 분야에만 관심을 보였을 뿐이었다. 카란사는 권위주의적인 방식으로 이를 추진하려다 살해당했다. 이제 오브레곤이 이 문제를 풀어야 했다.

카란사의 죽음과 함께 임시정부가 들어섰고 뒤이어 대통령 선거가 치러졌다. 1920년 12월 1일 오브레곤이 대통령에 취임했다. 오브레곤은 오래전부터 군벌을 중심으로 한 카우디요주의가 멕시코를 해치는 원흉이라고 생각하고 있었다. 그는 카우디요주의를 해결하기 위해서는 법치주의가 확립되어야 한다고 생각했다. 그 출발점은 1917년에 제정된 케레타로 헌법을 실천하는 일이었다. 농민에게 토지를 돌려주고, 노동자들의 노동을 보호하며, 국민에게 교육서비스를 제공하고, 공명정대한 선거를 통해 정권이 이양되는 전통을 세우는 것이 혁명의 핵심이었다.

오브레곤은 헌법 제3조를 실천하기 위해 바스콘셀로스José Vasconcelos*를 교육부 장관에 임명했다. 바스콘셀로스는 전 국민에게 기초적 교육의 기회를 제공하는 것을 기본 정책으로 삼았다. 그는 초등학교 교사들을 전국 각지에 파견했다. 교사들은 단순한 지식의 전파자가 아니라 멕시코 혁명을 제도화하는 혁명 전사였다. 또한 오브레곤은 노동 문제를 해결하기 위해 '멕시코지역노동자협의회CROM'의 지도자 루이스 모로네스를 포섭했다. 모로네스는 정부와의 협력을 통해 노동자의 권익을 향상시키는 길을 선택했다. 오브레곤 정부는 공산주의나 무정부주의가 주도하는 급진적인 노조들과 가톨릭 계열 노조들의 파업활동에 대해서는 강력하게 탄압했다.

그러나 오브레곤은 헌법 제27조 토지 개혁 분야에 대해서는 매우 소극적이었다. 오브레곤은 점진적이고 온건한 방식으로 혁명의 요구를 제도화시키려 했다. 오브레곤의 정책은 좌우로부터 공격을 받았다. 사파타 계열의 좌파는 좌파대로, 가톨릭으로 대표되는 우파는 우파대로 불만이 많았다. 1923년 7월 20일 비야가 암살당하고, 12월에는 우에르타의 반란이 일어나는 등 오브레곤 정부는 불안한 가운데서도 임

⋄   멕시코대학교의 총장을 거쳐 문교부장관(1920~1924년)으로 임명되었는데, 장관 재직 시 농촌 학교 프로그램을 확대하는 것을 비롯해 학교제도의 개혁을 주도했다. 정치적 행동주의자였던 그는 일생 동안 여러 번 망명생활을 해야 했다. 그는 자신의 철학을 '심미적 일원론'이라고 불렀다. 이것은 기본적으로 세계를 조화로운 통일체로 보는 세계관으로 1952년에 발표되었다. 그는 멕시코에서 자신의 철학을 글로 써서 발표했는데, 그 내용은 이른바 서유럽 문화의 한계를 초월하는 인디언들의 토착문화에 근거를 두고 멕시코인의 삶을 종합해야 한다는 것이었다. 그는 자서전으로도 유명하다. 그의 다른 저서들도 멕시코 사회를 이해하는 데 중요한 사회문화서로 평가되고 있다.

기를 무난히 마쳤다.

1924년 12월 1일 카예스Plutarco Elías Calles가 오브레곤의 뒤를 이어 대통령에 취임했다. 카예스 정부는 전반에 걸쳐 오브레곤 정부보다 안정적이었다. 카예스 정부는 재정도 안정되었고, 토지 개혁도 적극 추진했다. 루이스 모로네스의 멕시코지역노동자협의회와의 밀착관계를 통해 노동 문제도 안정화했다. 카예스 다음 오브레곤이 다시 출마했다. 이를 위해 헌법이 개정되었다. 대통령 임기를 6년으로 하고, 전임 대통령은 한 임기를 쉰 후 다시 출마할 수 있도록 했다. 하지만 오브레곤은 1928년 7월 17일 대통령 당선 축하 오찬에서 광신적인 기독교도에게 암살당하고 말았다.

오브레곤의 암살로 권력은 카예스에게 집중되었다. 카예스는 자신의 후계자를 대통령에 앉히고 재무장관이나 국방장관을 맡아서 실질적으로 권력을 움직였다. 그는 이제 명실상부한 '최고지도자 동지'가 되었다. 멕시코 혁명의 연구자들은 종종 카예스를 러시아 혁명기의 스탈린에 비유하곤 한다. 백종국 교수는 『멕시코 혁명사』에서 "마데로에서 오브레곤까지가 러시아 혁명을 주도한 플레하노프나 레닌, 트로츠기 등에 해당한다면, 혁명을 제도화하고 구체제 세력을 유혈적으로 숙청했다는 점에서, 또한 음모나 암살 등을 꺼리지 않고 사용했다는 점에서, 이 비유는 자못 타당한 측면이 있다."라고 평가했다.

그러나 카예스가 부정적인 역할만 한 것은 아니었다. 그는 혁명의 제도화를 위해 매우 중요한 작업을 했는데, 바로 '민족혁명당Partido Nacional Revolucionario: PNR'을 만든 일이다. 1928년 9월 1일 카예스는 국회에서 이제 카우디요주의는 종말을 고했다고 선언했다. 멕시코 혁명은 제도화할 것이며, 개인적 충성심에 따른 정치는 더는 찾기 어려울 것이라고 말했다. '민족혁명당'은 이러한 제도화의 초점이었던 것이다. 그는 멕시코군의 직업화·전문화도 추진했다. 그는 먼저 '민족혁명당' 내에 군부의 자리를 마련함으로써 총보다는 입으로 자신의 주장을 관철하도록 유도했다. 카르데나스 대통령 시기에 이르면 민족혁명당은 군부뿐만 아니라 노동, 농민, 민중 등 부분별로 조직을 묶어냄으로써 멕시코 사회를 대표하는 대중정당으로 발전하게 된다.

멕시코 혁명을 제도적으로 마무리하는 작업은 카예스가 아니라 그의 후계자 카르데나스Lázaro Cárdenas가 맡았다. '멕시코 혁명의 완성자'로 평가받는 라사로 카르데나스는 1895년 3월 21일 미초아칸 주 히킬판 군에서 8남매 중 장남으로 태어났다. 그는 1913년 7월 13일 아라곤 장군이 지휘하는 혁명군에 가담했고, 1914년 이후 오브레곤 밑에서 활동했다. 1933년 12월 6일 케레타로에서 열린 '민족혁명당' 전당대회에서 카르데나스가 차기 대통령 후보로 지명되었다.

그런데 카르데나스는 선거운동을 혁명 투쟁처럼 수행했다. 그는 군사작전을 하듯 치밀하고 효율적으로 계산된 통로를 따라 멕시코 전역을 돌아보았다. 비행기로 갈 수 있는 곳은 비행기로, 기차가 통하는 곳은 기차로, 자동차가 통하는 곳은 자동차로, 배를 타야 할 곳은 배로, 말이나 노새를 타야 할 곳은 말이나 노새로, 걸어야 할 곳은 걸어서 7개월 동안 전국을 순방했다. 그가 다닌 총 연장거리는 2만 7천 609킬로미터였는데, 비행기로 1만 1천 825킬로미터, 기차로 7천 294킬로미터, 자동차로 7천 280킬로미터, 배로 735킬로미터, 말로 475킬로미터를 다녔다. 당시의 교통을 생각하면 카르데나스가 얼마나 열심히 다녔는지를 알 수 있을 것이다.

카르데나스는 광장이나 교회당, 가옥이나 기차 안, 해변이나 나무 아래 등, 그는 사람을 만나는 모든 곳에서 민족혁명당이 만든 6개년 계획을 설명했다. 그가 강조한 부분은 특히 세 가지였다. 첫째, 장원을 혁파하고 에히도를 중심으로 하는 강력한 토지 개혁을 시행한다는 것. 둘째, 가톨릭교회의 광신주의를 극복할 근대적 보통교육을 시행한다는 것. 셋째, 산업자본의 횡포를 견제할 노동자들의 협동단체를 적극 육성한다는 것. 이 세 가지는 결국 멕시코 혁명의 목표 그 자체였다. 그는 혁명의 전파자 노릇을 하고 있었던 것이다.

대통령에 취임한 카르데나스는 자신의 공약을 실천하는 것이 혁명이라고 보았다. 그는 약속을 지키는 것이 그 출발이라고 보았다. "우리는 혁명의 약속들을 반드시 지켜야 합니다. 이 혁명의 약속들을 지키기 위해서는 혁명의 주체들과 원칙들을 끊임없이 정화하고 개선하는 힘이 필요합니다." 카르데나스는 정부 차원에서 허례허식과 사치, 낭비를 제거했으며, 지배연합 내에서 사치와 향락을 조장하는 부분을 과감하게 폐지했다. 그는 대통령에게 권위를 주려는 온갖 형식과 아부들에 대해서도 거부했다. 관공서에 대통령의 초상화를 거는 것도, 그의 흉상제작도 금지했다.

카르데나스는 토지 개혁을 정부의 가장 숭요한 역점사업으로 삼았다. 이것은 멕시코 혁명의 가장 핵심 사항이었다. 이전 정권에서도 토지 개혁은 일부 진행되었다. 카란사 정부가 16만 7천 936헥타르, 오브레곤 정부가 11만 117헥타르, 카에스 정부가 197만 2천 876헥타르, 포르케스 힐 정부가 170만 7천 750만 헥타르, 오르티스 루비오 정부가 94만 4천 538헥타르, 로드리게스 정부가 79만 694헥타르의 토지를 분배했다. 그러나 이것은 멕시코 전체의 토지에 비하면 턱없이 빈약한 수준이었다. 카르데나스 대통령은 대지주들로부터 6천 7백만 헥타르의 토지를 수용하여 농민들에게 분배했다.

카르데나스가 토지 개혁을 시행하기 위해서는 대농장주가 된 혁명 주체들과의 대결이 불가피했다. 카르데나스는 카예스와 반혁명 세력에 대항하기 위해 노동자를 조직했다. 그들이 계속해서 반발하자 그 세력을 내각에서 내쫓고, 카예스는 비행기에 태워 미국으로 망명시켰다. 카예스와 카우디요들의 농장은 농민들에게 분배되었다. 카르데나스는 노동운동의 다원화를 지지했다. 그의 지원 아래 모로네스가 지배하는 '멕시코지역노동자협의회'를 배제한 새로운 전국조직으로 '멕시코노동총연맹CTM'이 탄생했다. 카르데나스 정부 아래서 이 노조는 빠르게 성장했고, 앞으로 멕시코 정치를 좌우하는 역할을 하게된다.

카르데나스는 마지막으로 외국계 자본의 국유화 문제에 손을 댔다. 1938년 3월 18일 카르데나스 대통령은 멕시코 석유의 국유화를 선언했다. 그러자 석유자본은 이를 비난하면서 미국과 영국 정부에 군사적 개입을 요구했다. 그러나 당시 2차 세계대전을 향해 가고 있던 국제 정세가 이를 방해했다. 섣부르게 개입했다가는 미국의 배후에 독일의 동맹국을 만들 위험성이 있었다. '선린외교'를 표방한 루스벨트 정부의 방침을 따른 멕시코 주재 미국대사 다니엘스의 일관성 있는 태도로 이 문제는 무난히 해결되었다. 카르데나스 정부의 조치를 지지하는 멕시코 민중의 시위도 큰 힘이 되었다. 이 조치가 발표되자 거의 날마다 수십만 명의 군중이 '멕시코 만세'를 외치면서 거리를 행진했고, 소칼로 광장에서 카르데나스 대통령을 지지하며 집회를 개최했다. 멕시코 정부와 그토록 불화하고 있던 교회도 이 조치를 전적으로 지지하며 기도회를 열었다.

1941년 11월 18일 미국은 더 이상 멕시코 석유 문제를 끌 수 없다고 생각하고 배상회의를 열어 미국과 멕시코 간의 모든 문제를 일괄 타결하기로 했다. 석유와 토지 및 혁명전쟁의 배상금은 모두 합쳐서 4천만 달러로 타결되었다. 석유 배상은 2천 399만 5천 991달러였다. 첫해에 3분의 1을 갚고 5년 동안 3퍼센트의 이자를 붙여 분할상환하기로 했다. 이를 위해 미국은 매년 2천 5백만 달러의 멕시코 은을 구매해주기로 했다. 또 멕시코의 페소화를 안정시키기 위해 4천만 달러의 차관을 공여하고 각종 개혁 조치의 보조용으로 미국의 수출입은행을 통해 3천만 달러의 차관도 제공하기로 했다. 1942년 4월 2일 협정이 체결되었다. 멕시코 혁명이 완결되는 순간이었다.

멕시코 혁명의 죽음, 그리고 부활

멕시코 혁명은 카르데나스 대통령을 통해서 제도적으로 일단 완성되었다. 그러나 멕시코 혁명이 과연 얼마나 자신의 과제를 충분히 수행했는지는 아직도 여러 가지 의견이 존재하고 있다. 혁명의 완성자로 불리는 카르데나스 대통령이 물러나고 30년이 지난 1970년, 경제학자 알론소 아길라르는 혁명의 조국 멕시코에 약 2백만 명의 무토지 농민과 3백만 명의 미교육아동들, 1천만 명의 문맹자가 있다고 폭로했다. 그보다 2년 전인 1968년, 멕시코 정부는 올림픽 개최를 반대하는 학생 시위대에 발포하여 5백여 명의 사망자를 냈다. 학생들은 1917년 헌법의 적용, 표현의 자유, 노동조합의 자유, 자유선거의 보장 등을 주장했던 것이다. 이 사건을 보면서 비판적인 지식인들은 "드디어 혁명은 죽었다."라고 했다.

멕시코 혁명은 그렇게 첫 번째 죽음을 맞이했다. 공동농장인 에히도는 끊임없이 분해되어 다시 개인이 소유하는 대농장이 되었고, 땅을 갖지 못한 농민들은 대도시 주변으로 몰려들어 빈민가를 형성하기 시작했다. 다시 외국 자본이 멕시코의 운명에 커다란 영향을 미치는 상황이 벌어지기 시작했다. 혁명의 두 번째 죽음은 살리나스 대통령에 의해 일어났다. 1988년 사실상 개표 부정으로 당선된 그는 자신의 이미지를 쇄신하고자 전면적인 경제 개혁과 미국과의 경제통합을 추진했고, 그 결과 1994년 북미자유무역협정^{NAFTA}이 발효되기에 이른다. 이를 위해 혁명 이후 만들어진 에히도 공동농장을 민영화했다. 이로써 혁명의 유산은 거의 해체되었다.

마침내 1994년 1월 북미자유무역협정과 에히도 농장의 민영화 조치 등에 반발하여 농민들은 무장봉기를 일으켰다. 치아파스주를 중심으로 결성된 사파티스타민족해방군의 전쟁선언문^{1994. 1. 2}은 이렇게 선언하고 있다.

멕시코 형제자매 여러분, 우리는 500년간에 걸친 투쟁의 산물입니다.
처음에 우리는 노예제에 반대해 싸웠습니다. 독립 전쟁 때는 스페인에 대항해 싸웠고, 그 다음에는 우리 헌법을 선포하고 우리 땅에서 프랑스 제국을 쫓아내기 위해 싸웠습니다. 그리고 나중에는 개혁법의 정당한 적용을 거부하는 포르피리오 디아스의 독재 정권에 맞서 싸웠으며, 여기서 우리는 우리처럼 가난한 사람인 비야와 사파타 같은 지도자를 탄생시켰습니다. 우리는 지금껏 우리를 총알받이로 사용해 우리나라의 부를 약탈해가려는 세력에 의해 가장 기초적인 것조차 거부당했습니다. 저들은 우리가 아무것도, 정말 아무것도 가진 게 없어도 전혀 아랑곳하지 않습니다. 우리에겐 교육은 물론 우리 머리를 덮을 만한 반듯한 지붕도, 갈아먹을 땅도, 일자리도, 의료시설도, 식량도 없을뿐더러, 우리 정치 대표자를 자유롭게 민주적으로 선출할 수 있는 권리도 없고, 외국인으로부터 자유로운 독립도 없고, 우리 자신과 우리 아이들을 위한 평화와 정의도 없습니다. 그러나 오늘 우리는 말합니다. '이제 그만!'이라고.

북미자유무역협정이 발효되던 1994년 1월 1일, 멕시코 혁명의 농민반란을 계승하여 혁명군이 다시 봉기한 것이다. 그것도 멕시코 혁명의 순수성과 혁명성을 대변하는 사파타의 이름으로. 멕시코 혁명은 두 번에 걸쳐 죽음을 맞았으나 멕시코 혁명은 이렇게 다시 부활하고 있었다. 혁명의 부활과 함께 비야와 사파타도 부활하고 있다. 그들은 여전히 민중에게 희망의 상징이 되고 있다.[*]

2000년 제도혁명당^{민족혁명당이 1946년 이름을 개칭함}은 70년간 장악해온 권력을 중도우파 정당인 국민행동당^{PAN}에게 넘겨주었다. 이로써 멕시코

---

[*] 사파티스타민족해방군과 그 부사령관인 마르코스에 대한 보다 자세한 내용은 『스토리 세계사 9 현대편 Ⅱ』의 '체 게바라와 마르코스'를 참고.

혁명을 제도화하여 권력을 완벽하게 장악했던 국가와 당 체제가 허물어지게 되었다. 그러면 정말 멕시코 혁명은 사라진 것일까? 그렇지 않다. 혁명이 발발한 지 1백 년이 지난 지금까지도 혁명의 유산은 멕시코의 모든 정치 세력에게 논란거리로 남아 있기 때문이다.

국민행동당은 헌정주의의 기초를 세운 프란시스코 마데로를 자신의 상징으로 내세우고 있다. 또한 제도혁명당은 자신들이 혁명을 제도화한 화신이라고 주장한다. 그들은 "혁명 헌법이 살아 있는 한 혁명은 여전히 멕시코의 맥박에 고동치고 있다."라고 주장한다. 또한 중도좌파 정당인 민주혁명당PRD은 혁명의 민족주의적이고 사회 개혁적인 유산, 특히 카르데나스의 유산을 자신들이 올바르게 계승하고 있다고 여기고 있다. 반면, 치아파스타에서 봉기한 사파티스타민족해방전선은 자신들이 진정한 혁명적 유산, 즉 비야와 사파타의 유산을 계승하고 있다고 생각한다.

그렇다면 누구의 주장이 더 진실에 가까운 것일까? 그것은 보는 시각에 따라 다를 수 있을 것이다. 한편으로는 모두 다 한 측면만을 반영하고 있다고 볼 수도 있다. 역사는 반복되는 것일까? 1백 년 전 멕시코 혁명이 전개 과정에서 벌어진 논쟁과 갈등이 오늘날 그대로 재현되고 있다. 그렇게 보면 1백 년의 세월이 흘렀지만 멕시코 혁명은 여전히 진행형의 사건이며, 혁명의 최종적 향방과 실체 또한 여전히 오리무중이다.

8. 제1차 세계대전

발칸에서 점화되어 세계를 불태우다

'유럽의 화약고' 발칸에서 시작되다

제1차 세계대전은 사라예보의 총성으로 시작되었다. 사라예보는 1973년 우리나라의 이에리사·정현숙 선수가 주축이 된 세계 탁구선수권 대회 여자 단체전 우승으로 우리에게 잘 알려진 도시가 되었지만, 그 이전에 세계를 제1차 세계대전의 회오리 속으로 몰아넣은 역사적 사건의 발단이 된 곳으로도 더욱 유명하다.

1914년 6월 28일, 발칸 반도에 있는 보스니아의 수도 사라예보에서 오스트리아 황태자 부부가 세르비아 민족주의자 청년에게 저격당하는 사건이 일어났다. 그런데 이 사건은 황태자의 저격 사건으로 끝나지 않고 유럽 전체를 전쟁으로 몰아넣는 도화선이 되었다. 왜 그랬을까? 어째서 유럽의 심장부도 아닌 곳에서 일어난 저격 사건이 유럽 전체를 참화로 몰아넣게 되었을까?

사람들은 발칸 반도를 '유럽의 화약고'라고 부른다. 유럽에서 문제가 발생하면 엄청난 충격으로 폭발을 일으킬 위험한 곳이 화약고다.

제1차 세계대전의 시발점이 된 사라예보

그러니까 발칸 반도는 인종적으로 여러 민족이 뒤섞여 살고, 종교적으로도 복잡해서 항상 문제가 폭발할 위험성을 안고 있는 위험한 곳이란 이야기다. 황태자 부부의 저격 사건은 이 '유럽의 화약고'를 터뜨리는 뇌관이었던 셈이다. 화약고가 터지자 그 불이 삽시간에 유럽과 아프리카·중동, 그리고 제국주의 모국의 식민지 땅으로 번졌던 것이다. 이것이 제1차 세계대전이다.

발칸 반도가 유럽의 화약고가 된 데는 역사적인 과정이 있었다. 발칸 반도는 초기 로마의 지배 아래 있었고, 6세기 무렵부터 이곳에 슬라브인이 등장하기 시작했다. 발칸의 동쪽에 정착한 사람들은 동방 정교회를 받아들였고, 서쪽에 이주한 사람들은 가톨릭을 받아들였다. 서북 지역에 정착한 슬라브인은 후에 슬로베니아, 크로아티아로 불렸고,

동쪽 지역을 차지한 슬라브인은
세르비아라고 불렸다. 이들 사이
에 영토와 종교 문제 등으로 크고
작은 충돌이 일어났고, 그 과정에
서 이해관계가 조금씩 얽히면서
발칸 지역은 복잡해졌다.

그러나 이 지역에 이슬람 세력
이 진출하기 전까지는 그다지 심
각한 충돌이 일어나지 않았다. 8
세기부터 세력을 확장하기 시작

오스트리아-헝가리 제국의 황태자, 프란츠 페르
디난트 대공

한 이슬람 세력은 오스만 제국의 등장으로 그 영향력이 더욱 확대되
었는데, 15세기가 되면서 발칸은 완전히 투르크인의 지배 아래 놓이
게 되고 이때부터 4백 년 동안이나 오스만 제국의 지배가 이어졌다.
하지만 19세기에 들어서면서 유럽 열강과 러시아의 간섭으로 오스만
제국은 그 영향력을 상실하기 시작했다. 1830년 그리스가 독립했고,
19세기 중엽에는 루마니아, 세르비아, 몬테네그로, 불가리아가 차례
로 독립했다.

그런데 이 과정에서 발칸 반도는 유럽 열강의 각축장이 되었고, 여
러 민족의 이해관계가 맞물리면서 '유럽의 화약고'로 변해갔다. 무엇
보다도 독일의 '범게르만주의'와 러시아의 '범슬라브주의'가 대립하면
서 발칸의 상황은 점점 심각해졌다.

1908년 오스만 제국에서 혁명이 일어나자 그 혼란 상황을 틈타 오
스트리아가 보스니아 헤르체고비나를 강제로 합병했다. 그러자 이에

사건 직후 암살범인 가브릴로 프린치프가 체포당하는 장면

반발한 세르비아 등 슬라브주의 국가들이 발칸 동맹불가리아, 세르비아, 몬테네그로, 그리스을 결성해 1912년 제1차 발칸 전쟁을 일으켰다. 이 전쟁으로 오스만 제국은 불가리아, 그리스, 세르비아에 많은 영토를 빼앗겼다. 그러나 이듬해인 1913년 불가리아가 차지한 영토가 너무 크다는 불만을 품은 슬라브 국가들세르비아, 그리스, 몬테네그로, 루마니아과 오스만 제국이 연합해 불가리아를 공격함으로써 제2차 발칸 전쟁이 일어났다. 이 전쟁에서 세르비아와 그리스가 많은 영토를 차지했고, 전쟁에서 패한 불가리아는 영토를 상실하고 독일과 오스트리아에 접근했다.

이런 상황에서 오스트리아-헝가리 제국의 다음 황제 자리를 이을 황태자 프란츠 페르난디트와 그의 아내 조피가 저격당해 숨지는 사건이 일어났던 것이다. 황태자를 쏜 사람은 19세의 청년 가브릴로 프린치프였다. 그는 '검은 손'으로 알려진 세르비아 민족주의자들의 비밀 조직에 가담하고 있었다. 이 조직은 오스트리아가 보스니아를 합병한 데 불만을 품은 세르비아 민족주의자들이 오스트리아-헝가리 제국 요인 암살을 목표로 만든 것이었다. 그전에도 빈, 부다페스트, 사라예보를 돌아가면서 암살을 시도했지만, 번번이 실패했다. 마침내 여섯 번이나 실패하고 일곱 번째 암살 시도가 성공했지만, 이 사건으로 유럽은 '전쟁의 폭풍 속으로' 휩쓸려 들어가고 말았다.

전쟁의 폭풍 속으로

사건이 일어나자 오스트리아는 세르비아와 범슬라브주의자들이 벌인 짓으로 단정 짓고 세르비아에 보복하겠다고 나섰다. 거기에는 이유가 있었다. 헝가리 지주 계급과 함께 오스트리아-헝가리 제국을 만든 오스트리아 왕실은 중세 시대 동유럽을 지배하던 '합스부르크 가의 영광을 다시 살리겠다'는 야심이 있었다. 그러자면 발칸 반도에서 러시아와 세르비아를 중심으로 한 범슬라브주의 세력을 눌러야 했다. 그걸 위해 합스부르크 왕가*는 세르비아와 전쟁을 할 수도 있다고 생각하고 있었다.

오스트리아는 기회가 오기를 기다리고 있었는데, 드디어 황태자 암

---

* 유럽 최대의 왕가 가운데 하나다. 10세기경 알자스 부근의 소영주에서 비롯되었는데, 11세기 스위스 지방에 합스부르크 성(매의 성)을 쌓은 데서 이름이 유래되었다. 1273년 이 집안의 루돌프 1세가 독일 국왕으로 선출된 이후 1918년 제1차 세계대전에서 오스트리아의 패전으로 카를 1세가 퇴위하기까지 약 5백 년에 걸쳐 숱한 왕과 황제를 배출했다. 프랑스의 부르봉 왕가에 맞서 독일과 오스트리아, 헝가리 등지에서 세력을 떨친 국제적 세력이었다.

살 사건이 구실을 만들어준 것이다. 오스트리아-헝가리 제국의 참모총장 콘라트 폰 회첸도르프는 이렇게 그 속내를 털어놓았다.

이것은 광신자 한 사람의 범죄가 아니다. 이 기회를 우리가 놓친다면 우리 제국은 남부 슬라브인, 체코인, 러시아인, 루마니아인, 이탈리아인들의 야망이 폭발하는 것을 보게 될 것이다. 정치적인 이유 때문에라도 오스트리아-헝가리 제국은 전쟁을 해야만 한다.

그러나 이 문제는 그렇게 간단한 것이 아니었다. 오스트리아와 세르비아의 관계로 끝나는 것이 아니라 러시아와 독일로 대표되는 슬라브주의와 게르만주의, 나아가 유럽 전체의 이해관계가 걸려 있었던 것이다. 이후의 사건 전개 과정은 이를 잘 보여주고 있다.

오스트리아가 세르비아를 협박하자 이번에는 러시아가 나섰다. 만일 오스트리아가 세르비아를 침공한다면 그냥 보고만 있지는 않겠다는 것이었다. 오스트리아가 러시아와 대결하기 위해서는 독일의 지원이 필요했다. 당연히 독일은 오스트리아 편이었다. 하지만 독일이 나서면 프랑스가 가만히 있을 수 없는 형편이었다. 프로이센·프랑스 전쟁에서 굴욕적인 패배를 당하고 알자스-로렌 지방까지 내주어야 했던 프랑스는 독일과 앙숙이었던 데다가 러시아에 많은 투자를 하고 있었기 때문이었다. 거기에 영국도 끼어들었다. 1871년 통일 이후 놀라운 속도로 유럽에서 가장 강력한 국가로 성장한 독일에 위협을 느낀 영국이 러시아와 프랑스를 편들고 나선 것이다. 결국 제국주의 국가들 간의 이해관계가 얽히고 얽혀 있었던 것이다.

1914년 7월 23일 오스트리아는 세르비아에 최후통첩을 보냈다. "오스트리아에 반대하는 단체를 해산하고, 오스트리아에 반대하는 관리를 파면하며, 사라예보 사건 재판에 오스트리아 관리를 참여시키라"는 내용이었다. 그것은 세르비아가 도저히 받아들일 수 없는 내용이었다. 세르비아는 그 가운데 '오스트리아 관리의 재판 참여'는 명백한 주권 침해이기 때문에 인정할 수 없지만, 나머지는 받아들일 수 있다고 했다. 협상은 더 이상 진행되지 않았고, 오스트리아는 7월 28일 세르비아에 선전포고를 했다. 이렇게 해서 사라예보의 총성은 전쟁을 불러왔지만, 그 전쟁이 이전에 한 번도 겪어 보지 못한 엄청난 재앙을 안겨 주며 유럽 대륙을 피바다로 만들게 되리란 것은 예상하지 못했다.

오스트리아가 세르비아에 선전포고를 하자 러시아가 즉각 반발하며 총동원령을 내렸다. 1904년 러일 전쟁에서의 패배와 1905년 '피의 화요일'로 시작된 제1차 러시아 혁명과 그에 따른 차르체제의 위기 상황, 그리고 계속되는 파업과 농민 봉기로 흔들리고 있던 러시아 정부는 인민들의 불만을 밖으로 돌리기 위해 기꺼이 전쟁에 나섰다. 러시아는 이것이 차르체제를 완전히 뒤엎는 복병이 되리란 사실을 알지 못한 채 우선 눈앞의 이익에 급급해 전쟁에 나섰던 것이다. 그것은 러시아만이 아니었다. 제1차 세계대전이 끝날 무렵 러시아는 이미 혁명으로 새 정부가 들어선 상태였고, 전쟁이 끝나면서 독일도 혁명이 일어나 바이마르 정부가 들어서게 되었던 것이다. 그런 점에서 이 무렵 유럽은 전쟁과 더불어 전체적으로 혁명의 소용돌이에 휘말려 들고 있었다.

러시아가 동원령을 내리자 이번에는 독일이 나섰다. 독일은 러시아에 동원을 취소하라고 요구했으나, 아무런 답변도 듣지 못했다. 그러

1차 세계대전에 참전한 프랑스 군인들이 착검을 한 채 적진으로 돌격하고 있다.

자 독일은 러시아에 선전포고를 했다. 다시 프랑스도 동원령을 내렸고, 이틀 후 독일은 프랑스에 '중립을 지킬 것'을 요구하며 프랑스로 진격했다. 그러자 다음 날에는 영국이 독일에 선전포고를 했다. 영국은 독일이 중립국인 벨기에를 침공했다는 이유로 참전을 선언했지만, 그것은 구실에 불과했다. 독일이 프랑스를 공격하기 위해서는 벨기에를 통과할 수밖에 없었기 때문이다. 이렇게 해서 1914년 7월 28일부터 8월 4일까지 일주일 사이에 유럽 강국들이 모두 전쟁을 선포하고 나섰다. 발칸 반도에서 시작된 불씨가 유럽 전역으로 옮겨붙기 시작한 것이다.

참호전이란 새로운 전쟁 방식

전쟁이 시작되기 전 독일은 이미 하나의 확고한 작전 계획을 갖고 있었다. 20세기 초 알프레트 폰 슐리펜Alfred Graf von Schlieffen 장군이 세운, 2개의 전선을 이룬다는 '슐리펜 계획'이었다. 그 주된 내용은 "독일군은 벨기에를 거쳐 프랑스로

솜강 전투에 참전한 독일 병사

침입하여 서부 전선에서 신속한 승리를 거두고, 이어 동부 전선에 모든 병력을 집중하여 러시아를 공격함으로써 전쟁을 짧은 기간 안에 끝낸다."는 것이었다. 그러나 슐리펜 계획은 성공하지 못했다. 독일은 이 계획에 따라 벨기에를 짓밟고 빠른 속도로 프랑스로 진격해 파리 가까이 접근했으나, 마른Marne 지역에서 발목이 잡히는 바람에 차질이 생긴 것이다.

1914년 9월 마른 전투는 지금까지의 전쟁 방식이 뒤바뀌는 전환점이 된 전투였다. 그때까지 전투는 열을 지어 행진하면서 정면충돌로 승부를 결정짓는 방식이었다. 짧은 기간에 전쟁을 끝내려던 독일의 계획이 마른 전투에서 꺾이자 독일군은 일단 후퇴해 스위스 접경 지역인 벨포르에서 북해에 이르는 전선을 따라 철통같은 방어선을 마련했다. 처음에 빼앗은 벨기에와 프랑스 영토를 지키기로 마음먹은 독일군은 "정교한 참호망과 지하 통로, 대피호와 철조망 뒤에서" 수비 태세에

들어갔다. 이때부터 서부 전선에서는 참호를 파고 대치하는 모양으로 전쟁이 진행되었다. 참호전은 새로운 전쟁 방식이었지만, 엄청난 인명 피해를 낳는 살육전이기도 했다.

한편 동부 전선에서는 독일군이 주도권을 쥐었다. 8월 말 독일군은 타넨베르크 전투에서 러시아군을 크게 격파하고 폴란드 서부 지역에서 러시아군을 몰아냈다. 1915년 독일군은 오스트리아군과 연합 전선을 펴면서 러시아군을 국경선 밖으로 밀어냈으며, 8월에는 폴란드의 바르샤바를 함락시켰다. 러시아군은 1916년 3월 마지막으로 대대적인 공격을 폈으나 전세를 뒤집지 못했다. 러시아는 전쟁에서 승리하지 못했을 뿐 아니라 내부 문제들을 해결하지 못하고 1917년 10월 레닌이 이끄는 볼셰비키의 사회주의 혁명으로 무너지고 말았다. 러시아는 전쟁이 끝나기도 전에 독일과 강화를 맺어 러시아 혁명을 지켜냈다. 레닌은 이미 전쟁이 발발하자 반전을 주장하며 사회주의 세력의 국제적인 전쟁 반대 운동을 조직하려 했으나 각국의 사회주의 정당은 애국주의자가 되어 전쟁에 협력하고 있었다.

1915년 독일은 동부 전선에 주력하고 서부 전선에서는 방어적인 태도를 보였으나 계속해서 인명 피해가 늘어만 갔다. 프랑스군의 계속되는 공세로 독일군의 인명 피해는 1백 만 명을 넘어서게 되었다. 그런데 그처럼 인명 피해가 엄청났던 것은 참호전이라는 새로운 전쟁 방법이 사용되었기 때문이다. 참호전은 너무나 잔인한 전쟁 방법이었다. 양측이 "전선을 따라 총과 대포로 무장을 한 채 깊은 참호를 파고 대치하는"것이 기본방식이었다. 이런 상황에서는 충분한 대포와 중화기가 있어야 전쟁을 승리로 이끌 수 있었다. 그러나 초기 프랑스나 영국은 충분한 무기와 화약을 확보하지 못했기 때문에 전쟁은 계속되었다.

그러나 "충분한 군수 물자를 공급하기 위해 모든 산업을 가동하자 전쟁터는 완전히 폐허"로 변했다. 1916년의 베르됭Verdun 전투와 솜강 Somme River 전투는 이런 사실들을 적나라하게 보여주었다. 베르됭전투와 솜강 전투에서 연합군과 독일군은 2백만 명 이상의 사상자를 냈던 것이다. 아무리 전쟁이라지만 상상할 수 없는 일이 벌어지고 있었다.

'베르됭의 지옥'이라 불리는 프랑스의 전설적인 요새 베르됭에 독일군의 포위 공격이 시작된 것은 1914년 2월 21일. 프랑스군을 완전히 쓸어버리기로 한 독일군은 그날 새벽 프랑스군 진지를 향해 엄청난 포화를 퍼부었다. 프랑스군의 최전방 방위선은 흔적도 없이 파괴되었고, 그날 오후 늦게 독일 보병 선발대는 뫼즈강 동쪽 제방을 넘었다. 이렇게 시작된 베르됭 전투는 5개월간이나 계속되었고, 독일군과 프랑스군은 일진일퇴의 공방을 벌였다. 1916년 7월 중순 공세가 끝났을 때 독일군은 일부 진지를 차지했지만, 애초의 목표는 이루지 못했다. 그러나 그 전투에서 프랑스군과 독일군은 1백만 명 이상의 사상자를 냈고, 그 가운데 42만 명이 사망했다.

1916년 7월 1일 프랑스군의 지원을 받은 영국군의 공격으로 시작된 솜강 전투 역시 양상은 비슷했다. 4개월에 걸친 전투에서 연합군은 약간 앞으로 나갈 수 있었지만, 독일군의 방어선을 뚫지는 못했나. 이 전투에서 영국군은 42만 명이 사망했는데, 그 가운데 6만 명은 전투 첫날 죽었다. 독일군도 그와 비슷하게 죽었으며, 프랑스군도 20만 명이나 희생되었다. 이것은 인류가 일찍이 경험해보지 못한 전쟁이었다. 그와 같은 전쟁의 한 단면을 레마르크의 소설 『서부전선 이상 없다』

참호 건너기에 실패한 탱크

에서 볼 수 있다. 그의 소설 첫머리는 이렇게 시작된다.

지금 우리는 흰 콩에다 쇠고기를 잔뜩 먹어 배가 부르다. 만족스럽다. …… 게다가 소시지와 빵은 2인분씩 나오기까지 했다. …… 담배도 2인분씩 받았다는 사실이다. …… 원래는 이 모든 것이 우리에게 지급될 물품이 아니었다. …… 보급계 하사관은 우리가 무사히 돌아갈 날을 대비해 전체 중대원 수대로 맞춰 150인분의 식량을 준비해두었던 것이다. 그런데 바로 마지막 날 영국의 포병대가 기습적으로 우리 진지를 향해 장거리포와 총포탄을 콩 볶듯이 쏟아부었다. 우리는 막대한 인명 손실을 보고 겨우 80명만 살아 돌아온 것이다.

부대원들이 반 가까이 죽는 바람에 살아남은 병사들이 두 명분의 배식을 받고 기뻐하는 모습이 정말이지 안쓰럽다. 레마르크는 18세에 징집되어 서부전선에서 제1차 세계대전의 참혹함을 몸소 겪고 확고한 반전反戰 사상을 갖게 되었고, 그 때문에 히틀러가 집권한 뒤에는 결국 미국으로 망명해야 했다. 그는 자신의 경험을 바탕으로 한 이 작품에서 전쟁의 비인간성과 무의미함을 통렬히 고발하고 있다. 그는 이렇게 말한다.

우리는 인간을 향해 수류탄을 던지는 것이 아니다. 죽음이 우리 뒤에서 철모를 쓴 채 두 손을 들고 쫓아오는데 그 순간 우리에게 무슨 생각이 있겠는가? …… 우리는 자신의 목숨을 구하고 적에게 보복하기 위해 파괴와 살인을 저지르지 않을 수 없다. …… 이러한 물결은 우리를 잔인하게 만들어 우리가 노상강도며 살인자며 악마가 되게 한다. …… 만약 당신의 아버지가 저편에서 적들과 함께 돌격해온다 해도 당신은 주저하지 않고 아버지의 가슴을 향해 수류탄을 던질 것이다.

전쟁이란 결국 무의미한 인간의 살육행위에 지나지 않음을 증언하고 있는 것이다.

대량 살상과 총력전의 시대

참호전이 계속되면서 서부 전선은 '살육의 현장'이 되었다. 에릭 홉스봄은 『극단의 시대:20세기 역사』에서 그 광경을 이렇게 묘사하고 있다.

수백만 명의 사람들이 모래주머니로 막은 참호 흉벽을 사이에 두고 서로 대치했고, 참호 속에서 쥐와 이처럼, 그리고 쥐, 이와 함께 살았다. 때때로 그들의 장군들은 이러한 교착 상태를 타개하려고 했다. 여러 날 동안, 심지어는 몇 주 동안이나 계속된 포격한 독일 작가가 뒤에서 '강철의 허리케인'이라고 불렀던은 적의 저항력을 약화시키고 적을 지하로 몰아넣기 위한 것이었고, 그러한 포격 끝에 적절한 순간이 오면 사람들의 물결이, 대체로 철조망을 친 흉벽을 기어 올라와, 포탄이 떨어진 자리에 생긴 물이 고인 구멍, 황폐한 그루터기, 진흙, 버려진 시체 등의 혼돈 상태인 '무인 지대'를 지나서, 자신들을 닥치는 대로 쓰러뜨리는 기관총 세례 속에 뛰어들었다.

상황이 이러했으니 제1차 세계대전 내내 서부 전선에서 싸웠던 프랑스인과 영국인에게는 그 전쟁이 얼마나 끔찍했겠는가. 이 전쟁에서 프랑스인들은 징병 가능한 남성의 거의 20퍼센트를 잃었다. 또 전쟁 포로와 부상자, 그리고 영원히 불구가 되고 얼굴이 손상된 사람들까지 포함한다면 상처 없이 전쟁을 겪은 프랑스 군인은 3분의 1을 넘지 않으리라고 추정되고 있다. 그런 사정은 영국군도 마찬가지였다.

영국은 특히 초급 장교로 전쟁에 참가해 전선에 서야 했던 상층 계급 엘리트들의 피해가 컸다. 1914년 영국군에 복무한 25세 미만의 옥스퍼드 대학생과 케임브리지 대학생 중 4분의 1이 전사했다. 유럽의 지배 엘리트들은 이 전쟁에서도 노블레스 오블리주Noblesse oblige[*]를 실천하려 했고, 그러다 보니 이 같은 큰 피해를 보았던 것이다. 이러한 사정 때문에 서부 유럽 사람들에게는 제1차 세계대전이 제2차 세계대전보다 훨씬 더 끔찍한 전쟁으로 기억되고 있다. 영어의 'Great War'가 오늘날도 제1차 세계대전을 가리키는 말로 쓰이고 있는 이유가 여기에 있다.

제1차 세계대전에서 "서부 전선의 살인적 성격"은 미국인들의 인명 피해를 보아도 쉽게 알 수 있다. 미국인들은 제1차 세계대전 동안 서부 전선에서만 싸웠고, 그것도 1년 반밖에 참여하지 않았다. 그런데도 11만 6천 명이나 희생되었다. 프랑스 160만 명, 영국 80만 명, 독일 180만 명에 비하면 아무것도 아니지만, 어쨌든 서부 전선의 살인적 성격을 보여주기에는 충분하다.

전쟁이 이처럼 살육전으로 진행되면서 전쟁에 대한 환멸과 염전厭戰 여론도 높아 갔다. 처음 전쟁이 났을 때에는 레닌이 지도하는 러시아 사회민주당을 제외하고는 유럽의 모든 정당들이 애국주의를 호소하며 전쟁 참가를 독려했다. 그러나 시간이 지날수록 전쟁을 혐오하는 목소리도 커졌다. 환멸에 빠진 영국 시인 시그프리드 서순Siegfried Sassoon[**]은 「참호」라는 시에서 전쟁의 암울함과 추악함, 그리고 전쟁의

---

[*]   프랑스어로 원래의 뜻은 '귀족성은 의무를 갖는다'를 의미한다. 보통 부와 권력, 명성은 사회에 대한 책임과 함께 해야 한다는 의미로 쓰임. 노블레스 오블리주는 사회지도층에게 사회에 대한 책임이나 국민의 의무를 모범적으로 실천하는 높은 도덕성을 요구하는 말이지만, 때로는 사회지도층들이 국민의 의무를 실천하지 않는 문제를 비판하는 부정적인 의미로 쓰이기도 한다.

[**]   영국의 시인·소설가. 반전시와 영국의 전원생활을 환기시켜 찬사를 받은 자전적 소설로 유명하다. 제1차 세계대전에 참전해 프랑스에서 장교로 복무하던 중 두 번이나 심한 부상

무용無用함을 통렬하게 묘사했다.

왜 그처럼 두 다리를 불편하게 꼬고 누웠는가?

한쪽 팔로는 시무룩하고 냉담하고 피곤한 얼굴을 가린 채.

촛불이 흘러내리는 그 누런 불빛에 짙은 그림자가 드리운 네 모습을 바

라보니

내 가슴이 아프다.

내가 네 어깨를 흔들면 잠에 취한 너는 왜 그러느냐고

투덜거리며 고개를 돌린다……

너는 영원히 잠들기에는 너무 젊다.

그런데 잠든 네 모습을 보면 죽은 사람 생각이 난다.

전쟁을 혐오하는 목소리는 커졌지만, 전쟁은 계속되었다. 일부 지
식인들이 반전사상을 전파했지만, 그것은 소수에 지나지 않았다. 당시
로써는 지금처럼 대중적인 반전 운동이 벌어질 수 있는 상황이 아니
었던 것이다. 그럼에도 러시아에서는 혁명 세력이 앞장서 반전 운동과
노동자·농민의 탈영을 조직화하여 혁명 운동으로 발전시켜 갔으며,
결국 러시아는 무너지고 말았다.

전쟁이 진행되면서 각국의 전쟁 지도자들은 베르됭 전투와 솜강 전

을 입었다. 십자훈장을 받고 군에 남아 있으면서 쓴 『늙은 사냥꾼』, 『반격』 등의 반전시뿐
만 아니라 공개적으로 펼친 평화론으로 이름이 널리 알려졌다. 처음에는 포탄의 충격 때문
에 반전을 주장하는 것으로 여겨져 한동안 요양소에 갇혀 지냈는데, 그곳에서 역시 반전주
의자인 군인이자 시인인 월프레드 오언을 만났다. 오언이 전장에서 죽은 뒤 그의 작품들을
모아 출판했다. 후기 시에서는 점차 종교적인 색채가 짙어졌다.

투를 통해 "전투에서 이기는 것만으로 이 전쟁을 승리로 이끌 수 없다."는 것을 알게 되었다. 전쟁이 짧은 기간에 끝날 수 없다는 것을 깨달은 것이다. 끝없는 소모전이 계속되는 가운데 장기전을 치르자면 '물자를 공급할 능력'이 결정적으로 중요하다는 것을 알았다. 그러자면 "나라 전체의 경제력을 총동원"해야 하고, 그것을 위해서는 전선뿐 아니라 후방에 대해서도 통제권을 가져야 했다. "가난과 굶주림에 시달리는 국민의 자발적인 협조만으로는" 전쟁을 효과적으로 이끌 수 없었던 것이다.

그래서 "제1차 세계대전은 최초로 전 사회를 전쟁 속에 끌어들인 전쟁"이 되었다. 독일과 프랑스, 영국은 전쟁을 수행하기 위해 모든 자원을 총동원했다. 18세부터 40세까지의 신체 건강한 남자는 모두 소집되었으며, 산업 또한 전시체제로 전환되었다. 물자의 배분과 생산이 통제되어 식품과 옷은 배급제가 시행되었으며 여자들도 공장 노동에 동원되었다. 이렇게 전쟁을 위한 총동원체제가 구축되면서 군 병력도 많이 늘어났다. 1914년에서 1918년 사이에 프랑스군은 2배, 독일군은 1.5배, 영국군은 9배로 총병력이 늘어났다. 무기와 화약 생산량도 엄청나게 늘어났으며 그에 따라 사회생활도 바뀌었다. 여성들의 취업과 노동이 일반화되었으며 정부에 의한 사회적 통제와 규제가 강화되었다.

전쟁이 세계로 확산되어가다

한편 서부 전선에서 끔찍한 살육전이 벌어지면서 전쟁이 제자리걸음을 하고 있을 때, 전쟁은 곳곳으로 번져 갔다. 발트해에서 알프스, 발칸, 터키, 중동, 아프리카까지. 1914년 오스만 제국은 독일-오스트리아 동맹 측에 가담했고, 1915년 불가리아도 여기에 가담했다. 1915년 5월 이탈리아는 오스트리아에 선전포고를 했고, 1916년 8월에는 루마니아가 러시아-프랑스-영국 연합 측에 가담했다. 1917년 4월에는 "중립을 지켜 온 나라 가운데 가장 강력한 미국"이 연합국 편에 가담해 참전했다.

이탈리아는 원래 독일-오스트리아와 함께 동맹 측에 가담하고 있었지만, 전쟁이 나자 이해관계를 고려해 러시아-프랑스-영국의 연합 측에 가담했다. 동맹 측에서 이탈리아에 오스트리아 남부의 접경지대를 주겠다고 했으나, 연합 측에서는 거기다가 아드리아 해 동부 연안 땅까지 더 얹어주겠다고 했기 때문이다. 1915년 5월 선전포고를 한 이탈리아는 오스트리아와 국경 지대에서 계속 공방을 벌였다.

발칸 반도에서는 1915년 10월 독일군과 오스트리아군, 그리고 불가리아군이 세르비아를 침공했다. 전략적으로 중요한 베를린-콘스탄티노플을 잇는 철도를 개방하기 위해서였다. 11월 말쯤에는 세르비아군이 알바니아와 몬테네그로를 거쳐 아드리아 해의 코르푸 섬으로 퇴각하고 말았다. 연합군 측에 가담한 루마니아는 1916년 8월 트란실바니아를 공격했으나 9월 독일군의 공격으로 밀려났으며, 12월 6일 부쿠레슈티가 함락되었다.

오스만 제국*의 영토는 흑해에서 페르시아만, 코카서스 산맥에서 홍해에 이르는 방대한 지역이었다. 오스만은 참전을 선언하자마자 러시아의 코카서스 산악지대를 공격했다. 그러나 공격은 실패로 돌아가 1915년 1월 15만 명의 병력이 궤멸당했다. 1916년 러시아군은 투르크령 아르메니아 전역을 차지했다.

수에즈 운하와 중동 지역에서 맞붙은 영국군은 1916년 봄 시나이 반도에서 오스만 제국군을 몰아냈다. 그리고 1917년 11월 팔레스타인으로 진격하여 가자 지역을 점령하고, 12월에는 예루살렘까지 함락했다. 중동 지역에서 영국군은 아랍인들의 도움을 많이 받았다. 그것은 아랍인들이 영국을 도와준다면 "전후 아랍의 독립을 지원하겠다."는 1915년 10월의 '맥마흔 선언'을 믿었기 때문이었다. '메카의 수호자'를 자처하는 후사인 이븐 알리Husayn ibn 'Ali**는 1916년 6월 5일 반란을 일으켜 스스로 아랍민족의 왕을 자처했다. 아랍인들은 다마스쿠스, 암만, 메디나를 연결하는 생명선 헤자즈 철도를 습격해 오스만 제국군

* 14세기 비잔틴 제국의 쇠퇴로부터 1922년 터키공화국이 건설될 때까지 약 6백 년간 지속한 아나톨리아의 투르크족이 세운 제국. '오토만 제국'이라고도 함. 16세기 쉴레이만 1세의 통치 기간은 오스만 제국의 황금기로서, 헝가리에서 페르시아만에 이르기까지 세력을 떨쳤으며, 오스만 해군은 동부 지중해에서 제해권을 확보했다. 그러나 이후 쇠퇴의 길을 걷기 시작해 1912~1913년의 발칸 전쟁으로 오스만 제국은 유럽에서 완전히 축출되었다. 제1차 세계대전에서 겪은 파국적인 패배와 뒤이은 혁명으로, 제36대이자 마지막 황제인 메흐메드 6세 와히데딘이 1922년 권좌에서 밀려나고 케말 아타르튀르크(케말파샤)가 이끄는 근대 터키가 건립되었다.

** 제1차 세계대전 중 아랍 반란을 지도했다. 1916년 10월 '아랍 국가들의 왕'이라고 스스로 선언했다. 시리아 · 팔레스타인 · 이라크의 신탁통치에 대한 항의표시로써 베르사유 조약(1919년)에 비준하기를 거부했다. 1924년 3월 자신을 칼리프로 선언했지만 이븐 사우드의 전쟁위협을 받았다. 9월에 와하비야 군대가 앗타이프를 공격하자 결국 10월 5일 퇴임했다. 영국은 그를 키프로스로 데려왔고, 그곳에서 1930년까지 살았다. (브리태니커 백과사전 참고.)

에 엄청난 타격을 주었다. 후사인의 아들 파이살과 영국군 토머스 에드워드 로렌스가 이끄는 베두인족^{사막 유목민} 부대는 신화적인 전투로 오스만 제국군을 궤멸시키고 다마스쿠스를 차지했다.

그런데 1917년 영국은 전쟁에 소극적인 미국의 참전을 끌어내기 위해 '밸푸어Balfour 선언'을 발표했다. 그것은 '팔레스타인에 유대 국가를 세울 수 있도록 도와주겠다'는 내용으로 미국에서 큰 영향력을 가진 유대인을 겨냥한 것이었지만, 오늘날 비극적인 팔레스타인 문제의 출발점이 되었다. 영국의 이러한 이중적인 태도는 인도에서도 있었다. 영국의 약속을 믿고 적극 전쟁에 협조한 인도 독립 운동가들은 그 대가를 영국의 가혹한 탄압으로 되돌려받았다. 인도는 영국으로부터 배신의 쓴맛을 보았고, 독립의 날을 뒤로 미루어야 했던 것이다.

미국은 처음에는 참전에 소극적이었다. 멀리 떨어져 있는데다가 직접적인 이해관계가 걸리지 않았기 때문이다. 하지만 미국도 점차 전쟁의 회오리 속으로 끌려 들어갔다. 특히 1915년 5월 독일 잠수함의 공격으로 영국 상선 루시타니아호가 격침되면서 1백 명이 훨씬 넘는 미국인들이 사망하게 되자 '강 건너 불구경'만으로 있을 수 없게 되었다. 무엇보다 미국은 전쟁이 나면서 영국과 프랑스에 많은 돈을 빌려주었는데 영국과 프랑스가 패배하는 날이면 이게 모두 날아갈 판이었다. 그 때문에 미국의 대은행가와 대자본가는 날이 갈수록 연합국의 승리에 큰 관심을 두게 되었다.

1917년부터 독일이 연합국 측의 해상봉쇄에 대항하여 U-보트를 동원한 무차별적인 공격을 개시하자 더 이상 보고만 있을 수 없게 된 미국은 드디어 1917년 4월 16일 참전을 선언했다. 미국의 참전으로 연합국 군대는 엄청난 전쟁 물자를 공급받을 수 있게 되었다. 이것은 연합국이 전쟁을 승리로 이끄는 데 매우 중요한 바탕이 되었다.

전쟁의 파도는 동아시아에까지 몰아쳤다. 영일 동맹과 가쓰라-태프트 밀약으로 조선을 집어삼키고 중국에 진출하고 있던 일본은 전쟁이 터지자 영일 동맹을 근거로 독일에 선전포고를 했다. 일본군은 1914년 뤼순 지역에 있던 독일의 동양 함대를 기습 공격하여 궤멸시켰다. 그리고 독일이 차지하고 있던 중국과 남태평양의 이권들을 영국과 나누어 가졌다. 이렇게 해서 유럽에서 시작된 전쟁은 세계 차원의 전쟁으로 발전했다.

전쟁은 끝났으나 상처는 그대로

소모전과 살육전은 1917년에도 계속되었다. 그해 4월 프랑스군은 대규모 공세를 폈으나 성과를 거두지 못하고 희생자만 낳았다. 6월부터는 영국군이 대규모 공세를 폈으나 역시 마찬가지 결과였다. 서부 전선의 교착 상태가 계속되고 있는 동안 새로운 변화를 가져올 사건이 일어났다. 러시아에서 혁명이 일어난 것이다. 1917년 2월 혁명으로 러시아의 차르체제가 무너졌으며, 10월에는 볼셰비키가 이끄는 사회주의 혁명이 일어났다. '제국주의 전쟁'이라며 '전쟁 반대'를 외쳐 온 레닌은 혁명 후 독일과 단독으로 '브레스트-리토프스크Brest-Litovsk 강화 조약'을 맺고 전쟁에서 손을 뗐다. 이제 독일은 동부 전선에서 안심하고 병력을 빼내 서부 전선에 모든 힘을 쏟을 수 있게 되었다.

1918년 러시아와의 강화 조약으로 병력을 서부 전선에 집결시킬 수 있게 된 독일은 대대적인 공세에 나섰다. 동부 전선에 있던 독일군은 몇 주간의 휴식을 취한 뒤 1918년 이른 봄 서부 전선에 도착했다. 독일군은 모두 360만 명의 병력을 서부 전선에 집결시켰다. 이때 연합군 병력은 340만 명이었다. 독일군은 단일체계였고, 연합군은 작전 구역이 프랑스군과 영국군으로 나뉘어 있었다. 아무래도 독일군이 유리해보였다.

루덴도르프Erich Ludendorff 장군이 지휘하는 독일군의 첫 공세가 시작된 것은 3월 21일 새벽. 독일군의 기세는 거셌다. 처음 며칠 동안 독일군은 영국군 방어 진지를 무너뜨리고 앞으로 나아갈 수 있었다. 하지만 연합군의 저항도 완강했다. 연합군은 조금씩 밀리면서도 계속 독일군의 전진을 막았다. 그런 식의 전투가 6월까지 계속되었다. 그러나 독일군은 결정적인 승리의 기회를 잡지 못했다. 1918년 7월 15일 다시 독일군의 2차 공세가 시작되었다. 2차 공세에서 독일군은 6킬로미터를 전진하고 멈춰야 했다. 이제 독일군 사령부는 전쟁에서 승리할 수 없음을 깨닫게 되었다. 마침내 전세가 바뀌기 시작했다. 7월부터 미군 병력이 대규모로 증강되기 시작했으며, 연합군의 반격이 시작되었다.

1918년 8월 8일 영국, 프랑스, 미국의 20개 사단이 넘는 병력은 4백 대의 탱크 지원을 받으며 아미앵 근처 독일군 진지를 공격했다. 공격을 예상하지 못한 독일군은 무너지기 시작했다. 9월 초 연합군은 독일군을 춘계 공세 이전 지역으로 밀어냈다. 9월 26일 연합군은 제2단계 공세에 들어갔다. 지쳐 있던 독일군은 계속되는 공세를 견디지 못하고 후퇴하기 시작했다. 연합군은 전진을 계속했고, 독일군의 패배가 분명해졌다.

1918년 9월 29일 마침내 독일 군부는 의회에 평화 교섭을 요청했다. 그리고 9월 30일 불가리아는 휴전 협정에 조인했다. 영국과 프랑스의 지원을 받은 이탈리아의 공격으로 오스트리아도 무너졌다. 오스트리아는 11월 3일 휴전 협정을 맺었으며, 오스트리아-헝가리 제국은 해체되었다.

독일도 파멸의 위기에 몰렸다. 10월 3일 독일 황제는 루덴도르프의 군부 독재에 마침표를 찍고 입헌 정부를 세우기 위해 황태자 막시밀리안을 수상에 임명했으나 때가 너무 늦었다. 독일 국민은 책임이 황제에게 있다고 생각했다. 11월 초, 킬 지역의 해군이 반란을 일으켰고 반란이 전국으로 확산되었다. 곳곳에서 노동자·병사 소비에트^{평의회}가 세워지면서 혁명으로 발전했다. 그리고 마침내 11월 10일 빌헬름 2세가 네덜란드로 망명길에 오르면서 독일 제국도 무너졌다.

1918년 11월 11일 마침내 연합국과 독일 사이에 휴전 협정이 체결되었다. 독일은 점령한 모든 지역의 영토를 포기하고 군대를 라인 강 서쪽으로 철수시키며, 라인 지방의 요새를 철거하고 다량의 무기를 연합국에 넘겨주는 데 동의했다. 이로써 제1차 세계대전이라는 전쟁과 전투 행위는 끝났다. 하지만 아직 전쟁을 성지석으로 마무리 싯는 일이 남아 있었다.

전쟁은 끝났지만, 전쟁이 남긴 상처가 너무도 컸다. 전쟁에서 모두 850만 명이 사망했고, 사망자의 두 배 이상이 부상을 당했다. 사망과 부상, 실종자를 합한 전체 사상자는 3천 7백만 명에 이르렀다. 독일에서는 6백만 명의 사상자가 발생했다. 프랑스도 거의 비슷한 손실을 보았다. 전쟁 중에 유럽의 생산 공장들은 대거 파괴되었고, 기술자들도 죽거나 다치면서 생산 복구가 지연되었다. 전쟁으로 유럽이 공산품 생산을 제대로 할 수 없게 되면서 세계 무역의 주도권은 미국으로 넘어가게 되었다.

전쟁이 끝났을 때 유럽은 과거에 차지하고 있던 시장 가운데 상당 부분을 미국이나 일본에 넘겨주어야 했다. 유럽 국가들의 식민지는 대부분 유지하고 있었지만, 과거와 같은 황금알을 낳는 거위는 아니었다. 전쟁을 거치면서 식민지 나라들의 독립 운동도 활발해졌다. 영국과 프랑스는 전쟁 동안 식민지에 했던 약속을 어기게 되면서 권위도 동시에 상실했다. 전쟁 기간 유럽 국가들은 미국의 채무국으로 전락했다. 제1차 세계대전은 '유럽의 몰락'과 '미국의 번영'이라는 상반된 결과를 가져다주었다.

제1차 세계대전은 전쟁을 처음 시작할 때보다 전쟁이 끝났을 때 적대감이 더욱 증폭되어 있었다. 그러한 극단적인 증오 때문에, 전쟁은 끝났지만 진정한 평화를 가져오지는 못했다. 전쟁이 끝났는데도 영국 함대는 독일을 계속 봉쇄했다. 봉쇄로 말미암은 피해는 고스란히 독일 국민에게 돌아갔다. 무엇보다도 어린이와 노약자들조차도 식량을 공급받을 수 없어 아사자가 속출했다. 이런 비인도적 행위들은 모두 전쟁이 가져온 증오 때문이었다. 그와 같은 사정을 네루는 이렇게 말했다.

4년 4개월에 걸친 전쟁의 기록은 광적인 야만성과 잔혹한 행위에 넘친 것이다. 그러나 휴전 뒤에도 계속된 독일에 대한 봉쇄만큼 냉혈한 야만성을 드러낸 것도 없다. 전쟁이 끝났는데 여전히 전 국민이 굶주리고, 어린 자식들은 무서운 기근에 시달리고 있는데, 식량을 계획적이고도 강제적으로 공급하지 못하게 했다. 전쟁이라는 것이 얼마나 우리의 정신을 비뚤어지게 하고, 미친 듯한 증오로 우리 가슴을 채우는 것인가!

그러나 증오는 그것으로만 끝나지 않았다. 전쟁이 끝난 뒤 연합국은 전쟁의 모든 책임을 독일에 물었다. 당연히 가혹한 전쟁 배상을 요구하게 되었다. 독일로서는 감당할 수 없는 막대한 액수였다. 영국과 프랑스, 특히 프랑스는 온통 독일에 대한 보복과 적개심으로 가득 차 있었다. 연합국이 가혹한 조건의 전쟁 배상을 요구하자 다시 독일인들이 증오심을 갖게 되었고, 그것은 다시 제2차 세계대전이라는 또 다른 참혹한 세계 전쟁을 불러오는 시발점으로 작용했던 것이다.

베르사유체제로 '강요된 평화'

전쟁이 끝나자 강화회담이 시작되었다. 강화회담을 주도한 것은 영국, 프랑스, 그리고 미국이었다. 프랑스의 관심은 온통 "독일이 다시 일어서지 못하게 하는 것"에 집중되었다. 영국에서는 선거전 슬로건 중 하나가 "독일이라는 레몬을 짜낼 수 있을 만큼 다 짜내자!"였다. 미국은 비밀외교 폐지, 해양의 자유왕래, 평화를 위한 국제기구 창설 등의 내용을 담은 14개 조항을 내놓았다. 전쟁 후 강화 회담은 이런 분위기를 반영하여 "타협을 불가능하게" 만들었다.

화가 윌리엄 오르펀이 그린 '베르사이유 조약' 장면

강화회의는 1919년 1월부터 6개월간 진행되었고, 6월 28일 베르사유 궁전의 거울방에 모여 조약 문서에 서명했다. 이렇게 만들어진 베르사유 조약의 내용은 전쟁의 모든 책임을 독일에 떠넘긴 것으로 너무 가혹했다.

독일은 알자스와 로렌을 프랑스에, 북부 슐레스비히를 덴마크에, 포젠과 서프로이센 지역 대부분을 폴란드에 넘겨주기로 했다. 자르 ^{Sarre} 분지의 탄전은 프랑스가 15년간 채굴하도록 했고, 이 기간이 지나면 독일 정부가 그 지역을 다시 살 수 있도록 했다. 자르 지역은 당분간 국제연맹이 관리하면서 1935년 이후 주민 투표를 통해 독일에 돌려줄 것인지, 프랑스에 대한 배상으로 처리할 것인지, 아니면 국제연맹 아래 둘 것인지를 결정하기로 했다. 동프로이센은 독일 영토에서 분리하고, 단치히^{그단인스크} 항은 국제연맹의 정치적 통제 아래 두고 폴란드의 경제적 지배를 받도록 했다. 이렇게 해서 "독일은 13퍼센트의 영토와 6백만 명의 인구"를 빼앗기게 되었다.

독일은 군사적으로 완전히 해체되었다. 독일은 6척의 소형 전함, 6척의 경순양함, 6척의 구축함, 12척의 어뢰정을 제외한 모든 잠수함과 함정들을 연합국에 넘겨주고 무장 해제를 당했다. 독일 공군은 금지되었고, 육군은 10만 명으로 제한했는데, 그것도 지원병에 한정하도록 했다. 독일이 프랑스와 벨기에를 공격하지 못하도록 라인 계곡에 병력을 주둔시키거나 요새를 만드는 것도 금지했다. 그리고 독일은 침략 전쟁 결과로 일어난 모든 손해와 손상에 대해서도 책임을 져야 했다. 독일의 배상액 결정은 배상위원회에 넘겨졌는데, 1921년 330억 달러^{1천 320억 마르크}로 설정되었다. 이 액수는 현실적으로 독일이 감당할 수 없는 액수였다.

나아가 중국과 태평양에서 독일이 차지하고 있던 이권과 식민지는 영국과 일본이 모두 나눠 가졌다. 일본은 1915년 중국 산둥 반도에서 독일군을 몰아낸 뒤 산둥 반도를 차지하고 있었는데, 휴전 후에도 그

1917년 이탈리아에서 제작된 엽서로, 연합국으로 참전했던 나라의 국기가 그려져 있다.

곳을 중국에 돌려주지 않았다. 그 때문에 중국은 승전국이었음에도 자기 나라의 주권을 짓밟는 제국주의 열강들의 배신행위에 항의하여 강화조약에 조인하기를 거부했다.

이 같은 가혹한 조건 때문에 독일인들은 '당파를 초월하여' 베르사유 조약에 강한 반감을 품었다. 그리고 그러한 감정은 동시에 어쩔 수없이 조약에 서명해야 했던 정부의 기반을 더욱 취약하게 만들었다. 독일에 가해진 증오와 가혹한 배상은 독일에서 극우 세력들이 득세할수 있게 도왔고, 후에 히틀러가 권력을 장악할 수 있는 사회적 바탕이되었다. 그런 점에서 베르사유 강화조약은 독일이 힘으로 거부할 상황이 오면 언제든지 원점으로 돌아갈 가능성이 있는 '강요된 평화'에 불과했다.

독일과의 강화 조약에 이어 연합국은 1919년 10월에서 1920년 2월에 걸쳐 다른 패전국들과도 차례로 강화 조약을 맺었다. 그 결과 오스트리아-헝가리 제국은 해체되어 오스트리아, 체코슬로바키아, 헝가리로 나뉘었으며, 세르비아는 보스니아, 슬로베니아, 마케도니아, 몬테네그로를 합쳐 유고슬라비아 왕국이 되었다. 그리고 오스만 제국은 중동 지역의 영토 대부분을 상실하고 콘스탄티노플과 그 주변 지역으로 한정되었으며, 케말 파샤가 이끄는 청년 장교들의 군사혁명으로 터키 공화국으로 재탄생했다. 그 대신 아르메니아, 팔레스타인, 이라크, 시리아레바논 포함 등은 영국과 프랑스의 위임 통치령이 되었다.

동유럽에서는 러시아가 차지하고 있던 지역에서 핀란드, 에스토니아, 라트비아, 리투아니아, 폴란드 등의 여러 나라가 독립했다. 강화 회담에 참가하지 않은 러시아는 레닌의 민족 자결주의 원칙에 따라 이들 나라의 독립을 인정했다. 세계 여러 곳에 있는 패전국의 식민지들이 승전국에 의해 다시 분할되었던 것과는 달리 이곳에서는 민족 자결주의 원칙이 예외적으로 적용되었던 것이다. 이것은 독일에 대한 포위와 러시아 혁명의 영향력이 확대되는 것을 차단하려는 연합국들의 이해가 반영된 결과였다.

베르사유 조약으로 국제 질서는 다시 재편되었다. 과거 오스만 제국의 영토는 프랑스와 영국에 재분배되었고, 독일이 갖고 있던 식민지 또한 일본 등에게로 넘어갔다. 유럽에서 욱일승천의 기세로 떠오르던 독일의 기세는 꺾였고, 그 대신 미국과 일본이 새로운 강자로 부상할 수 있는 조건이 갖춰졌다. 여전히 유럽에서는 영국과 프랑스가 위용을 떨쳤다. 국제 평화를 위해 국제연맹도 조직하기로 했다. 그러나 베르사유 체제는 진정한 평화를 가져오기 위한 노력의 결과가 아니라, 제국주의 국가들끼리 이권을 나눠 먹고 국제 질서를 서유럽과 미국 중심으로 재편하기 위한 시도에 불과했다. 그 때문에 세계는 '불안정한 평화' 상태가 계속되었다. 그리고 20여 년 뒤 다시 세계 전쟁을 맞게 된다.

9. 3 · 1 운동

식민지 민족해방 운동의 새로운 장을 열다

3 · 1 만세 운동이 시작되다

1919년 3월 1일, 조선의 수도 경성. 아침부터 탑골 공원으로 사람들이 모여들기 시작했다. 입춘도 지나고 우수도 지났으니 봄이 시작된 것은 분명했지만, 아직 서울 날씨는 쌀쌀하기만 했다. 때마침 망국의 한을 간직한 채 갑작스레 사망한 고종 황제의 장례식을 앞둔 터라 거리 또한 삼엄했다. 하지만 사람들은 쌀쌀한 날씨나 거리의 경계망에도 아랑곳하지 않고 삼삼오오 짝을 이뤄 공원 주변으로 몰려들기 시작해, 정오 무렵에는 5천여 명이 넘는 군중이 북적거렸다. 학생들이 대부분이었지만, 고종의 죽음을 애도하기 위해 흰옷을 입고 흰 천을 씌운 갓을 쓴 노인들이나 시민의 모습도 곳곳에서 보였다.

탑골 공원 중앙에 있는 팔각정 앞. 오후 1시를 넘어서자 주위에는 팽팽한 긴장감이 감돌기 시작했다. 그들은 누군가를 초조하게 기다리고 있는 듯 보였다. 마침내 몇 사람이 모여 구수회의를 하기 시작했다. 심각하게 회의가 진행되는 가운데 간간이 흥분한 목소리의 고성이 터져 나오고, 소리를 죽이며 흥분한 사람을 자제시키는 소리도 들려왔다.

"이제 더 이상 기다릴 수가 없으니 우리끼리라도 시작합시다. 그런 비겁한 사람들이 무슨 놈의 민족 대표입니까?"

"박 동지, 너무 흥분하지 마시오. 조금만 더 기다려봅시다. 우리 학생 대표가 지금 그 사람들을 만나고 돌아올 것이니 그때 가서도 다른 방법이 없으면 그렇게 합시다."

다시 시간이 흘러 오후 2시를 지나고 있었다. 그러나 그들이 기다리는 민족 대표의 모습은 그 어디에도 보이지 않았다. 조금 있다가 학생 대표들이 돌아왔다. 그들은 결과를 보고했다.

"이곳에는 올 수가 없답니다. 우리는 민족 대표들을 만나 '독립선언서'를 낭독할 한 사람만이라도 보내달라고 요청했으나 거절당했습니다. 군중이 많이 모인 곳에서 선언서를 낭독하면 폭력 사태가 날지도 모른다는 것입니다. 그들의 주장은 애초에 비폭력·무저항을 기본 정신으로 하는 이 운동에서 폭력 사태가 난다면 결코 옳은 일이 아니므로 대표를 파견할 수 없다고 했습니다."

이제 더는 기다릴 수 없게 되었다. 오후 2시 30분, 마침내 학생 대표 정재용이 팔각정 위로 올라가 '독립선언서'를 낭독하기 시작했다.

오등은 자에 아 조선의 독립국임과 조선인의 자주민임을 선언하노라. 차로써 세계만방에 고하여 인류 평등의 대의를 극명하며, 이로써 자손 만대에 고하여 민족자존의 정권正權을 영유케 하노라. …… 아아, 신천지가 눈앞에 전개되도다. 위력의 시대가 가고 도의의 시대가 오도다.

선언서가 낭독되는 동안 군중은 모두 숨을 죽이고 귀를 기울였다. 어떤 사람은 하늘을 바라보며 눈물을 흘리고, 어떤 사람은 두 주먹을 불끈 쥐고 어쩌지 못하고 있었다. 공약 3장을 마지막으로 마침내 선언서 낭독이 끝나고, 만세 삼창이 이어졌다.

"대한 독립 만세! 대한 독립 만세! 대한 독립 만세!"

우렁찬 함성이 공원 주변에 메아리치며 울려 퍼졌다. 만세 삼창

종로구 보신각앞 만세를 외치고 있는 민중들

에 이어 군중은 거리 시위에 나섰다. 5천여 명이 넘는 사람들이 대열을 이뤄 시위에 나서자 종로 거리는 금방 꽉 차버렸다. 시위가 시작되자 거리에서 구경하고 있던 시민도 합류하기 시작했다. 시위 대열 속에는 남녀 학생들을 비롯 아낙네와 노인들도 섞여 있었다. 드디어 남녀노소를 가리지 않고 조선민족이 하나가 된 3·1 만세 운동이 시작된 것이다. 이날 서울에서 시작된 독립의 함성은 서울을 넘어 전국으로 메아리쳐갔다.

한국 역사에 영원히 남을 3·1 만세 운동은 이렇게 시작되었다. 본래 조선민족을 대표하여 '독립선언서'에 서명한 지도자들이 참가한 가

운데 조선 독립의 당위성을 주장하는 선언서 낭독과 더불어 만세 운동 시위를 진행할 계획이었으나 이들 서명 인사들의 소극적인 태도로 군중과 학생만의 집회가 되고 말았다. 그러나 그 여파는 곧 전국으로 퍼져갔다.

전국으로 퍼져가는 만세 운동

3월 1일의 만세 운동은 서울에서만 일어난 것은 아니었다. 평양, 의주, 선천, 진남포, 안주, 원산, 함흥, 철원 등 서울 이북 지방의 주요 도시에서는 대부분 이날 만세 시위가 벌어졌다. 평양에서는 3월 1일 오후 1시에 독립 선포식을 하고 만세 시위를 벌였으며, 진남포와 안주에서도 1일과 2, 3일 연이어 만세 시위를 벌였다. 원산에서는 3월 1일 2천 명이 시위를 벌였고, 해주에서는 같은 날 180여 명이 예배당에 모여 '독립선언서'를 낭독하고 시위를 벌였다.

그런데 이처럼 만세 시위가 전국 각지에서 동시에 일어날 수 있었던 데는 이유가 있었다. 사전에 '독립선언서'가 배포되고, 전국 각지의 주요 도시에서 동시에 만세 시위를 조직적으로 준비했기 때문이었다. 천도교와 기독교 등의 종교 단체와 학생들은 사전에 '독립선언서'를 비밀리에 배포하고 만세 시위를 벌이기 위한 조직적인 준비를 했던 것이다.

사전 준비와 조직적인 활동으로 만세 운동은 이른 시일 안에 전국으로 퍼져나갔다. 처음 대도시 중심부에서 시작된 만세 운동은 하루

이틀 만에 시 외곽으로 퍼져갔고, 다시 주변의 중소 도시로 확대되었으며, 또다시 중소 도시에서 농촌 지역으로 확산되었다. 그렇게 해서 중부 이북 지방에서는 3월 5일 때쯤에는 읍·면 단위의 소재지로 확산되었고, 3월 중순이 되면서 대부분 지역으로 퍼져갔다.

한편 서울과 중부 이북 지방에서 시작된 만세 운동은 중부 지방과 남부 지방으로도 빠르게 퍼져갔다. 3월 2일 경기도 개성과 충남 예산에 이어 4일에는 전북 옥구에서 시위가 일어났다. 8일에는 경북 대구, 10일에는 전남 광주, 11일에는 경남 부산, 19일에는 충북 괴산에서 시위가 벌어져 만세 운동은 전국으로 확산되었다. 바다 건너의 제주도에서도 21일부터 만세 시위가 시작되었다. 독립 만세 시위는 나라 밖에서도 일어났다. 3월 6일 서간도 환인에서 7천여 명이 모인 가운데 만세 시위가 벌어졌고, 3월 17일에는 러시아령 니콜니스크와 블라디보스토크에서도 시위가 있었다. 지구 반대편에 있는 미국과 멕시코에까지 만세 운동이 일어났다.

만세 시위를 전국으로 확산시키는 데는 종교인과 학생들의 조직적인 준비와 노력이 큰 역할을 했는데, 거기에는 이유가 있었다. 일제는 한일합병으로 조선을 빼앗은 뒤 무단 통치를 함으로써 조선민족 저항의 싹을 아예 잘라버리려 했다. 또한 1910년대 일제의 악랄한 탄압으로 민족 운동 조직은 대부분 파괴되었으며, 명망 있는 민족 운동기들도 대부분 국외로 망명하지 않을 수 없었다. 따라서 3·1 운동 당시 국내에는 이렇다 할 민족 운동 세력이 거의 없었다. 그나마 조직적인 활동을 할 수 있었던 것은 천도교나 기독교 같은 종교계와 학생들뿐이었다. 그 때문에 3·1 운동의 상층부를 이루는 이른바 민족 지도자들은 모두 종교인이었고, 중간과 하부에서 3·1 운동을 확산시키는 역할을 한 것은 청년 학생들이었다.

3·1 운동이 이른 시일 안에 전국으로 퍼져갈 수 있었던 데는 고종의 죽음과 장례식도 한몫했다. 조선의 실질적인 마지막 왕이었던 고종은 1907년 헤이그 밀사 사건으로 일제에 의해 강제로 퇴위당한 뒤 덕수궁에서 기거해왔다. 그런데 고종이 1919년 1월 22일 새벽 갑자기 사망했다. 고종의 죽음은 너무도 갑작스레 일어났다. 68세의 나이에도 평소 건강했던 고종은 1월 21일 밤 갑자기 심한 복통을 호소하다가 다음 날 새벽 숨을 거두고 말았던 것이다.

고종이 이렇게 갑자기 죽자 세간에는 고종의 독살설이 떠돌았다. 일제의 사주를 받은 윤덕영, 한상학 등이 고종이 먹는 식혜에 독을 넣어 독살했다는 것이었다. 식혜를 먹은 고종이 "내가 무슨 음식을 먹었길래 이러냐."면서 갑자기 죽었는데, 두 눈이 붉고 온몸에 반점이 돋았다는 소문이 퍼졌다. 고종의 독살설은 그 후 진상이 정확히 밝혀지지 않았지만, 세간에는 온갖 소문이 떠돌며 민심이 흉흉했다. 윤치호는 영문으로 쓴 『윤치호 일기』에서 고종의 염을 했던 민영달의 이야기를 간접적으로 전하며 독살설에 대하여 이렇게 정리하고 있다.

첫째, 매우 건강하던 고종이 식혜를 마신 지 30분도 채 안 되어 심한 경련을 일으키며 죽어 갔다. 둘째, 고종 황제의 팔다리가 1~2일 만에 엄청나게 부어올라서, 사람들이 황제의 통 넓은 한복 바지를 벗기기 위해 바지를 찢어야 했다. 셋째, 민영달을 비롯해 몇몇 사람이 약용 솜으로 고종 황제의 입안을 닦아내다가 황제의 이가 모두 입안에 빠져 있고 혀가

닳아 없어져 버렸다는 사실을 발견했다. 넷째, 30센티미터가량 되는 검은 줄이 목 부위에서부터 복부까지 길게 나 있었다. 다섯째, 고종 황제가 승하한 직후에 궁녀 2명이 의문사했다.

이런 소문들이 입에서 입으로 퍼지면서 민중의 분노가 커졌다. 고종의 갑작스러운 죽음과 독살설은 조선 사람들에게 망국의 한을 되살렸고, 민중의 분노를 불러일으켜 3·1 운동에 많은 사람이 참여하게 했다. 애초 민족 대표들은 독립선언 거사 날짜를 3월 3일로 잡았다가 3월 1일로 바꾸었는데, 그날이 고종의 장례식 날이어서 시끄럽게 하는 것이 백성 된 도리가 아니라고 생각했던 것이다.

고종의 죽음과 독살설이 민중의 분노를 자극해 3·1 운동에 간접적으로 참여할 수 있는 계기가 되었다면, 고종의 장례식은 3·1 운동을 전국으로 퍼져가게 하는 데 직접적인 역할을 했다. 고종의 인산일이 가까워져 오자 전국에서 많은 사람이 서울로 몰려들었다. 고종의 장례식을 구경하고 거기에 참례하기 위해서였다. 그 가운데는 아직도 조선 왕조의 신하라는 봉건적 의식에서 벗어나지 못한 유생들뿐만 아니라 조선 왕조에 그다지 부채 의식이 없는 사람들도 많았다. 이들은 고종 장례식에 참례하기 위해 서울에 와 있는 동안 파고다 공원에서 있었던 '독립선언서' 낭독과 서울 시내의 만세 시위를 두 눈으로 똑똑히 볼 수 있었다. 이들은 고종의 장례식이 끝나고 고향에 돌아가 만세 운동을 직접 조직하거나 지역의 유력한 인물들에게 소식을 생생하게 전함으로써 만세 운동의 확산에 크게 기여했다. 그 바람에 만세 운동 소식은 산골 구석까지도 매우 빠른 속도로 전해졌다. 이렇게 해서 고종의 죽음

고종황제의 장의행렬

과 장례식은 시위 운동이 쉽게 확산 될 수 있는 계기를 제공해주었다.

3·1 운동이 전국으로 확산하면서 만세 시위는 3월 말부터 4월 초에 절정에 이르렀다. 이와 함께 일제의 탄압도 거세졌다.

만세 운동의 양상이 바뀌다

3·1 운동이 일어났을 때 처음 일제는 어떻게 대응해야 할지 갈피를 잡지 못했다. 조선총독부는 서울을 비롯해 중부 이북 지방에서 시위가 벌어지자 도쿄에 훈령을 요청하는 한편, 시위대를 해산하기 위해 헌병 경찰은 물론 군대와 소방대까지 동원했다. 하지만 만세 운동에

대한 일제의 대응은 지극히 즉자적이었다. 조선총독부가 경찰과 산하 기관에 정확한 방침을 내려보내지 못함으로써 지역마다 상황과 조건에 따라 일제의 대응 태도가 달랐던 것이다.

일제는 대도시에서는 우선 시위대를 해산시키는 데 주력했다. 그것은 외국인들의 보는 눈이 많았기 때문에 국제 여론을 의식하지 않을 수 없었기 때문이었다. 그러나 소도시와 읍·면의 농촌 지역에서는 사정이 달랐다. 극소수의 선교사를 제외하면 외국인이 거의 없었으므로 외국인을 의식하지 않아도 되었기 때문에 처음부터 공격적으로 나왔다. 단순히 시위대를 해산하는 소극적 방식이 아니라 아예 처음부터 무차별적인 총격으로 인명을 살상하는 잔인한 방식이 동원되었다.

서울에서는 3월 2일 종로와 3월 5일 남대문에서 시위가 벌어졌다. 남대문 시위에는 학생들이 주동이 되어 수만 명의 사람이 참여했으며, 노동자와 일반 시민도 대거 참가했다. 이 시위에서 경찰은 기마대를 동원해 칼을 휘두르며 위협을 가했을 뿐 아니라, 시위대를 향해 총을 발포해 사상자 다수를 내고 1백여 명을 체포했다. 하지만 군중은 경찰을 피해 헤어졌다 다시 모여 계속 만세를 부르며 온종일 서울 시내를 누비고 다녔다. 경찰의 대응이 주로 시위대의 해산에 초점이 맞춰졌던 것이다.

3월 1일, 평안북도 선천군에서는 신성중학교와 보성여학교 학생들이 1천여 명의 군중과 함께 태극기*를 들고 만세 시위를 벌였는데, 헌

---

* 국기 제정에 대한 논의가 처음 시작된 것은 1876년 1월이었다. 운요호 사건을 계기로 일본과 강화도 조약의 체결이 논의되는 동안 일본은 "운요호에는 일본의 국기가 게양되어 있었는데 왜 포격을 가했는가?" 하고 트집을 잡았다. 그러나 당시 조선은 국기가 갖고 있

병대의 발포로 1명이 죽고 2명이 부상당했다. 3월 4일, 성천읍 시위에서는 헌병대의 발포로 20여 명이 죽고 70여 명이 부상당했으며, 곳곳에서 일본 경찰의 무차별적인 총격으로 계속해서 인명 피해가 늘어났다. 이처럼 대도시와 떨어진 곳에서는 처음부터 무차별적인 발포로 대응해 많은 인명 피해가 생겨났던 것이다.

일제가 즉자적으로 대응하고 있는 사이에 만세 운동은 빠르게 확산되어 갔다. 서울과 평양 등 대도시에서 시작된 시위는 금방 외곽으로 번져 갔고, 다시 주변 농촌으로 확산되어갔다. 서울에서 시위에 참가했던 학생들과 종교인들은 '독립 선언서'를 한 장씩 가슴에 품고 고향으로 달려갔으며, 고종의 국장에 참여했던 사람들도 이 감격스러운 소식을 전하기 위해 고향으로 발길을 서둘렀다. 이들이 고향에 도착해 다시 시위 운동을 조직하면서 만세 운동은 걷잡을 수 없는 속도로 전국으로 확산되었다.

큰 도시에서 시작된 만세 운동이 작은 도시와 읍·면, 그리고 산촌까지 퍼져 나가 3월 10일경부터는 차츰 지방의 군 단위까지 만세 시위가 번져 갔고, 3월 말에서 4월 초에는 절정에 달했다. 시위는 전국 방방곡곡, 사람들이 모이는 곳이면 어디서건 일어났다. 시골에서는 특히 사람이 많이 모이는 장날을 이용해 장터에서 주로 벌어졌다. 시위가 확산되어가면서 그 양상도 바뀌어갔다. 시위가 점차 조직적으로 발전

는 의미와 내용을 이해하지 못했다. 이것이 계기가 되어 조정에서는 국기 제정의 필요성이 활발하게 거론되기 시작했으며, 1882년 8월 9일 수신사 일행이 일본으로 건너갈 때 태극사괘(太極四卦)의 도안이 그려진 기를 국기로 할 것에 의견을 모아 선상에서 이를 만들었다. 이는 이미 조정에서 구상하고 논의하여 어느 정도 합의를 본 것을 다소 수정한 것이라고 한다. 이것이 태극기의 효시다.

했고, 시위를 주도하는 계층도 바뀌어갔다. 학생과 종교인이 주도하던 시위가 점차 농민과 노동자 등 일반 민중의 주도로 바뀌었고, 시위 양상도 비폭력의 틀을 넘어서고 있었다.

3월 22일, 서울에서 일반 노동자들이 시위행진을 벌이면서 잠잠했던 서울의 만세 시위는 다시 확산되었다. 이날 오전 9시 반경 봉래동 철로 부근에서 3천여 명의 노동자들이 태극기를 세워 놓고 독립 만세를 외치며 시위를 시작하자, 부근의 전차 차장, 공장 직공, 날품팔이 노동자와 시민이 합세하여 시위 군중이 금방 7천여 명으로 불어났다. 이들은 전차 차장 차금봉의 지휘에 따라 만리동과 의주로를 거쳐 독립문까지 만세 시위를 벌였다. 또 23일에는 새벽부터 훈련원, 동소문, 원효로, 창덕궁 앞 등 시내 곳곳에서 시위가 벌어졌고, 27일에는 용산 철도 노동자 8백여 명이 파업에 들어가고, 서울역과 원효로에 모여 독립 만세 시위를 벌임으로써 시위 운동이 절정에 달했다. 도시에서 이처럼 시위의 불길을 이어가고 있을 때, 농촌에서도 시위 운동이 더욱 맹렬하게 타올랐다.

시위가 날로 거세게 확산되어 가자 일제는 강경진압 방침을 결정했다. 본국에서도 만세 운동을 무조건 진압하라는 지침을 내렸다. 일단 만세 시위를 진압한 뒤 무단 통치를 문화 통치로 바꾼다는 방침도 결정되었다. 조선총독부는 수난과 방법을 가리지 말고 만세 운동을 진압하라는 지시를 전국에 내렸다. 일제 군대와 경찰의 무차별적인 공격이 시작되었다. 일제는 헌병 경찰과 군대, 소방대와 재향군인회 등 동원 가능한 모든 힘을 총동원해 진압에 나섰다. 그렇게 해서 전국 곳곳에서 조선 민중이 일제 군대와 관헌에게 무자비하게 살해되었다.

경기도 화성군 제암리에서는 일본군이 마을 사람 30여 명을 교회에 몰아넣고 집단 학살한 뒤, 그 흔적을 없애기 위해 불을 질러 교회와 마을 전체를 태워버렸다. 경상남도 함안군 녹동면에서는 시위를 주동한 혐의로 조씨 일가 70여 명이 집단으로 살해되었고, 경기도 평택에서는 열두 살의 소년이 성냥갑에 태극기를 그렸다고 총살당했다. 또 전라북도 이리에서는 시위 현장에서 태극기를 들고 만세 시위를 벌이던 문용기가 일본군의 칼에 양팔이 잘려 살해되었다.

일제의 잔인한 진압에 조선 민중은 평화적인 시위를 접고 무력으로 대응하기 시작했다. 총칼로 무장한 일본 경찰과 군대에 맞서 농민들이 무장을 시작한 것이다. 하지만 그들의 무기는 보잘것없었다. 헌병대의 총칼 앞에 돌을 던지며 대항하고, 낫과 칼, 괭이와 몽둥이, 쇠스랑 같은 농기구로 무장했다. 시위 군중은 자신들을 수탈하고 억압했던 면사무소와 군청, 세무서 등으로 몰려가 세금 장부를 불태우고, 경찰서와 주재소를 습격하여 일본 순사를 죽이고 불을 질렀다. 일본인 지주나 상인, 고리대금업자들도 응징했다. 그것은 마치 조선 시대 말기의 농민 봉기를 방불케 하는 것이었다. 도시에서 시위의 불길이 사그라진 뒤에도 농촌 지역에서는 투쟁이 계속되었다.

무단 통치와 민족 운동 탄압

3·1 운동을 불러온 원인은 우리가 너무도 잘 알고 있다시피 일제의 억압적인 식민 통치 때문이었다. 일제는 우리 민족의 의사와는 상

관없이 강압적으로 나라를 빼앗았고, 조선의 독립 움직임을 억누르기 위해 강력한 무단 통치로 조선민족의 숨통을 죄었다.

식민지 조선을 통치하기 위한 기관인 조선 총독부의 우두머리 조선 총독은 일본의 육군이나 해군 대장 가운데서 임명되었다. 총독은 행정권과 사법권은 물론이고, 조선 주둔 일본군의 통수권까지 쥐고 있었다. 총독은 일본 천황을 제외하고는 누구의 간섭도 받지 않고 마음대로 권력을 행사할 수 있었다. 일본 의회로부터도 아무런 견제를 받지 않았던 것이다.

일제는 조선을 식민지로 만든 뒤 조선 민중을 억누르기 위해 무단 통치 방식을 사용했다. 무단 통치란 정상적인 통치가 아니라 군대를 동원한 폭력적인 계엄 통치라 할 수 있다. 일제는 무단 통치를 위해 헌병경찰 제도를 채택했다. 일상적인 경찰 업무를 군사 경찰인 헌병이 맡은 것이다. 이것은 일상적인 계엄 상황을 의미했다. 헌병경찰이 한반도 곳곳에 배치되었고, 이들은 조선 사람들의 일거수일투족을 낱낱이 감시하고 통제했다.

헌병경찰은 첩보를 수집하고, 의병을 토벌하며, 독립운동가를 잡아들이는 일에서부터 학교와 서당을 감시하는 일, 산림과 어업을 통제하는 일, 그리고 세금과 민사 소송 업무, 마을의 청소와 위생 문제, 심지어 전통 놀이와 미풍양속에 관한 일에 이르기까지 모는 일에 관여했다. 헌병경찰은 "누구네 집에 숟가락이 몇 개인지조차 안다."고 할 정도로 조선 민중의 생활을 엄격하게 통제하고 있었다.

헌병경찰은 재판 없이도 사람들을 처벌할 수 있었다. 헌병경찰은 재판하지 않고 조선 사람을 3개월 동안 감옥에 가둬둘 수 있었고, 하루에 80대씩 태형을 가할 수도 있었다. 그래서 헌병경찰은 사소한 문제를 트집 잡아서 마음대로 벌금과 태형, 구류에 처했으며, 폭언과 폭력이 조선 사람에게 일상적으로 자행되었다. 조선 사람을 그 자리에서 처분할 수 있는 즉결 처분권까지 갖고 있었던 헌병경찰은 조선 사람의 행동이 불량하다는 이유로, 또는 의병과 내통하고 있다는 이유로 그 자리에서 사람을 죽이는 일도 있었다. 이러한 잔인한 행동으로 조선 사람들은 아무 죄도 없이 두들겨 맞아 불구가 되거나 죽어야 했다.

일제는 또 조선 사람들의 민족의식과 반항의식을 억누르기 위해 끔찍한 태형 제도를 부활시켰다. 태형은 우리가 흔히 '곤장을 친다'고 하는 것으로, 사람의 두 팔과 두 다리를 형틀에 묶고 엉덩이를 벗긴 다음, 엉덩이에 물을 부어 가면서 매질을 가하는 형벌을 말한다. 일제가 태형에 사용한 채찍은 '쇠좆매'라 하여, 쇠가죽으로 만든 채찍의 끝에 납이 달려 그 채찍을 맞은 사람은 살이 터지고 살점이 뜯겨 나올 정도로 무서운 것이었다. 태형제도는 조선 시대에도 중범죄자에게만 가해지던 형벌로 너무 야만적이라 하여 1894년 갑오 개혁 때 없애버린 것을 일제는 조선 사람들을 옥죄기 위해 다시 부활시킨 것이다.

일제는 조선민족의 독립 움직임을 아예 그 싹부터 없애려 했다. 이를 위해 일제는 있지도 않은 사건까지 조작했으니, 바로 '105인 사건'이었다. 이 사건은 일제가 국내 민족 운동을 아예 완전히 쓸어버리기 위해 처음부터 치밀하게 조작한 사건으로, 일본 강점기를 통틀어 가장 규모가 큰 사건 가운데 하나였다. 이 사건으로 체포되어 조사를 받은 사람이 무려 7백여 명에 이르는데, 그 가운데 검찰에서 정식으로 재판에 넘긴 기소자는 123명이었다. 이 123명의 기소자 가운데 1심에서 유죄 선고를 받은 사람이 105명이었는데 거기서 '105인 사건'이란 이름이 붙여졌다.

총독부 주장에 따르면, 사건은 1910년 데라우치 마사타케 총독이 압록강 철교 개통식을 축하하기 위해 서북 지방을 돌 것이라는 소문을 듣고 윤치호, 양기탁, 안태국, 이승훈, 옥관빈, 임치정 등이 총독 암살을 계획했으나 일본 경찰의 삼엄한 경계로 '암살 미수'에 그쳤다는 내용이었다. 그러나 이것은 처음부터 완전히 조작된 사건이었다. 일제는 피의자로부터 거짓 자백을 받아내기 위해 온갖 가혹한 고문을 다 했다. 단근질, 학춤 고문, 물고문, 손톱과 발톱에 대나무 못 박기, 입안에 석탄가루 쑤셔넣기 등 무려 72가지의 고문이 이용되었다. 이 과정에서 한필호, 김근형 두 사람이 숨을 거두었다.

이런 악랄한 고문 가운데서도 가장 참기 어려웠던 것은, 여러 날을 굶긴 뒤 그 앞에서 맛있는 음식을 먹으며 이를 바라보도록 하는 것이었다고 한다. 한번 고문이 시작되면 3~4시간 동안 이어졌고, 35일간 하루도 거르지 않고 계속되었다. 모진 고문은 짧은 순간순간을 견디면서 참아낼 수 있었으나 고문 뒤에 오는 배고픔은 가장 견디기 어려웠다. 그래서 어떤 사람은 자신이 입고 있는 옷 속의 솜을 뜯어 먹기도 하고 창호지를 씹어 먹기도 했으며, 깔고 자던 썩은 짚을 집어삼키기도 했다. 고문이 시작된 지 16일 만에 처음으로 도토리알 같은 검은 똥을 겨우 눌 수 있었는가 하면, 몸무게가 70킬로그램에서 44킬로그램으로 줄어들기도 했다.

'105인 사건'의 실마리가 된 안명근의 '안악 사건'에 연루되어 함께 심문을 받았던 김구는 『백범일지』에서 그 고통을 이렇게 토로했다.

그런 때 다른 사람들이 문전에서 사식을 먹으면, 고깃국과 김치 냄새가 코로 들어와서 미칠 듯이 먹고 싶어진다. 매일 아침저녁으로 음식 냄새가 코에 들어올 때마다, 나도 남에게 해가 될 말이라도 하고서 가져오는 밥이나 다 받아먹을까, 또한 아내가 나이 젊으니 몸이라도 팔아서 좋은 음식이나 늘 하여다 주면 좋겠다는 더러운 생각이 난다.

가혹한 고문으로 피의자 대부분이 '총독을 암살하려 했다'는 가짜 자백을 할 수밖에 없었다. 일제가 짜 놓은 각본에 따라 심문관이 일방적으로 사건 내용을 열거하고, 이에 대해 피의자들이 '예'라는 소리가 나올 때까지 고문을 계속했기 때문이었다.

그러나 재판은 일제의 의도대로 진행되지 않았다. 공판에서 모든 피의자가 일제의 잔인한 고문 사례를 폭로하며 '사건이 조작되었다'고 했기 때문이다. 하지만 검사 측은 "피고들이 고문을 받았다고 주장하는 것은 자신들의 자백을 번복하기 위한 상투적 변명으로 귀담아들을 것이 못 된다."고 주장했다.

그런데 이때 이 사건의 허구성을 보여줄 결정적 증거가 나타났다. 그것은 바로 이 사건의 주모자 가운데 한 사람으로 지목된 안태국의 진술이었다. 일제가 만든 안태국의 기소장에는 "안태국은 총독 암살을 단행키로 한 바로 전날인 1910년 12월 26일 평양에서 하룻밤 자고, 27일 정주에서 동지 60명을 인솔하여 새벽 6시에 선천역으로 갔다."고 되어 있었다. 하지만 이것이 완전히 거짓이라는 구체적인 증거가 제시되었던 것이다.

안태국이 평양에 있었다는 12월 26일 밤, 자신은 "서울 명월관에서 치안유지법 위반으로 구속되었다가 풀려난 유동열, 양기탁, 이승훈 등 7명을 위한 위로 모임을 주선했다."면서, 그날 명월관에서 자신 이름으로 받은 요리 대금 27원짜리 영수증과 그 이튿날 광화문 우체국에서 평양의 윤성운에게 보낸 '남강이 내려갈 것이니 나와서 환영하기 바란다'는 내용의 전보문을 증거물로 제시했다. 또한, 27일 새벽 6시 정주에서 60명을 데리고 갔다는 주장에 대해 그날 정주역에서 하차한 승객의 숫자를 확인해달라고 요구했다. 그 결과 그날 정주역에서 하차한 승객은 단지 9명뿐이었다는 사실도 확인되었다.

일제는 이런 명백한 사실에도 1912년 8월 30일 공판에서 123명의 기소자 가운데 18명을 제외한 105인에게 유죄 판결을 선고했다. 하지만 2심 공판에서는 1심에서 유죄 판결을 받은 105인 가운데 99명이 무죄로 풀려나고 겨우 6명만 실형을 받았다. 또한 최종심에서는 "피고 등이 범죄를 실행코자 했지만 실행하지 못했다."고 판결해 사실상 피고인의 손을 들어주었다. 총독부 손아귀에 있는 법원조차도 유죄를 선고할 증거가 전혀 없었던 것이다.

일제는 민족 운동에 대한 가혹한 탄압과 함께 언론, 출판, 집회, 결사와 같은 근대적 자유를 완전히 박탈했다. 일제의 기관지가 된 《매일 신문》을 제외하고는 모든 신문이 폐간되었으며, 각종 서적과 잡지의 발간도 막았다. 정치 단체는 모두 해산되었고, 학회늘노 사라셨다. 심지어 친일 단체인 일진회조차 이용 가치가 없어지자 해산시켜버렸다. 말하자면 사람들이 모이는 것 자체가 불법이 된 것이다.

일제의 토지조사사업과 경제 수탈

일제는 무단 통치와 함께 조선을 경제적으로 수탈할 수 있는 기반도 마련했다. 조선에서 일본의 경제 발전에 필요한 공업 원료와 식량을 빼앗아가고, 다시 일본에서 만든 공산품을 조선에 팔아먹을 수 있도록 경제 구조를 다시 재편해야 했던 것이다. 그것을 위해 일차적으로 시작한 것이 토지조사사업이었다. 농업국이었던 조선에서 토지는 가장 중요한 생산 수단이면서 동시에 사회적 부의 상징이었다. 따라서 토지조사사업을 통해 조선의 경제권을 장악하는 것은 식민지 통치 기반을 닦는 데 무엇보다 핵심적인 일이었다.

토지조사사업은 1912년부터 1918년까지 7년 동안에 걸쳐 진행되었다. 토지조사사업의 구실은 '토지세를 공정히 하고, 토지 소유권을 보호한다'는 것이었지만, 실질적인 목적은 다른 곳에 있었다. 토지조사사업 과정에서 조선 왕실이 가지고 있던 토지나 주인이 불분명한 토지를 조선총독부가 확보함으로써 식민지 경제의 근간을 장악하고, 친일 지주들의 권한을 인정해줌으로써 식민지 지배의 기반을 강화하려 했던 것이다.

토지조사사업에서 가장 큰 문제의 하나는 지주의 사적 소유권만 인정했을 뿐 농민들의 경작권을 전면 부정했다는 사실이다. 조선에서는 옛날부터 소유권뿐만 아니라 경작권도 인정되고 있었다. '소작권'이나 '도지권'이라고도 불렸던 이 권한은 농민이 '어떤 토지를 영구히 경작소작할 수 있는 권리'를 말하는데, 이는 '소작인끼리 서로 사고팔 수 있는 권리'였다. 그러니까 아무리 땅 주인이라 하더라도 오랫동안 농사

일본 제국이 조선의 경제 독점과 토지 · 자원의 수탈을 목적으로 세운 동양척식 주식회사 경성지사(현재는 철거되었다.)

를 지어온 사람의 경작권을 인정해야 했던 것이다.

그런데 일제는 토지조사사업에서 아예 모든 경작권을 인정하지 않았다. 여기에는 그만한 이유가 있었다. 조선인 지주들의 소유권을 인정해 그들의 권리를 강화시켜주는 대신, 그들을 조선 식민지 지배의 동반자로 끌어들이려는 것이었다. 또한 그렇게 되면 땅을 사고파는 것이 자유로워질 것이고, 그래야 일본인의 토지 소유도 쉬워지기 때문이다.

일제의 이런 의도는 맞아떨어졌다. 토지조사사업을 통해 총독부 소유의 국유지와 일본인 소유 토지가 엄청나게 늘어났다. 총독부와 동양척식회사가 전국 농경지의 약 5.8퍼센트, 임야의 52퍼센트를 가졌으며, 일본인이 농경지의 7.5퍼센트를 확보해 전체 농경지의 13퍼센트를 일본이 차지했다. 동양척식회사는 영국이 인도 침략을 위해 만들었던 동인도회사를 본떠 만든 것이었는데, 일본인이 이주와 토지를 확보하기 위해 1908년 12월에 세운 회사였다. 그것은 겉으로는 민간 회사였지만 실제로는 일본이 조선 사람들의 농토를 빼앗기 위해 만든 경제 침략기관이었다.

토지조사사업으로 지주들의 사적 소유권이 확실히 보장되고 쌀값이 폭등하면서 토지의 투자 가치도 높아졌다. 그러자 지주들은 더욱 많은 땅을 확보하게 되고, 소작농은 더욱 늘어나게 되었다. 토지조사사업 이후 전체 농가의 3.1퍼센트인 약 9만 호에 불과한 지주가 전체 농경지의 50.4퍼센트를 가졌지만, 전체 농가의 77.2퍼센트에 이르는 2백만 호가 소작농이었다. 이들 식민지 기생 지주들은 일제의 앞잡이가 되어 조선 민중을 억압하고 수탈하는 일에 앞장서게 된다.

토지조사사업은 조세 확보를 위한 근거 자료를 가짐으로써 식민지 통치를 위한 물질적 기반을 마련하기 위한 것이었다. 토지조사사업으로 파악된 땅은 논이 154만 5천여 정보, 밭이 279만 1천여 정보, 대지가 12만 9천여 정보, 기타가 40만 4천여 정보였다. 이것은 조사사업이 시행되기 전과 비교해 논은 84퍼센트, 밭은 80퍼센트나 늘어난 것으로, 일제의 측면에서 보면 그만큼 세금 수입이 늘어나는 것을 의미했다.

일제는 '토지조사령'을 공포하고 모든 토지를 빠짐없이 신고하도록 했다. 땅을 가진 사람은 총독이 정해 놓은 기간 안에 땅의 소재지와 용도 · 등급 · 면적, 그리고 주인 이름과 주소 등을 신고하도록 했다. 그리고 엄격한 심사를 한 후에야 토지의 소유권을 인정해주었다. 만일 그 기간 안에 신고하지 않으면 토지 소유권이 조선 총독부로 넘어갔다.

그러나 많은 농민은 신고하지 않았다. 일제에 대한 거부감도 컸고 혹시 신고하게 되면 잘못될지 모른다고 생각한 사람도 있었다. 신고해야 한다는 사실조차 모르는 농민도 있었다. 또 한문으로 된 까다로운 양식 때문에 신고서를 제대로 작성하지 못한 농민들도 많았다. 겨우 신고해도 절차가 제대로 이루어지지 않아서, 또는 소유권을 증명할 근거가 없다는 이유로 땅을 빼앗긴 사람도 있었다.

중간에 친일 지주와 관리들의 농간으로 땅을 빼앗긴 사람도 있었다. 이들은 서로 작당을 해서 서류를 조작한 다음 접수해 까막눈인 농민들이 적절하게 대응하지 못하는 것을 이용하여 거저먹기로 챙긴 다음 이권을 나누기도 했다. 이런저런 이유로 해서 땅을 빼앗긴 사람들이 수도 없이 많았다. 땅을 빼앗긴 농민들이 면사무소로 달려와 항의를 하면 헌병경찰이 와서 위협하고 몰아내었다.

조선 총독부는 조선 왕실과 관청에서 관리하던 토지도 빼앗고, 민간인이 오랫동안 농사지어 온 땅도 주인이 확실하지 않거나 이를 증명할 증거자료가 불분명하면 국유지로 바꾸어버렸다. 이렇게 해서 토지조사사업이 끝났을 때는 한반도 땅 가운데 많은 부분이 총독부 차지가 되었다.

조선총독부는 이렇게 빼앗은 땅을 일본인들에게 헐값으로 팔거나 빌려주었다. 그러자 조선으로 넘어오는 일본인들이 줄을 이었다. 일본인에게 조선은 한몫 챙길 수 있는 엘도라도 같은 곳이었다. 서부 개척시대 미국인들이 일확천금을 노리고 서부를 찾듯이 일본인들이 조선을 찾았다. 일본 땅에서 별 볼일 없이 살던 사람이 한국에 와서는 지주가 되어 큰소리치면서 살았다. 그 바람에 한국 농민들은 조상 대대로 농사짓던 땅에서 하루아침에 쫓겨나는 신세가 되었다.

땅을 잃은 농민들은 소작농이 되거나 정든 고향을 등지고 떠돌이 신세가 되어야 했다. 소작농은 지주에게 수확량의 70퍼센트에 이르는 높은 소작료를 주어야 했고, 그나마도 소작을 떼일까 봐 마음 졸여야 했다. 소작을 얻지 못한 사람들은 고향을 떠나 산으로 들어가든지 도시로 나가 날품팔이 신세가 되어야 했다. 많은 사람이 국내에서 살 방도를 마련하지 못해 만주와 연해주, 시베리아와 중국, 일본, 미국 등지로 정처 없이 떠났다. '나라 잃은 백성은 상갓집 개보다 못한 신세'라는 사실을 뼈저리게 느끼지 않을 수 없었다.

일제는 조선 민중에게서 땅만 빼앗은 것이 아니었다. 산림도 빼앗고 어족 자원, 광물 자원도 빼앗아 갔다. 조선인이 운영하는 민족 회사의 발전도 가로막았다. 그걸 위해 '삼림령', '어업령', '광업령', '회사령' 따위를 발표했는데, 이것은 토지조사령을 발표하고 토지를 빼앗아간 것과 마찬가지 수법이었다. 일제는 '연초세령', '주세령'이란 걸 만들어 담배와 술에까지 세금을 붙여 조선 사람들의 주머니를 털어갔다.

일본의 식민지가 된 조선은 창살 없는 감옥이나 마찬가지였다. 조선 사람들은 자유도, 권리도, 땅도, 집도 모두 빼앗겼으며, 삶의 즐거움도, 희망도 잃었다. 하지만 그렇다고 해서 조선 사람들의 정신마저 죽은 것은 아니었다. 조선 사람들은 결코 독립에 대한 열정을 잃어버린 것이 아니었다. 가슴속 깊은 곳에서 분노를 삭이며 때가 오기만을 기다리고 있었던 것이다.

민족자결주의와 러시아 혁명

조선 민중이 일제의 무단 통치로 고통받으면서 독립을 향한 열망을 마음속에 다지고 있을 때, 세계사에 커다란 변화가 일어나기 시작했다. 1914년에 일어난 제1차 세계대전과 1917년의 러시아 혁명은 세계사의 흐름을 뒤바꾸는 거대한 사건이었다. 이 두 사건은 식민지민족해방 운동에도 막대한 영향을 미쳤다.

제1차 세계대전은 이 세계의 주도권을 누가 쥘 것이며, 누가 식민지를 더 차지할 것인가 하는 문제를 두고 제국주의 열강 사이에 벌어진 싸움이었다. 그런데 그 제국주의 전쟁 과정에서 약소민족의 독립과 해방에 유리한 조건이 형성된 것이다. 제1차 세계대전은 전쟁에 참가한 모든 나라가 일찍이 경험해보지 못한 전쟁이었다. 무엇보다도 국가의 운명을 걸고 모든 것을 쏟아 부은 총력전이었던 것이다. 전쟁은 전방과 후방, 군인과 민간인을 막론하고 모든 인력과 물자가 총동원되어야 했다. 따라서 유럽의 제국주의 국가들은 본국뿐만 아니라 식민지의 힘까지 모두 동원하고자 했다.

그러나 식민지에서 자발적인 협조를 끌어내기 위해서는 강압적인 방식만으로는 한계가 있었다. 그 때문에 제국주의 본국은 식민지에 일종의 당근책을 제시했다. 전쟁에 협조한다면 "식민지 자치제를 강화하고 본국 의회에 참여할 수 있도록 하겠다."라든지, "일정한 기간을 거쳐 연방제 아래서 독립을 보장하겠다."는 등의 이야기였다. 나중에 배반당하기는 하지만 인도와 중동 지역의 민족 지도자들은 이 말에 기대를 걸고 제국주의 본국의 전쟁 승리를 위해 많은 노력을 기울였다. 따라서 제1차 세계대전을 거치면서 세계의 많은 식민지 나라들이 독립에 내해 기내하게 되었다.

1917년 11월에 일어난 러시아 혁명도 식민지 민족해방 운동에 커다란 영향을 미쳤다. 혁명으로 탄생한 레닌의 사회주의 정권은 무병합·무배상에 기초한 공정하고 민주적인 강화회담과 비밀 외교의 폐지를 주장했다. 동시에 러시아 내의 소수민족에 대한 자결권을 인정함으로써 폴란드와 핀란드, 발트 3국에스토니아, 라트비아, 리투아니아이 독립을 이루게 되었다. 러시아의 이러한 조치는 제1차 세계대전 참전국 국민과 식민지민족에게 큰 충격이 되었다.

러시아의 이러한 식민지 정책은 민족해방 운동에 대한 직접적인 지원으로도 나타났다. 러시아는 조선을 비롯해 중국, 인도 등 제국주의 열강의 지배에 대항해 독립을 위해 투쟁하는 아시아의 민족 운동가들에게 물질적 지원과 함께 정치·군사적 지원도 아끼지 않았다. 조선에서도 아시아에서 처음으로 사회주의 정당을 조직한 이동휘를 비롯해 많은 혁명가, 독립운동가들이 러시아의 적극적인 지원을 받으며 민족해방 운동을 전개했다. 따라서 러시아 혁명은 식민지 약소민족에게 하나의 희망이었으며, 역사적으로도 민족해방 운동의 발전에 새로운 전기가 되었다.

세계정세가 이렇게 흘러가자 제1차 세계대전과 함께 영국을 제치고 세계 최강국으로 떠오르고 있던 미국으로서도 이에 대응할 수 있는 외교적 대책을 내놓지 않을 수 없었다. 만일 이대로 러시아 혁명의 여파가 유럽과 식민지에 흘러들어간다면 사회주의가 세계를 지배하게 될지도 몰랐다. 그래서 등장한 것이 윌슨의 민족자결주의였다. 미국은 러시아 혁명의 파고가 유럽으로 흘러드는 것은 차단하기 위해 독일과 오스트리아, 오스만 제국 등 패전국이 지배하고 있던 식민지민족의 자결권을 주창했다.

미국 대통령 윌슨은 1918년 1월 8일 의회 연설에서 제1차 세계대전을 종결짓는 방안으로 '14개 조의 평화 원칙'을 제시했는데, 그 가운데 하나가 '민족의 운명은 그 민족 스스로 결정한다'는 민족 자결의 원

기미 독립 선언서

칙이었다. 이 소식이 세계에 전해지자 식민지 민중과 민족 운동가들은 열렬히 환영을 표시했고, 거기에 커다란 기대를 걸었다.

그러나 이것은 애초부터 분명한 한계를 갖고 있었다. 민족 자결의 대상이 독일, 오스트리아, 오스만 제국 등 패전국의 식민지에 한정되었기 때문이다. 제1차 세계대전이 끝나고 파리 강화회의를 거치면서 윌슨의 민족자결 원칙에 따라 체코슬로바키아, 헝가리, 유고슬라비아 등의 동유럽 국가들은 독립을 이루었다. 미국과 유럽 제국주의 국가들의 처지에서 보면 이 나라들은 러시아 혁명을 차단하기 위한 울타리였던 셈이다.

그러나 오스만 제국이 지배하던 중동 지역은 사정이 또 달랐다. 전쟁이 끝난 뒤 시리아와 레바논은 프랑스가, 요르단과 팔레스타인, 이라크는 영국이 각각 위임 통치를 하게 되었다. 말하자면 오스만 제국을 대신해 영국과 프랑스가 다시 나눠 가졌던 것이다. 또 중국과 태평양 지역에서 독일이 차지하고 있던 이권과 식민지는 일본과 영국이 나눠 가졌다.

애초부터 이런 한계를 갖고 있던 윌슨의 민족자결주의는 조선민족의 측면에서 보면 별로 도움이 되지 않는 것이었다. 조선의 독립 문제는 윌슨의 민족자결주의의 대상도 아니었고, 미국과 강대국들은 관심도 없었다. 하지만 조선의 독립 운동가들은 거기에 커다란 환상을 품었다. 그래서 강대국들에 독립을 청원하거나 일본에 독립을 요구하려고 했다. 그러니까 3·1 운동은 이러한 국제 정세의 영향을 크게 받았던 것이다.

전 민족적 운동으로 발전하다

'떡 줄 사람은 생각도 않는데 김칫국부터 마신다'는 말은 어쩌면 3·1 운동을 일으킨 조선의 독립 운동가들에게 꼭 맞는 말일지도 모른다. 그들은, 강대국은 조선의 독립이나 민족자결은 전혀 생각지도 않고 있는데, 이제 민족자결의 시대, 인도 정의의 시대가 도래했으니 만세 운동을 일으키기만 하면 곧 독립될 것으로 생각했으니 말이다. 그러나 그런 환상이 곧 역사를 바꾸는 물줄기가 되었으니, 이 또한 역사의 아이러니라 할 것이다. 제1차 세계대전이 끝나고 파리에서 강화회담이 열린다는 소식이 알려지자 국외에 있던 독립 운동가들의 움직임이 빨라졌다. 그들은 윌슨의 민족자결주의에 기대를 걸고 강화 회의에 한국 대표를 참석시켜 조선민족의 독립 의사를 알리고자 했던 것이다.

1918년 12월, 미주 사회에서 대한국민회가 파리 강화회의에 파견할 대표로 이승만과 정한경을 뽑았다. 그러나 이들은 미국 정부에서 여권을 내주지 않아 회의에 참석하지 못했다. 조선의 독립을 열강에 호소하려는 움직임은 미주뿐 아니라 상하이와 연해주, 도쿄에서도 이어졌다. 상하이의 신한청년당은 1919년 1월 독립청원서를 작성해 김규식을 파리 강화회의에 대표로 파견했다. 그러나 파리에 갔던 김규식은 비로소 윌슨의 민족자결주의가 무엇인지 제대로 알 수 있었다. 강대국의 이권 나눠 먹기에 불과한 파리 강화회의의 실상을 정확히 볼 수 있었던 것이다. 그것도 성과라면 성과였다. 민족 해방은 결코 강대국의 힘에 의존해서는 이뤄질 수 없다는 사실을 깨달았으니까.

여운형이 중심이 되어 만든 신한청년당은 파리 강화회의에 대표를 파견한 것 외에도 3·1 운동과 관련해 중요한 역할을 했다. 신한청년당은 장덕수를 일본에 보내 유학생과 접촉하게 했으며, 도쿄에 파견된 여운홍은 2월 8일 도쿄 YMCA에서 행해진 유학생들의 독립선언을 직접 참관하고 그 소식을 국내의 이상재, 최남선, 함태영, 이갑성 등에게 전해주었다. 또 선우혁은 국내로 들어와 기독교 대표였던 이승훈 등을 만나 파리 강화회 소식을 전해주는 한편, 지금이 독립운동을 펼 시기라는 점을 설명했다. 신한청년당의 대표 겸 총무로 활동했던 여운형은 직접 연해주로 가서 이동녕, 박은식 등을 만나 파리 강화회의에 대표를 파견한 사실을 전하고, 앞으로의 독립운동에 대해 논의했다.

1919년 2월에는 연해주에서도 파리 강화회의 소식을 전해 듣고 윤해, 고창일 등을 대표로 파견했다. 도쿄에서는 1919년 1월부터 유학생들이 모임을 하고 조선 독립선언을 발표하기로 결의했다. 그들은 여러 차례에 걸쳐 비밀 회합하고, 2월 8일 도쿄의 YMCA 강당에서 유학생 총회를 열고 '독립선언서'를 발표했다. 도쿄 유학생들의 2·8 독립선언은 3·1 운동의 촉진제가 되었다.

국외에서 이처럼 활발하게 돌아가고 있을 때, 국내에서도 움직임이 시작되고 있었다. 그 움직임은 천도교와 기독교에서 따로 시작되었다. 최린이 중심이 된 천도교 측은 여러 차례에 걸쳐 회합하고 운동을 대중화하기 위해 명망이 있는 인물을 내세우기로 했다. 그들은 대한제국 시대의 관료였던 윤용구, 한규설, 박영효, 윤치호 등을 찾아가 민족 대표로 추대하려 했다. 그러나 이들은 모두 거절했다. 이에 최린은 "독립 운동의 신성한 제전에 늙은 소보다 어린 양이 좋다."며 자신들이 대표로 나서기로 했다.

이 무렵 이승훈 등도 서북 지방 기독교계를 중심으로 은밀히 독립 운동을 준비하고 있었다. 결국 천도교 측과 기독교 측은 민족 대연합 전선을 형성하는 것이 필요하다는 데 합의하고, 불교계와 유림 측도

＊ 3·1 독립선언서가 비교적 일제의 도의심에 호소하고 있는 데 비해 2·8 독립선언서는 보다 분석적이고 고발적이며 투쟁적이라고 할 수 있다. 그 주요 내용은 다음과 같다. ① 우리 민족은 유구한 역사를 가지고 있으며 '다른 민족의 실질적 지배'를 받은 바가 없는 민족이다. 조선이 '중국의 정삭(正朔)을 봉한 일'을 가지고 일제 학자들은 전통적으로 조선을 중국의 '종속국'으로 간주하고 있으나, 그것은 '양국 왕실의 형식적 외교관계에 불과'하다. ② 청일 전쟁까지는 '조선의 독립'을 승인해 온 일본이 러일 전쟁 후에는 표변하여 '사기와 폭력'의 방법으로 조선을 병합했다. 특히 일제의 조선 침략을 승인한 미국과 영국은 '구악을 속(贖)할 의무'가 있다. ③ 한일합병 후 10년간의 식민지 통치가 보여준 것은 '우리 민족과 일본의 이해는 상호 배치'된다는 사실이다. 우리는 우리의 생존권을 위하여 독립을 주장할 수밖에 없다. ④ 일제 침략과 국권 찬탈은 사기와 폭력에 의한 수치스러운 역사였다. 왜 한민족이 그동안 수십만 명의 희생자를 내면서 독립 운동을 전개하여야 했겠는가. ⑤ 일본이 조선에 대한 식민지 통치를 계속한다면 '우리 민족은 일본에 대하여 영원히 혈전'할 것이니 이는 '동양 평화의 화원(禍原)'이 될 것이다. ⑥ 한민족의 독립 운동으로 건립될 국가는 민주주의에 입각한 신국가이며 세계 평화와 인류 문화의 발전에 기여할 것이다. 그리고 마지막으로 ① 한일합병 조약의 폐기와 조선의 독립을 선언하고, ② 민족 대회의 소집을 요구하며, ③ 만국평화회의에 민족 대표를 파견할 것이며, ④ 이 목적이 이루어질 때까지 영원한 혈전을 벌일 것을 선언하는 4개 항을 덧붙이고 있다.

참여시키기로 했다. 그러나 유림과의 연대를 위해 곽종석, 김창숙 등과 접촉을 시도했지만 이뤄지지 못했고, 불교계와는 연결되어 한용운 등이 참여했다.

그렇게 해서 민족 대표 33인이 결정되었다. 그들은 천도교계 16명, 기독교계 15명, 불교계 2명이었다. 이들 민족 대표 33인은 지금은 매우 널리 알려진 인물이 되었지만, 당시에는 각 교계의 중견 지도자로 활동하고 있었을 뿐 조선 사회에서 그다지 명망 있는 인물들은 아니었다. 천도교의 교주였던 손병희 정도가 전국적으로 알려진 인물이었을 뿐이다. 모든 독립운동 조직이 파괴되고 오랫동안 활동해 온 독립 운동가들이 모두 외국으로 망명한 상황에서는 종교계의 중견 지도자들이 운동의 중심이 될 수밖에 없었던 것이다.

그러나 이들 민족 대표들의 상황 인식은 철저하지 못했다. 무엇보다 최남선이 본문을 쓰고 한용운이 공약 3장을 쓴 '독립선언서'에서 그런 점은 쉽게 확인되고 있다. '독립선언서'는 한마디로 말하면, '인류 평화와 동양 평화를 위해 인도적 견지에서 조선을 독립시켜 달라'는 호소였다. '독립선언서' 어디에도 일본과 직접 싸워서 독립을 쟁취하겠다는 의식은 엿보이지 않는다. 그러나 어디 독립이 제국주의에 대한 청원으로 가능한 일이겠는가?

이들은 독립운동을 벌이면서 비폭력을 기본 원칙으로 삼았다. 광범위한 대중의 참여를 위해서는 비폭력적인 방식이 필요하겠지만, 운동이 그렇게만 발전하지는 않는다는 사실은 3·1 운동에서도 그대로 보이고 있다. 이들의 불철저한 인식은 탑골 공원을 피해 태화관에서 '독립선언서'를 읽고 일제 경찰에 그냥 잡혀간 사실에서도 쉽게 확인할 수 있다. "군중이 밀집한 곳에서 독립선언식을 거행하면 군중심리 때문에 폭력 사태가 일어날지도 모른다."며 탑골 공원에 오기를 거부했던 그들의 한계는 분명한 것이었다.

어쨌든 민족 대표들은 여러 차례에 걸쳐 회합하고 운동을 하나로 모으고 대중화하며 비폭력적인 방법으로 시위를 전개하기로 했다. 동시에 온 민족이 대대적으로 참여하는 전 민족적 운동으로 만들기 위해 학생들을 적극 끌어들였다. 예나 지금이나 학생들은 정의감에 불타고 잘 조직된 집단으로 모든 사회 운동, 혁명 운동의 발전에서 매우 중요한 동력이 되고 있다. 3·1 운동에서도 학생들의 적극적인 참여는 종교계와 더불어 초기에 운동을 빠르게 확산시킬 수 있는 중요한 원천이 되었다. 마침내 20여 명의 대표가 손병희의 집에 모여 거사 일을 3월 1일로 결정했다. 그리고 '독립선언서'는 천도교에서 경영하는 보성관 인쇄소에서 인쇄되어 전국으로 퍼져 나갔다. 이로써 3·1 만세 운동의 모든 준비가 끝났다. 그리고 3월 1일, 서울과 평양을 비롯한 대도시에서 만세 운동이 시작되어 곧바로 전국으로 퍼져나갔다.

'동방의 등불'이 된 조선

3·1 운동은 어떤 면에서는 이해하기 어려운 사건이다. 무엇보다 3·1 운동이 일어날 당시 국내에는 조직된 독립 운동의 역량이 전혀 없던 상황이었다. 독립 운동가들은 망명했고, 조직은 파괴되었으며, 10년간의 무단 통치로 조선민족의 반일 민족의식도 매우 침체되어 있

던 상태였다. 그런데 한번 만세 운동의 불꽃이 튀자 마른 들판에 불길이 옮겨붙듯 한반도 전체를 독립 만세의 함성으로 뒤덮어버리고 일제의 강압적 진압에도 쉽사리 굴복하지 않고 불굴의 투지를 보여주었던 것이다. 어떻게 이런 일이 가능했을까?

이것은 조선민족이 오랜 독립 국가의 역사와 문화민족이 지녀야 할 자긍심을 갖고 있었기 때문에 가능한 일이었다. 조선은 만주와 한반도를 역사의 무대로 하여 중국과 끊임없이 마찰을 일으키며 존재해 왔다. 중국의 판도 변화에 따라 조선의 운명도 영향을 받았다. 때로는 이민족의 침략으로 국토가 유린당하기도 하고 중국에 통일된 강국이 등장해 위협과 협박에 시달리기도 했다. 그런 가운데서도 우리 민족은 3천 년 이상 고유한 역사와 문화를 가진 독립 국가로서의 자존심을 지켜올 수 있었다. 그랬기 때문에 근대 초기 일제의 침략과 지배로 고통받고 침체되었지만, 기회가 오자 오랜 역사와 문화 민족이 지녀야 할 자긍심을 바탕으로 불굴의 독립 정신을 세계에 보여줄 수 있었던 것이다.

3·1 운동이 조선의 독립운동에 끼친 영향은 대단했다. 먼저 3·1 독립 만세 운동의 가장 큰 성과는 임시 정부의 수립이었다. 1919년 9월, 3·1 운동의 성과를 모아 상하이에서 대한민국 임시 정부가 출범했던 것이다. 여기에는 민족주의 세력과 이제 막 첫 발걸음을 떼기 시작한 사회주의 세력도 함께 참여했으며, 삼권 분립에 기초한 공화제체제를 채택했다. 임시 정부는 그 뒤 분파 간의 갈등으로 몇 년 가지 못하고 무력화되었지만, 출범 자체가 조선의 민족 해방 운동에 큰 의미가 있는 것이었다.

또한 3·1 운동 이후 민족 운동이 획기적으로 발전했다. 만주와 연

대한민국 임시정부 국무원 기념 사진
(1919년 10월 11일) 앞줄 왼쪽부터
신익희, 안창호, 현순. 뒷줄 김철, 윤현
진, 최창식, 이춘숙.

해주에서는 3·1 운동에 힘입어 40여 개의 독립군 단체들이 조직되어
압록강과 두만강을 넘나들며 일제와 싸웠으며, 청산리와 봉오동에서
일본군에 커다란 패배를 안겨주었다. 그뿐만 아니라 3·1 운동으로 일
제는 무단 통치를 포기하고 비록 기만적이지만 문화 정치라는 회유책
을 쓰지 않을 수 없게 되었다. 일제의 온건한 문화 정치로 공간이 확보
됨으로써 그 틈새를 비집고 농민 운동과 노동 운동을 비롯해 학생 운
동, 형평 운동, 여성 운동 등 사회 운동이 발전할 수 있었다. 3·1 운동
은 조선의 민족해방 운동에서 새로운 전환점이 되었다.

조선 민중은 3·1 운동을 통해 새롭게 태어났다. 전근대적 봉건 질
서에서 벗어나 자유와 평등, 자주와 독립을 바라는 시대에 맞게 새로
운 민족의식을 갖게 되었던 것이다. 3·1 운동은 민족사적으로도 중요
하지만, 세계사적으로도 매우 중요한 의미가 있었다. 3·1 운동은 약
육강식의 논리가 지배하는 제국주의 시대의 세계 질서를 거부하는 새
시대정신의 표현이었으며, 식민지 민족해방 운동의 새 장을 여는 출발
점이었던 것이다.

광복군 청년공작대

　일찍이 인도의 시성 타고르는 「동방의 등불」이라는 시에서 코리아
를 "아시아의 황금 시기에 빛나던 등불의 하나"라고 했다.

　　일찍이 아시아의 황금 시기에

　　빛나던 등불의 하나인 코리아

　　그 등불 다시 한 번 켜지는 날에

　　니는 동방의 밝은 빛이 되리리

　　마음에 두려움이 없고

　　머리는 높이 쳐들린 곳

　　지식은 자유롭고

　　좁다란 담벽으로 세계가 조각조각 갈라지지 않은 곳

진실의 깊은 속에서 말씀이 솟아나는 곳

끊임없는 노력이 완성을 향해 팔을 벌리는 곳

무한히 퍼져 나가는 생각과 행동으로 우리들의 마음이 인도되는 곳

그러한 자유의 천당으로

나의 마음의 조국 코리아여 깨어나소서.

이 시는 한국에서 3·1 운동이 일어난 지 10년이 되는 1929년 일본을 방문한 타고르에게 유학생들이 조선을 방문해 달라고 요청하자 쓴 시로 알려졌다. 타고르가 조선을 '동방의 등불'로 노래한 것은 3·1 운동이라는 위대한 저항이 있었기 때문이었다. 조국 인도가 영국의 식민지였던 탓에 조선에 대해 깊은 연대의식이 있었던 타고르는 특히 3·1 운동에 깊은 감명을 받았다. 3·1 운동은 인도의 독립 운동에도 적지 않은 영향을 주었다. 1919년 4월 5일부터 간디의 지도로 시작된 '사티아그라하^{satyagraha}' 운동은 3·1 운동의 비폭력 정신에서 많은 영향을

<hr>

❋ 20세기에 인도의 마하트마 간디에 의해 시작된 철학. 실천적인 면에서는 어떤 구체적인 악에 대한 단호하나 비폭력적인 저항으로 특징지어진다. 인도인들은 영국 제국주의에 저항해 싸울 때 사티아그라하를 지도 이념으로 삼았고 다른 나라의 저항 단체들도 이를 채택했다. 사티아그라하는 힌디어로, '진리에 대한 헌신'이나 '진리의 힘'등의 뜻을 지니고 있다. 이것을 실천하는 사람인 사티아그라히(satyagrahi)는 평화와 사랑의 정신으로 진리를 추구하며 진심으로 비폭력을 굳게 지킴으로써 악이 일어나게 되는 사태의 본질에 대한 올바른 통찰력을 얻게 된다. 이렇게 함으로써 그는 절대자 속에 있는 진리와 만난다. 사티아그라히는 그릇된 것을 따르거나 어떤 식으로든 그것과 타협하기를 거부함으로써 이 진리를 발현시킨다. 악과 맞서고 있는 동안 그는 반드시 비폭력을 견지해야 한다. 폭력을 사용하면 올바른 통찰력을 잃게 되기 때문이다. 사티아그라히는 반대자에게 항상 자신의 생각을 주지시켜야 한다. 자신에게 유리하도록 사실을 숨기는 어떠한 책략도 사티아그라히는 금하고 있다. 이것은 시민불복종 그 이상의 것이며 그것의 적용범위는 일상생활의 세세한 부분부터 새로운 정치·경제 기구 수립에까지 걸쳐 있다. 이것은 개심(改心)을 통한 극복을 추구한다. 결국에는 패배도 승리도 아닌 새로운 조화가 생겨난다. 간디는 레오 톨스토

받았다고 한다. 간디는 정신적으로 타고르의 수제자였다.

　3·1 운동은 중국의 5·4 운동에도 적지 않은 영향을 미쳤다. 조선에서 3·1 운동이 일어나자 천두슈陳獨秀, 리다자오李大釗 같은 중국의 지식인들은 커다란 관심을 두고 그 소식을 계속해서 보도했으며, 중국 민중과 학생들에게 3·1 운동을 본받아 반일 투쟁에 나설 것을 촉구했다. 5·4 운동의 중요한 지도자의 한 사람이었고 후에 중화인민공화국 총리가 된 저우언라이周恩來도 '3·1 운동이 중국의 학생 운동에 큰 영향을 미쳤다'며 높이 평가했다. 3·1 운동은 이 밖에도 베트남과 필리핀 등의 독립운동에도 영향을 주었다. 따라서 3·1 운동은 제1차 세계대전 이후 본격적으로 벌어지게 될 식민지·반식민지 약소민족의 독립운동에서 첫걸음이라 할 수 있었다.

이와 헨리 데이비드 소로 저작들, 성서, 「바가바드기타(Bhagavadgītā)」와 그 외의 힌두 문헌에서 영향을 받아 사티아그라하라는 개념을 만들어냈다. (브리태니커 백과사전 참고)

10. 마하트마 간디

인도를 넘어 세계의 성자가 된 위대한 영혼

비폭력 저항이 필요하다

1919년 4월 13일 인도 국민회의는 인도의 성도聖都 암리차르Amritsar[*] 에서 영국의 지배에 항거하는 대규모 집회를 개최했다. 인도 북부에 있는 암리차르 시는 힌두교와 이슬람교가 혼합된 시크교 신자들이 이 지구 상에서 가장 성스러운 곳이라고 여기는 도시다. 이슬람교처럼 시크교 또한 유일신을 믿었다. 고대에는 시크교도 대부분이 전쟁에 참여한 군주들이었다. 이들은 근대에는 주로 인도 황제의 근위병으로 일했다. 암리차르가 이들의 성도가 된 것은 거기에 '황금사원Golden Temple'

---

[*] 인도 서북부 펀자브 주에 있는 도시 암리차르 행정구의 행정중심도시. 펀자브 주 최대의 도시로 파키스탄 국경에서 50킬로미터 떨어진 곳에 자리 잡고 있으며, 상업·문화·교통의 중심지 역할을 하고 있다. 1577년 시크교의 제4대 구루(Gurū)였던 람 다스가 암리타사라스(Amrita Saras)라는 신성한 저수지 주변에 건설한 도시로 암리차르라는 지명은 이 저수지의 이름에서 유래했다. 저수지 중앙에 세워졌던 사원은 구리로 된 돔형 지붕에 금박을 입힘에 따라 하리만디르 또는 황금사원이라고 불리게 되었다. 시크교의 중심지였던 이 도시는 교세가 점차 확장되면서 무역의 중심지로 성장했으며, 1849년에 영국령 인도로 편입되었다. 1919년 4월 13일에는 잘리안왈라바그 공원에서 암리차르 대학살 사건이 일어나 379명이 사망하고 수많은 사람들이 부상을 입었다.

이 있기 때문이다. 황금사원은 넓고 고요한 연못 한가운데 세워졌는데, 그 연못의 물을 몸에 적신 사람은 누구나 영원히 죽지 않는다는 믿음이 전해지고 있었다. 시크교도들은 흰 돌로 만든 다리를 건너 황금사원으로 가서 그곳에 보관된 '그란트 사히브Granth Sahib'* 앞에서 경배를 올린다.

그날 집회에 참석한 시위자들은 황금사원이 있는 연못 근처의 '잘리안왈라 바그'라고 불리는 정원에서 모였다. 집회 참석자들은 무기나 폭력을 행사할 아무런 도구도 갖고 있지 않았다. 그런데도 암리차르 주둔 영국군 사령관 다이어 장군은 시위대에 해산이나 사전 경고도 없이 사격을 명령했다. 영국군의 발포로 4백여 명이 사망하고, 1천 명 이상이 부상당하는 참사가 벌어졌다. 구르카족과 발루치족으로 구성된 영국군 부대는 다이어 장군의 명령과 함께 정확히 목표를 겨냥하여 쏘았고, 10분간의 사격으로 모두 375명이 사망하고 1천 137명이 부상했다. 이에 도시 전체가 격분했다. 이제 독립을 위한 전쟁을 시작할 때가 되었다고 생각했다.

그런데 인도 독립운동 지도자인 간디Mohandas Karamchand Gandhi는 무기를 들어서는 안 된다고 말했다. 무기를 든 사람은 비겁한 사람이고, 무기를 들지 않은 사람이 진정으로 용감한 사람이라고 말했다. 그러면서 그는 인도 국민회의를 향해 이렇게 밀했다.

비겁과 폭력 중에서 어느 한쪽을 택할 수밖에 없을 때는 나는 폭력을 권

---

* 시크교의 경전으로 시크 구루(종교지도자)들과 여러 종교, 여러 카스트에 속한 초기 및 중기의 다양한 성인들이 지은 찬가 6천 개 가량을 싣고 있다.

마하트마 간디

하고 싶다. …… 나 자신은 살생하지 않고 조용히 죽음에 이르는 용기를 기른다. 그러나 그럴 용기가 없는 자는 비열한 태도로 위험에서 벗어나는 것보다는 오히려 남을 죽이고 자기도 죽음을 당하는 방법을 배우기를 바란다. 왜냐하면 도망치는 자는 마음속으로 폭행을 저지르고 있기 때문이다. 그는 남을 죽이고 자기도 죽음을 당할 용기가 없으므로 도망치는 것이다. …… 전 민족이 거세되기보다는 나는 차라리 몇천 번의 폭행의 위험을 범할 것이다. …… 인도가 자기의 불명예를 멍청하게 구경하느니 차라리 자기의 명예를 옹호하기 위해 무기를 들고 나서는 것이 바람직할 것이다.

그러나 나는 '비폭력'이 폭력보다 훨씬 훌륭하며, 용서가 처벌보다 더욱 용감한 행위라는 것을 알고 있다. 용서는 무인武人의 명예다. 그러나 절제도 처벌할 힘 있을 때에만 용서된다. 그것은 무력한 자에게는 아무 의미도 갖지 못한다. …… 나는 인도가 무력하다고는 믿지 않는다. …10만의 영국인이 3억의 인간을 위협할 수는 없다. …… 그리고 힘이란 물리적인 수단에 있는 것이 아니라 불굴의 의지 속에 깃들어 있다. …… '비폭력'은 모든 정신력을 폭군의 의지에 대항시키는 것이다. 그리하여 오

직 한 사람의 인간이 부정한 하나의 제국에 도전하여 이를 전복시킬 수
도 있을 것이다.

간디는 '사티아그라하'를 통해서만 인도의 자치건 독립이건 쟁취할
수 있다고 말했다. 그는 인도의 독특한 무기인 정신의 힘, 사랑의 힘,
진리의 힘, 즉 사티아그라하 없이는 인도의 독립은 달성될 수 없다고
보았다. 그러면 '사티하그라하'란 무엇인가? 이 말은 '올바른', '진실한'
이란 뜻의 사티아satya와 '시험'을 의미하는 아그라하agraha의 합성어로
서 '진실한 시험'의 의미를 지닌다. 1919년 11월 5일 간디는 사티아그
라하를 "진리의 힘, 사랑의 힘, 즉 영혼의 힘"이라고 말했다. 그리고 마
침내 "영혼의 힘, 사랑의 힘에 의한 진리의 승리"라고 정의했다. 일반
적으로는 사티아그라하를 '진리의 힘'으로 부른다. 여기에 간디의 힘
이 있었다. 세계의 그 어떤 혁명 운동보다도 강한 힘이 간디에게서 나
왔던 것이다.

간디가 말한 사티아그라하의 핵심은 바로 저 유명한 '비폭력 비협
조 운동'이다. 그는 비협조 운동이야말로 가장 철저한 반영 투쟁이며,
인도의 독립을 쟁취할 수 있는 가장 올바른 길이라고 보았다. 간디와
인도 독립운동을 이끄는 국민회의는 무기를 들고 싸우지 않았다. 그들
은 지금까지 세계 어디에서도 보지 못한 새로운 방법으로 인도를 지배
하고 있던 영국 제국주의와 싸웠다. 그들은 인도인들에게 영국의 인도
지배에 협조하지 말라고 가르쳤다. 세금을 내지 않고, 영국 상품을 보
이콧하라고 했다.

간디는 인도인들에게 영국에서 만든 상품을 절대로 사지 말라고 말했다. 그는 자신을 따르는 사람들에게, 각자 집에서 손으로 물레를 돌려서 옷감을 짜고 그 옷감으로 옷을 만들어 입고, 절대로 영국의 공장에서 기계로 만든 면제품을 사지 말라고 이끌었다. 또한 그는 자신의 추종자들과 함께 386킬로미터나 되는 거리를 걸어서 바닷가로 가서 소금을 채취했다. 그가 처음 출발했을 때에는 78명밖에 안 따랐지만, 나중에는 그 숫자가 수천 명으로 늘어났다.

간디는 인도 사람들에게 자식들을 영국인 학교에 보내지 말 것이며, 영국인들이 쥐여준 모든 특권을 버리라고 말했다. 간디 자신도 남아프리카에서 영국 정부로부터 받은 훈장을 돌려주었다. 그는 어느 공장 노동자에게 기본생계도 되지 않는 임금을 주는 것에 항의하여 단식 투쟁을 벌였다. 그는 공장 사장이 노동자에게 임금을 제대로 주지 않으면 절대로 음식을 먹지 않겠다고 선언했다. 결국 공장 주인은 사흘 만에 간디의 요구에 굴복했다.

간디는 영국에 의해 몇 번이나 감옥에 갇혔다. 그럼에도 간디는 굴복하지 않았다. 인도 국민의 민족 운동도 끊이지 않고 계속되었다. 간디의 비폭력 저항 운동과 함께 폭력적인 민족 운동도 함께 벌어졌다. 영국의 인도 지배는 점점 어려움에 부닥쳤다. 암리차르의 대학살 이후 영국은 더 이상 과거와 같이 인도를 완전한 식민지로 지배하는 것이 불가능하다는 사실을 깨달았다. 영국은 인도의 독립을 위해 점진적인 자치를 허용하기로 했다. 그러나 그러고도 인도가 완전히 독립을 이루기까지는 30년이라는 기간이 필요했다.

인도 민중의 정서를 이해한 간디

1920년 간디는 인도 민족 운동 지도자로 전면에 떠올랐다. 그는 비폭력 불복종의 저항 운동을 주창했다. 그가 주도한 비협조 저항 운동은 인도 민족 운동에 새로운 장을 열었다. 인도의 민족 운동은 1885년 인도 국민회의가 창설된 이후 서구 교육을 받은 엘리트들이 중심이 되어 온건한 방식으로 전개되었다. 그러나 이때부터 인도의 민족 운동은 다양한 계급과 계층, 여러 집단과 지역의 이해관계가 반영된 느슨한 연합, 그리고 아래로부터 대중의 열망이 반영된 대중적인 운동으로 변화했다.

인도의 민족 운동이 이러한 전환을 이룰 수 있었던 것은 국제정치 상황과 인도 내부의 정치환경에 극적인 변화를 초래한 제1차 세계대전의 여파 때문이다. 유럽과 아프리카, 중동 지역에서 독일과 싸워야 했던 영국은 최대의 식민지였던 인도의 인적·물적 지원이 절대적으로 필요했다. 백만 명이 넘은 인도인들이 전쟁에 징집되었고, 그 중 상당수가 서유럽과 중동 지역에서 전쟁을 치렀다. 이들은 포연 속에서 일그러진 백인의 모습을 보았고, 고향으로 돌아온 뒤 인도의 현실에 불만과 고통을 느껴야 했다. 영국은 인도의 국방비를 3배나 늘렸고, 이는 세금 증가와 물가상승으로 이어졌다. 당연히 대중은 고통받았고, 새로운 시대에 대한 희망과 기대를 품었다. 그것은 인도의 독립이었다.

더욱이 영국 내부에서 진보적인 노동당이 부상하고 러시아 혁명으로 전 세계적으로 공산주의 운동이 급속히 전파되면서 인도에도 급진적인 사고가 유입되었다. 그에 따라 인도에도 팸플릿과 포스터, 노래를 통한 다양한 형태의 운동이 보급되었고 많은 사람의 정치의식을 자극했다. 도시와 엘리트에 한정된 인도 국민회의의 한계를 넘어서 정치적으로 낙후한 지방과 계층으로 운동이 확대되었다.

제1차 세계 대전은 끝났으나 영국은 전시 상황에서 약속한 자치를 이행하지 않았다. 오히려 재판 없이 민족 운동가를 가둘 수 있는 악법을 통과시켜 인도인의 희생과 기여를 무색하게 만들었다. 1919년 2월 영국은 로우래트 법안을 델리의 인도제국 입법회의에 제출했고, 그것은 대전 중 적용한 '인도 방위법'을 영속적으로 인정하는 것으로 비밀경찰제도나 검열제도 등 계엄 상태와 같은 온갖 억압적인 제도를 부활하는 내용을 담고 있었다. 인도인들은 분노했다. 그런 상황에서 1919년 암리차르에서 무장하지 않은 민간인을 집단학살하는 사건이 발생했다. 인도인들의 분노는 하늘을 찔렀다. 이러한 상황에서 대중의 감성을 자극하며 새로운 민족 운동을 이끌 지도자로 간디가 등장한다.

간디는 그동안의 인도 민족운동가와는 여러 면에서 달랐다. 남아프리카에서 변호사로 활동하다 귀국한 그는 전국을 여행하면서 인구의 압도적인 다수를 차지하는 농민의 곤궁과 희망, 눈물과 절망을 이해하는 시간을 가졌다. 간디는 그처럼 고통받고 억압받는 계급, 계층과 자신을 동일시했다. 그래서 그는 "지도자는 그들을 이끌 뿐만 아니라 일으켜 세워야 한다."고 주장했다. 네루의 말처럼 간디는 '수천만 인도인의 의식적이고 잠재적인 소망의 정수'였고, '인도를 잘 알고 있었다'.

간디가 인도의 전국적인 지도자로 부상할 수 있었던 것은 그가 교조적이지 않고, 형식적이며 전형적인 정치 스타일을 추구하지 않았던 점도 큰 몫을 했다. 간디는 남아프리카에서 변호사로 있으면서 차별받는 인도인을 위해 인권활동을 벌였다. 그때 그는 그곳의 특수한 상황을 고려하여 다양한 종교와 계층, 지역과 집단을 융합하는 대중 운동을 이끌었다. 그가 이런 사고와 활동을 할 수 있었던 것은 승려 계급인 브라만이나 정치가, 군인 계급인 크샤트리아 출신이 아니라 상인 계급인 바이샤 출신이라는 점과도 관계가 있었다. 간디는 정치적으로 후진 지역인 구자라트의 상인 계급 출신으로 전국적인 지도자가 지녀야 할 잠재력이 있었다. 구자라트 지방은 비폭력의 윤리를 갖고 있던 자이나교의 전통이 강한 곳이었다.

간디는 영어와 역사를 모르는 인도 사회의 낮은 계층의 대중에게 호소하면서 그들을 자치스와라지 운동에 동원했다. 국민회의 지도자 라젠드라 프라사드Rajendra Prasad는 이렇게 고백했다.

우리는 국민회의 모임이나 여러 회의에서 연설하거나 법정에서 소송을 제기하고, 입법회의에서 의원들에게 질문하는 것으로 충분하다고 생각했다. …… (그러나) 간디는 그렇게 하지 않았다. 그는 농민에게서 증거를 찾아냈다.

간디는 '영국 신사'와 같은 다른 국민회의 지도자와는 달리 3등 열차로 여행하고, 영어가 아니라 대중이 이해할 수 있는 힌두어로 연설했다. 그는 양복을 벗고 농민의 옷차림을 하고 다녔다. 그의 그러한 모습은 사람들에게 친근감을 자아내게 했다. 그는 인도 사회를 이해했고, 농민들을 이해했다. 그는 농민들이 신봉하는 라마 신의 통치를 최상으로 여겼으며 그의 이상향은 검은 사탄과도 같은 방적공장이 없는 단순하고 소박한 생활이었다. 그는 농민들 속에 깊이 뿌리 내린 대서

사시 「라마야나Ramayana」*를 이용하여 농민의 의식에 접근했다.

간디의 운동방식은 대중이 이해하고 따라 할 수 있는 쉽고 단순한 방식이었다. 항의행진, 고의적인 법률위반, 일상을 정지하는 하르탈 Hartal**, 구호와 격문이 적힌 피켓 들기, 금주 운동, 농성과 같은 비폭력 운동은 학식이 없고, 기술이 없는 사람들도 얼마든지 참여할 수 있었다. 농민들이 자기문화와 전통에 긍지를 갖게 한 농촌재건 운동, 물레 돌리기와 손으로 옷감을 짜는 카디 운동 같은 방식도 식민지 경제체제 아래서 고통받는 농민의 지지를 끌어올리는 데 효과적이었다.

1920년, 국민회의는 간디가 제안한 스와라지를 운동 목표로, 비협력과 사티아그라하를 전략으로 채택했다. 그 투쟁방법은 완전히 평화적인 것으로 흔히 말하는 '비폭력에 의존'했다. 그것은 네루의 말처럼 "인도에 대한 (영국 제국) 정부의 착취와 지배를 조금도 돕지 않는다."는 것이었다. 우선 영국 정부로부터 수여된 갖가지 작위의 거부, 관직과 기타 유사한 직위의 거부, 변호사와 소송당사자들의 재판 거부, 관립 대학의 거부, 입법회의 참가 거부 등으로 시작되었다. 나아가 공무와 병역, 납세 보이콧으로 발전하는 것이었다. 산업 면에서는 물레의 사용과 베틀로 옷감 짜기, 제국 법정에 대항한 조정심판소의 설립 등

＊ 「마하바라타(Mahābhārata)」(바라타 왕조의 위대한 서사시)와 쌍벽을 이루는 인도의 대서사시. 내용상으로는 흔히 '라마의 사랑 이야기'로 알려져 있다. 길이는 「마하바라타」보다 짧다. 산스크리트로 된 이 서사시는 시인 발미키(Vālmīki)가 BC 300년 이후에 쓴 것으로 추정되며, 지금 전해지는 것으로는 약 2만 4천 개의 2행연구가 7권으로 나뉘어 있다.

＊＊ 아무일도 하지 않는 것, 즉 파업을 의미한다. 하르탈 작전을 시작하면 상점이나 공장 등은 전면적인 작업 정지 상태에 들어간다. 즉, 아무 일도 하지 않는 파업을 하는 것이다. 처음에는 대수롭지 않게 여기던 영국 식민 당국도 많은 시민이 하르탈에 참가해 교통, 상업, 학교, 행정, 입법 등 대부분의 도시 기능이 마비되자 서둘러 탄압에 나서게 된다.

이었다. 또한 힌두교와 이슬람교의 합작과 더불어 힌두교 내에서 천민 차별의 배제도 포함되었다.

이에 따라 국민회의는 조직을 개편, "일정한 연회비를 내고 국민회의의 강령에 서명한 사람은 누구나 당원이 될 수 있도록" 문호를 개방했다. 이렇게 해서 그동안 엘리트의 연례 모임과 같았던 국민회의는 대중정당으로 발전할 수 있는 기초를 마련하게 된다. 초보적인 수준의 상설기구를 두었고, 전국적 조직을 통해 지방과 농촌의 말단까지 진출하여 대중과 손잡았다. 자치를 확보하기 위한 온건한 운동도 대중이 참여하는 길거리 정치로 변화되었다.

자이나교와 불교, 영국과 아프리카

모한다스 카람찬드 간디는 높은 카스트 출신이 아니었지만, 집안은 부유했고 교양 있는 가문이었다. 간디 가문은 카스트 제도의 상인계급인 바이샤 카스트의 모드 바니아 계층에 속했다. 원래는 식료품상을 하던 집안이었던 것으로 알려진다. 그는 인도 서북 지방의 작은 토후국 포르반다르Porbandar*에서 1869년에 태어났다. 포르반다르는 아라비아해로 뚝 뒤어나온 카티아와르 반도에 사리 삽고 있나. 18/2년 동

---

* 인도 중서부 구자라트 주 주나가드 행정구에 있는 도시. 아라비아해 연안에 있으며, 마하트마 간디가 태어난 곳이기도 하다. 16세기부터 제트와 라지푸트족의 통치를 받았으며, 소왕국의 영역이었던 포르반다르주는 구자라트주에 행정구로 편입될 때까지 주도 역할을 했다(1785~1948년). 오늘날 건축용 석재 생산지로 유명하며, 그밖에도 다양한 상품들이 생산된다.

계를 보면 포르반다르 토후국의 인구는 7만 2천 명, 수도인 포르반다르 시의 인구는 1만 5천 명이었다. 우리나라의 군郡 정도의 규모라고 볼 수 있다. 그의 가문은 이 지역에서 오랫동안 상당한 영향력을 행사했다. 간디의 할아버지, 아버지, 숙부는 차례로 포르반다르 토후국 총리를 지냈다. 간디의 아버지는 나중에 포르반다르와 비슷한 규모의 작은 두 나라의 총리직도 맡았다.

간디의 부모는 힌두교의 자이나 파에 속했다. 자이나 파의 계율의 하나는 아힘사ahimsa다. 아힘사는 부정을 나타내는 접두사 아a와 해를 끼친다는 의미의 힘사himsa가 결합한 말로써 "모든 생명체에 해를 끼치지 않는다."는 뜻이다. 이는 비폭력, 불살생의 정신으로 자이나 파의 개조인 마하비라, 불타석가모니, 비슈누를 숭배하는 모든 사람에게 이어지며, 간디에게 큰 정신적 감화를 주었다. 그의 비폭력 운동의 정신은 여기서부터 유래한다고 볼 수 있을 것이다.

간디는 열세 살에 부모가 골라준 소녀 카스 투르바이 마칸지와 결혼했다. 그녀의 집안은 포목, 무명, 곡물을 거래하는 상인 집안이었다. 1888년 간디는 바브나가르 토후국의 사말다스 대학에 입학했으나 곧 그만두고, 9월 영국으로 유학을 떠났다. 간디는 영국 런던의 4개 법학원 가운데 하나인 이너 템플Inner Temple*에 들어갔다. 그곳에서 12학기를 마친 뒤, 1891년 변호사 자격을 취득했다. 그는 3년간 런던 유학을 마치고 1891년 인도로 돌아왔다. 그러나 그를 그토록 사랑하며 영국으로 떠나는 것을 걱정했던 어머니는 이 세상에 없었다.

---

* 빅토리아 강변에 있는 런던의 4개 법학원 중 하나로 자와할랄 네루도 이곳에서 공부하고 변호사 자격증을 취득했다.

간디는 인도 뭄바이와 라지코트에서 변호사 생활을 시작했지만 그다지 능력을 인정받지는 못했다. 간디는 때마침 1년간의 계약으로 남아프리카의 인디아계 상사에서 근무하게 된다. 그런데 그는 남아프리카공화국에서 생활하면서 백인들에게 심각하게 차별당하는 동족들을 보면서 새로운 의식에 눈뜨게 된다. 그는 남아프리카에서 인도인의 권익을 높이기 위한 민족 운동을 벌이게 된다. 간디의 사티아그라하와 대중성 있는 민족운동 방식은 이곳에서 시작된다.

1893년 간디는 남아프리카에 첫발을 내디뎠다. 그러나 그곳에는 그가 생각하지 못한 잔인한 경험이 기다리고 있었다. 그는 아프리카에 사는 인도인의 처지가 어떤 지경인지 아무것도 모르고 있었다. 그는 인도의 상류계급에서 태어나 영국에서도 별로 차별 없이 좋은 대우를 받았다. 그는 유럽인들을 자신의 친구라고 생각하고 있었다. 그러나 나탈에 들어서는 순간 그는 그와는 전혀 다른 현실이 기다리고 있는 것을 목격하게 된다. 그는 결코 유럽인, 즉 백인의 친구가 아니었다. 그는 유색인종이었다. 그는 심한 모욕의 대상이었다.

영화 〈간디〉의 첫 장면은 1893년에 시작된다. 스물네 살의 '영국 신사' 간디는 남아프리카에 도착한 지 일주일 만에 열차에서 쫓겨난다. 그는 일등칸 차표를 사서 일등칸에 탔으나 백인이 아니라는 이유로 차장에게 3등 칸으로 가라는 명령을 받는다. 그가 이를 거부하자 차장은 열차에서 그를 쫓아낸다. 간디는 호텔 현관에서, 기차에서 따돌림을 받았고, 욕을 먹었다. 때로는 발길질도 당했다. 대영제국의 변호사 자격증도 아무 소용없었다. 변호사인 그가 그런 지경이었으니 일반인도인들이야 말해 무엇하랴.

간디는 남아프리카에서 인종차별에 저항하는 운동을 시작한다. 그는 이민 법안에 반대하는 청원 운동을 벌였고, 나탈 인도국민회의를 조직하여 처음으로 대중운동가로 나선다. 그는 톨스토이의 평화주의를 공부하고 종교 서적을 열심히 읽는다. 거기서 '비폭력 투쟁'의 단서를 열어나갔다. 그는 영어와 세 가지의 인도어를 사용한 《인디언 오피니언》을 창간한다. 1896년 일시 귀국한 간디는 인도에서 남아프리카 인도인의 처지를 알리는 연설과 강연을 했고, 이듬해 가족과 함께 다시 남아프리카로 간다.

간디는 요하네스버그에서 많은 수입을 올릴 수 있는 고객이 있었지만, 보통의 인도인처럼 가난한 생활을 택했다. 그는 연간 5~6천 파운드의 수입을 올릴 수 있었지만 그걸 포기하고 한 달에 3파운드로 생활하는 길을 걸었다. 간디는 비참한 처지에 놓인 인도인들과 똑같이 생활하면서 그들의 시련을 나누었다. 그는 그러한 생활을 신성한 것으로 받아들였다. 그는 인도인들에게 '비폭력', '비협조'를 강조했다.

1904년 간디는 그가 숭배했던 톨스토이의 제안에 따라 남아프리카 더반에 농업 공동체를 만들었다. 그는 그곳에 인도인들을 모아 땅을 나눠주고 가난을 이겨가자고 결의했다. 간디 자신도 그들과 함께 막일을 했다. 그러한 방식으로 간디는 남아프리카의 백인 국가에 저항했다. 그러면서도 간디는 남아프리카 정부가 위기에 처할 때마다 협조

* 《인디언 오피니언》에는 톨스토이가 1910년 9월 7일 사망 직전에 간디에게 보낸 편지가 게재되었다. 톨스토이는 《인디언 오피니언》을 읽고 인도인의 무저항자들(비폭력 · 비협조 운동자들)에 대해 알고 기뻐했다. 그는 이 운동을 격려해서 "무저항(비폭력 · 비협조)은 사랑의 법도, 즉 인간의 영혼과 영혼의 교류를 동경하는 것이다."라고 말했다. 이 밖에도 모스크바의 톨스토이 문고에서 간디에게 보낸 톨스토이의 편지 몇 통이 발견되었다. (로망 롤랑 지음/최현 옮김, 『마하트마 간디』, 범우사 참고)

를 아끼지 않았다. 1899년 보어 전쟁 중에는 인도인 적십자사를 조직하여 영국군을 지원했다. 1904년 요하네스버그에 페스트가 창궐하자 간디는 병원을 세워 사람들을 치료하는 데 힘썼다. 1906년에는 토착인들이 나탈에서 반란을 일으켰다. 간디는 자원위생병 책임자로서 싸움터에 나섰다. 나탈 정부는 이에 대해 공식적인 감사를 표명했다.

그럼에도 간디는 수차례나 감옥에 가야 했다. 나탈 정부의 공식적인 감사 표명 뒤에도 금고형, 노동형에 처해졌다. 그는 한편으로는 동포들에게 린치를 당하기도 했다. 1907년에는 그의 온건한 행동에 의구심을 가진 동포에게 심각한 폭행을 당했던 것이다. 영국 정부는 그런 와중에도 간디를 매수하기 위해 온갖 노력을 다했다. 그러나 온갖 굴욕 속에서도 그의 신념은 흔들리지 않았다. 그는 시련 속에서 더욱 단단해졌다. 1908년 간디는 남아프리카에서의 폭력에 대한 답변으로 유명한 『힌두 스와라지인도 자치, Indian Home Rule』를 내놓았다.

간디의 남아프리카에서의 비폭력 비협조 운동은 1907년부터 1914년 사이에 절정을 이루었다. 남아프리카 정부는 영국 지식층의 반대에도 '신아시아 법안'을 통과시켰다. 이에 간디는 대규모 비폭력 저항 운동을 전개했다. 모든 아시아인, 모든 인종, 모든 계급, 모든 종교의 아시아인은 부자와 빈자를 떠나서 함께 힘을 모으자고 했다. 이때 수천 명이 투옥되었다. 감옥이 모자라서 체포된 사람들을 광산 갱도 속에 가두었다. 간디는 세 번이나 체포되었다. 사망자와 순교자가 속출했다. 운동은 점차 확대되었다.

1913년 이러한 비폭력 저항 운동은 트란스발에서 나탈에 이르기까지 남아프리카 전역으로 퍼져갔다. 격렬한 스트라이크와 집회가 계속되었다. 간디가 지도하는 인도인들의 행렬은 강력한 탄압에도 계속되었다. 마침내 분노의 파도는 인도로까지 미쳤다. 인도 총독 하딩 경조차도 남아프리카 정부를 비난하고 나섰다. 마침내 '위대한 영혼'의 마력과 불굴의 의지는 성공했다. 간디의 "영웅적인 온유함 앞에 권력이 무릎을 꿇었던 것이다."

영국 제국위원회는 간디의 정당성을 대부분 인정했다. 1914년 3파운드의 인두세를 폐지하고 나탈에서 인도인의 자유로운 거주와 노동자로서의 체류를 허용하는 법률이 통과되었다. 20여 년에 걸친 비폭력 비협조 투쟁이 마침내 승리를 거두었던 것이다. 간디는 남아프리카에서 인도인들의 지위를 향상하고 명예를 회복하는 데 크게 기여했다. 그러나 아직도 인도인들을 속박하는 법률은 남아 있었고, 인도인들의 지위는 보잘것없었다. 따라서 사람들은 여전히 사티아그라하가 인류의 문제 해결책으로서 얼마나 효과적일지에 대해 의문을 가졌다. 그래서 간디는 이렇게 썼다.

어떤 물건은 그것을 얻은 수단을 통해서만 계속 유지할 수 있다는 자연의 법칙이 있다. 폭력에 의해 얻은 것은 폭력으로서만 유지할 수 있다. 반면 진리에 의해 얻은 것은 진리로만 유지할 수 있다. 따라서 오늘날 아프리카의 인도인들은 사티아그라하라는 무기를 휘두를 때에만 그들의 안전을 보장받을 수 있다. 사티아그라하는 비길 데 없는 귀중한 무기다. 그 무기를 휘두르는 사람들은 실망이나 패배를 모른다.

간디와 인도 민족 운동의 변화

1914년 7월 18일 간디는 더반에서 킬파운드캐슬호에 몸을 실었다. 영국에 머물고 있던 인도 국민회의 의장 출신의 존경하는 스승 고칼레Gopāl Krishna Gokhale[*]를 만난 뒤 인도로 귀국할 예정이었다. 이때 유럽 하늘에는 전쟁의 먹구름이 뒤덮고 있었다. 그러나 간디는 이를 전혀 알지 못했다. 간디는 21년간의 남아프리카 생활을 뒤로하고 인도로 귀국하고 있었다. 간디는 자신의 미래가 불확실하다고 말했다. 그러나 그의 귀국은 인도 정치에 새로운 시대를 예고하는 사건이었다. 간디는 인도에 돌아와서 이미 존재하고 있던 인도 국민회의를 통해 쉬지 않고 일을 해감으로써 인도와 세계 역사에 지울 수 없는 자취를 남긴다. 간디가 등장하면서 영국화된 상층 인도인들의 조직이었던 국민회의는 대중 조직으로 변모했다.

인도 국민회의약칭 '국민회의'는 1885년 뭄바이에서 출범했다. 국민회의 초창기 대표는 대부분 높은 카스트의 힌두교도와 파시교도[**]였으며, 구성원들은 변호사, 기자, 교사, 사업가 등이었다. 부유한 지주와 상인

---

[*] 신망 받는 정치 지도자였으나 건강이 좋지 않았고, 간디가 인도에 귀국한 얼마 뒤 사망했다. 인도 사회봉사협회를 설립한 사회 개혁가. 인도 독립 운동 초기의 온건파 민족주의 지도자였다. 1902년 푸나에 있는 퍼거슨대학 교수직을 그만두고 정치의 길로 들어섰다. 최대 민족주의 단체인 인도 국민회의파의 영향력 있고 존경받는 당원으로서, 온건하고 합헌적인 선동과 점진적인 개혁을 주장했다. 3년 뒤 국민회의 의장에 선출되었다. 정치활동 외에 사회 개혁에도 깊은 관심을 보여 1905년 인도 사회봉사협회를 설립했다. 이 협회의 회원은 청빈과 가난한 사람들에 대한 평생의 봉사를 서약했다. 그는 하층 카스트 계급인 불가촉(不可觸) 천민에 대한 학대에 반대했고, 남아프리카에 사는 가난한 인도인의 문제를 제기하기도 했다.

[**] 파시교(Parsis, Parsees) 또는 파시 공동체는 남아시아(특히 인도와 파키스탄)에 있는 두 조로아스터교 공동체들 중 규모가 큰 공동체를 지칭한다.

도 일부 포함되었으며 영국인도 약간 있었다. 첫 대의원 수는 75명이었다. 인도의 공무원으로 일하다가 퇴직한 앨런 옥타비언 흄이라는 영국인이 국민회의 탄생의 산파 노릇을 했다. 그는 국민회의 초대 사무총장이었고 1907년까지 이 자리를 지켰다. 국민회의는 처음 25년 동안 다섯 차례나 영국인을 의장으로 뽑았다.

국민회의는 처음에는 엘리트들의 토론 모임에 지나지 않았다. 영국에 대한 충성에도 의문의 여지가 없었다. 국민회의는 결코 대영제국의 지배체제를 위험에 빠트릴 수 있는 행위를 하지 않았다. 국민회의는 인도인들이 영향력을 행사할 수 있고, 인도 국민과 관련된 논의를 할 수 있는 새로운 공적 포럼을 제공하는 것으로 만족했다. 여기에 참석하는 인도의 지도자들은 군비를 줄이고, 교육과 내적 발전에 더 많은 예산을 할당하라고 요구했다. 또한 그들은 자치의 발전, 사법과 행정의 분리, 고위 공무원에 대한 더 많은 인도인의 등용 등과 같은 내용을 주로 주장했다.

1902년 아메다바드에서 연례 국민회의 총회가 열렸을 때 수렌드라나트 바네르지는 이렇게 말했다. "우리는 인도에서 영국의 통치가 영원히 계속되어야 한다고 주장합니다." 1885년부터 1904년까지 국민회의의 영국 왕에 대한 충성심은 확고부동했다. 그러나 1905년 영국이 벵골 지역을 나눴을 때 처음으로 영국인들은 인도에서 현실적인 위협을 느껴야 했다. 영국은 행정상의 이유로 분리한다고 말했지만, 인도인들은 이것이 벵골의 힌두교도와 이슬람교도를 분열시키려는 조치라고 생각했다. 주로 이슬람교도가 사는 벵골 동부를 힌두교도가 많이 사는 서부 지역과 분리한 것이다. 1905년 8월 7일 국민회의 지도자

수렌드라나트 바네르지는 "저는 이 자리에서 오늘부터 적어도 일 년 동안 영국 제품을 절대로 사지 않기로 서약하니, 신이여 저를 도와주소서."라고 말했다. 분리반대 운동이 힘을 얻고 스와데시^{인도 제품} 구매 운동이 확산되자 정부는 이들에 대한 무자비한 탄압을 자행했다.

영국 정부의 탄압으로 벵골 분할 반대 운동이 좌절되었다. 그러자 국민회의 내부에 혁명적 분파가 등장했고, 마침내 분열이 발생했다. 1907년 총회에서는 갈등이 극도로 악화되었다. 강경파와 온건파 사이에 의자를 던지고 신발을 던지며 몸싸움을 벌였다. 완전히 패싸움으로 회의장은 난장판이 되었다. 경찰이 달려와서야 싸움이 막을 내렸다. 이 사태 이후 국민회의는 9년 동안 분열상태에서 벗어나지 못했다.

1910년 영국 자유당원인 펜즈허스트의 하딩^{Hardinge} 경이 부왕의 자리를 이어받았다. 그는 벵골의 통일을 제안했고, 영국 정부로부터 승인도 받았다. 그러나 그 사실은 1911년 12월 12일 조지 5세의 대관식에서 비로소 공표되었다. 또한 왕은 델리에서 거행된 대관식에서 인도 정부의 수도를 칼리카타에서 옛 도시인 델리로 옮길 것이고, 델리에는 새로운 도시 뉴델리를 건설할 계획이라고 발표했다. 그러나 이 같은 조처에도 과격파들의 활동은 줄어들지 않았다. 혁명 운동은 1913~1916년에 벵골과 펀자브에서 절정에 이르렀다. 1914년에 제1차 세계대전이 터지면서 상황이 변화했다.

인도인들은 전쟁이 끝나면 영국인들의 마음이 바뀔 것으로 생각했다. 거기다가 전인도 이슬람 연맹^{1906년 공식 설립}이 새로운 변수로 등장했다. 범이슬람주의 운동의 영향력이 강화되고 있던 상황에서 영국의 터키에 대한 정책을 보고 이슬람교도와 국민회의가 가까워졌던 것이다.

1913년 이슬람 동맹이 인도의 자치를 자신의 목적으로 받아들인 것이다. 국민회의는 이를 환영했다. 1915년 국민회의와 이슬람 동맹이 뭄바이에서 동시에 연례 총회를 개최했다. 양측은 상호 동맹의 방향으로 논의를 진행했다. 1916년 러크나우에서 열린 양측의 연례 총회에서 국민회의-이슬람의 동맹 계획이 각각 승인되었다. 국민회의 내부의 강온파 사이의 갈등도 이때 봉합되었다.

이 무렵 인도의 민족운동 지도층에는 새로운 변화가 일어나고 있었다. 젊은 세대는 구세대 지도자에 대한 믿음을 거의 잃어버린 상태였다. 게다가 국민회의의 중심적인 지도자 노릇을 해야 할 사람들은 여러 가지 사정으로 공백 상태에 있었다. 건강이 좋지 않거나 국외에 있거나 다른 일에 빠져서 정치와 거리를 두고 있거나 하는 상황이었다. 따라서 인도는 새로운 지도자를 맞이해야 할 형편이었다. 이런 상태에서 간디가 귀국했다. 그렇게 해서 간디는 심리적인 면에서 가장 유리한 시기에 인도 정치에 뛰어들 수 있었다.

대영제국에 대한 존경에서 비협조로

1915년 1월 9일 간디는 인도로 돌아왔다. 그의 명성은 이미 인도에도 널리 알려진 상태였다. 그는 인도로 돌아온 뒤 기차의 3등 칸을 타고 인도 여러 곳을 여행했다. 아직 그의 모습은 널리 알려지지 않아서 일반인들 속에 섞여 자연스레 다닐 수 있었다. 1915년 4월 간디가 마드라스에 도착했을 때, 환영위원회는 1등 칸과 2등 칸을 뒤졌으나 결국 3등 칸에서 나오는 추레한 차림의 간디를 발견했다. 몸은 바짝 여위었고, 헐렁한 셔츠와 바지는 나흘간이나 갈아입지 못해 더러웠다. 사람들은 간디를 보고 "간디 부부 만세!", "영웅 만세!"라고 외쳤다. 간디는 이때까지도 대영제국에 대한 존경심을 버리지 않고 있었다. 그는 이렇게 말했다.

여러분도 내가 정부라는 것 자체를 좋아하지 않는다는 사실을 잘 알고 계실 것이고, 또 가장 적게 통치하는 정부가 가장 좋은 정부라는 말을 자주 한다는 것도 알고 계실 것입니다. 그런데 나는 대영제국 아래서는 가장 적게 통치를 받는 일이 가능하다는 것을 알게 되었습니다.

그러나 이러한 믿음을 깨뜨리는 일이 곧 발생한다. 영국은 제1차 세계대전이 끝난 다음에도 약속을 지키지 않았던 것이다.

간디는 많은 여행과 자기 성찰 끝에 아메다바드 외곽에 자리를 잡는다. 그는 이곳에 생활 공동체인 아티아그라하 아슈람을 세웠다. 모두 25명이 거주했다. 손으로 직물을 짰고, 목공 일도 했다. 규율도 정했다. 거짓말 안 하기, 아힘사, 금욕, 절식, 도둑질 안 하기, 무소유, 실을 뽑아 손으로 짠 카디를 이용하고 외국 천은 사용 안 하기, 불가촉천민 수용, 두려움 없는 태도 등을 맹세해야 했다. 간디는 그 내용을 자세히 설명했다. 이를테면 두려움 없는 태도란 "왕, 민중, 카스트, 가족, 도둑, 강도, 호랑이 같은 사나운 짐승, 심지어 죽음에 대한 두려움으로부터도 자유로운 상태"를 말했다. 두려움 없는 태도를 맹세한 사람들은 절대 힘에 의존하지 않고, 늘 영혼의 힘으로 자신을 방어하겠다고 맹세해야 한다. 영혼의 힘이란 사티아그라하를 실천에 옮기도록 훈련

받은 사람의 무기로, 곧 진리와 사랑의 힘을 말했다.

사티아그라하 아슈람에는 계속 문제가 발생했다. 불가촉천민을 받아들이자 심각한 문제가 생겼으나 결국 간디의 의지를 가로막지는 못했다. 간디는 그곳에 갇혀 있지는 않았다. 그는 인도 전역을 여행하면서 사람들을 만났고, 다시 그곳으로 돌아갔다. 그는 연설에 초청받았으나 정치적 의견은 내지 않고, 사회 개혁의 생각만 표명했다. 그의 활동은 계속되었다. 그는 농민들을 만났고, 노동자들을 만나 그들의 문제를 해결하기 위해 도와주었다. 간디는 1917년에는 영국의 인도인 징집병사 모집 활동에 적극 참여했다. 그러나 1919년 2월, 인도 정부는 롤래트 법안Rowlatt Acts⁎을 제출했고, 3월 18일 법안은 통과되었다. 이는 영국의 인도에 대한 철저한 배신 행위였다. 이에 간디는 전국에서 하르탈을 실시하고 그날을 금식과 기도의 날로 지키자고 호소했다. 처음 하르탈의 결행 날짜를 3월 30일로 잡았다가 4월 6일로 바꾸었다.

인도 전역에서 하르탈은 폭력을 수행하며 진행되었다. 4월 6일로 연기된 사실이 알려지지 않아서 3월 30일부터 시작된 곳도 많았다. 펀자브의 암리차르도 그런 곳이었다. 4월 6일 펀자브 지역에서는 하르탈이 평화적으로 끝났다. 15만 명의 인구가 사는 암리차르는 3월 30일에 하르탈이 시행됐으나 델리와는 달리 경찰과 충돌도, 무력 사용도 없었다.

<hr />

⁎ 1919년 2월 인도정부가 국내치안대책으로 마련한 법률. 내용은 배심원 없는 정치재판과 공판을 거치지 않은 피의자 구속을 가능하게 하는 것으로서 민간 인도인들의 한결같은 반대에도 불구하고 입법참사회에서 강권으로 통과되었다. 롤래트 판사의 치안보고서를 근거로 제정된 이법의 목적은 제1차 세계대전 당시의 인도방위법(1915년)에 규정된 강압 조치를 영속화시키려는 것이었다. 인도인들의 원성이 고조되는 가운데 마하트마 간디는 항의운동을 전개했고 1919년 4월의 암리차르 대학살과 제1차 비협조 저항운동(1920~1922년)으로 이어졌다. 실제로 적용된 적은 없었다.

그러나 문제는 4월 9일, 힌두교의 람나우미 축제 날부터 생겼다. 이 날 이슬람교도들도 축제에 참가하여 "마하트마 간디 키 자이마하트마 간디 만세"와 "힌두-무슬라만 키 자이힌두-무슬림 단결 만세"를 외쳤다. 이에 대해 지구의 치안판사가 민중이 대담해지면서 긴급 상황이 발생할 수도 있다고 보아 암리차르에 주둔한 중대 병력을 보강해달라고 요청했다. 또한 펀자브 정부는 치안판사에게 국민회의의 두 지도자인 이슬람교도 사이푸딘 키치레우 박사와 힌두교도인 사티아팔 박사를 체포, 추방하라고 명령했다. 3월 30일의 집회에서 한 발언을 이유로 삼은 것이다. 치안판사는 4월 10일 아침 두 지도자를 소환, 인도 방위법에 따라 체포한다고 통보했다.

두 사람의 체포 소식이 전해지자 하르탈이 선포되었다. 군중이 모여들었고, 이들은 철도 건너의 영국인 거주지 시빌라인스로 몰려가 두 사람의 석방을 요구하려 했다. 철교에 근무하던 소규모 병사들이 이를 저지하려 했다. 이들은 무슨 일이 있어도 시빌라인스로 군중이 들어오는 것을 막아내라고 명령받았다. 병사들은 겁에 질려 군중을 향해 총을 발사했다. 사람들이 죽거나 다치자 격분한 군중이 도시의 정부 건물에 방화하고 눈에 띄는 대로 유럽인들을 공격했다. 영국인 은행원 세 명이 군중에게 맞아 죽었고, 선교학교 여교사 한 명이 공격당해 사망했다.

시 당국은 통제력 상실했다. 결국 군대가 투입되었다. 심라 태생의 영국인 레지날드 다이어 준장이 4월 11일 줄룬두르에 도착, 지휘권을 장악했다. 다이어 장군은 북서 전선과 미얀마, 페르시아의 전장을 누비며 혁혁한 무공을 세운 인물이었다. 다음날 모든 집회와 행진을 금지하는 포고문이 발표되었다. 4월 13일 아침에도 포고문 낭독이 되풀

이되었다. 그러나 나중에 경찰이 확인한 바로는 포고문을 읽지 않은 지역이 많았다. 포고문을 벽에 붙이는 일은 아예 하지도 않았다.

암리차르의 인도인들은 군대의 주둔에도 크게 겁내지 않았다. 4월 13일 오후 4시 30분 잘리안왈라 바그 공원에서 대중 집회가 계획되었다. 이 사실을 보고받은 다이어 장군은 이들에게 본때를 보여주기로 작정했다. 바그는 원래 정원을 뜻하지만 잘리안왈라 바그는 트라팔가르 광장 정도 크기의 움푹한 흙 마당으로, 집과 낮은 담으로 둘러싸여 있었으며 밖으로 통하는 길은 좁은 출입구 몇 군데밖에 없었다. 다이어 장군은 구르카족과 발루치족으로 구성된 부대를 배치했다. 장갑차도 두 대나 동원되었다. 다이어 장군은 부대가 배치된 다음 즉시 군중을 향해 총알이 떨어질 때까지 쏘라고 명령했다. 구르카족과 발루치족은 10분 동안 목표를 골라가며 정확하게 사격을 했다. 암리차르 대학살 사건이 벌어진 것이다.

폭력보다 비폭력이 더 강하다

암리차르 학살 사건은 인도인들에게 엄청난 충격을 주었다. 이 사건은 인도 민족 운동에서 하나의 전환점이 되었다. 영국이 인도인들을 어떻게 대하는지, 그들이 인도에서 무엇을 하고자 하는지 분명하게 확인되었다. 간디는 이제 더 이상 대영제국의 충성파가 아니었다. 이 사건은 인도 국민회의 온건파들에게도 엄청난 충격이었다. 그들은 이제 더 이상 영국의 자비심만 기다리지 않겠다는 생각을 하게 되었다. 이 사건 이후 온건파들도 간디가 제시하는 일련의 행동 지침에 기꺼이 따랐다. 1919년 12월의 마지막 주에 암리차르에서 국민회의 연례 총회가 개최되었다. 간디도 이 회의에 참석했다. 후에 인도의 초대 수상이 되는 자와할랄 네루는 암리차르 국민회의를 '첫 간디 국민회의'라고 불렀다. 네루는 이와 관련 이렇게 말했다.

> 대표단의 다수, 그리고 바깥의 훨씬 더 많은 수의 군중이 간디가 지도해 주기를 바란다는 데 의심의 여지가 없었다. '마하트마 간디 키 자이'라 는 구호가 인도의 정치적 지평을 지배하기 시작했다.

총회에서는 암리차르 학살 사건의 조사결과를 기다리고 있어서 특별한 결의 사항은 채택되지 않았다. 그러나 국민회의는 확실히 변화하고 있었다. 무엇보다 대중적인 성격을 띠게 되었고, 활력이 넘쳤다. 네루의 말처럼 간디의 참석으로 "바야흐로 장기간에 걸친 간디의 시대"가 시작되는 대회였다.

1920년 8월, 간디는 드디어 영국에 대한 전면적인 비협조 투쟁을 선언한다. 암리차르의 조사결과가 발표되었으나 그것은 본질을 호도하는 데 급급한 내용으로 채워져 있었다. 이를 보고 간디는 "현재의 내엉세국 내리인들은 인도 민중의 소망을 진징으로 존중하지 않으며, 인도의 명예를 하찮게 여긴다."고 말했다. 그는 몇 달 동안 전국을 누볐다. 그는 이슬람교 지도자 샤우카트 알리와 함께 다녔다. 그는 비협조 투쟁을 설파했다. 그는 "당신들이 우리를 교수대에 걸 수 있고, 감옥에 보낼 수 있지만, 우리로부터 협조를 얻어내지는 못할 것이다."라고 말했다. 그러면서 그는 때로는 영국을 향해 과격한 말들도 내뱉었다.

대영제국은 오늘날 악마주의를 대표합니다. 그들은 극악무도한 죄를 저질렀기 때문에 신과 이 나라에 용서를 빌지 않으면 멸망하고 말 것입니다. 나아가서, 대영제국이 사과하지 않으면 대영제국을 멸망시키는 것이 모든 인도인의 의무가 될 것입니다.

그러나 우리가 이미 보았듯이 간디가 '악마적인' 대영제국을 멸망시키기 위해 사용한 방법은 힘이나 폭력이 아니었다. 스와라지는 평화적인 비협조를 통해서 얻어내야 할 것이었다. 간디의 말을 한번 들어보자.

겁과 폭력 둘 가운데 하나만을 선택해야 한다면, 나는 폭력 쪽을 권할 것이다. 그러나 나는 비폭력이 폭력보다 무한히 나으며, 용서가 벌보다 남자다운 것이라고 믿는다. 용서는 병사의 아름다운 장식물이지만 벌을 줄 힘이 있을 때 자제하는 것이 진정한 용서다. 무력한 사람에게서 나오는 용서는 의미가 없다. 내 말을 오해하지 마라. 힘은 육체적 능력에서 나오지 않는다. 불굴의 의지에서 나온다.

인도에 사는 우리 3억 명의 인간이 십만 명의 영국인을 두려워할 필요가 없다는 사실을 금방 깨달을 수 있을 것이다. 분명한 용서는 우리 힘을 분명하게 인식하는 것을 뜻한다. 용서를 깨닫게 되면 우리에게 강력한 힘의 물결이 밀려온다. 그런 힘이 있다면 다이어가 인도의 경건한 머리 위에 모욕을 퍼붓는 일은 불가능할 것이다.

폭력이 짐승의 법이듯이, 비폭력은 인간의 법이다. 역동적인 조건 아래서 비폭력이란 고통을 의식적으로 받아들인다는 뜻이다. 비폭력은 악을 행하는 자의 의지에 온순하게 굴복한다는 뜻이 아니라 압제자의 의지에 맞서는 일에 자신의 온 영혼을 바친다는 뜻이다. 이런 삶의 법칙 아래서 일을 하게 되면 한 개인이 불의한 제국의 힘 전체에 도전하여 자신의 명예, 자신의 종교, 자신의 영혼을 구할 수 있으며, 그 제국의 몰락 또는 갱생의 기초를 놓을 수 있다.

나는 인도가 약하기 때문에 인도에게 비폭력을 호소하는 것이 아니다. 나는 인도가 자신의 힘과 권능을 의식하면서 비폭력을 실행하기를 바란다. 자신의 힘을 깨닫는 데는 무기의 훈련이 필요하지 않다. 우리에게 그런 훈련이 필요한 것처럼 느껴지는 것은 우리가 스스로 살덩어리에 불과하다고 생각하기 때문이다. 인도에는 소멸하지 않는 영혼이 있고, 그 영혼은 신체적 허약함을 딛고 승리를 거둘 수 있다는 것을 강조하고 싶다.

간디의 비협조 운동은 1922년까지 계속되었다. 그 기간 비협조 운동을 통해 그동안 민족 운동의 변방에 있던 많은 집단, 특히 농민들이 대거 참여했다. 간디는 처음 비협조 운동을 통해 "스와라지를 1년 안에 이루겠다."라고 선언했다. 하지만 스와라지는 1년이 아니라 2년이 지나서도 이루어지지 않았다. 그 과정에서 많은 운동가가 체포되어 감옥에 갔고, 수많은 인도 대중들이 영국 경찰과 군대의 폭력 앞에서 고통당했다. 그러나 간디가 얻어내고자 한 것은 즉각적인 식민정부의 전복이 아니라 대중의 참여를 배경으로 압력을 증대시킴으로써 자치정부의 실현을 위한 보다 많은 양보와 타협을 확보하는 것이었다.

말할 필요도 없지만, 운동의 방식은 사티아그라하였다. 그가 이미 남아프리카에서 여러 차례에 걸쳐 경험한 바 있는 이러한 운동 방식은 인도의 조건에서 가장 적절한 방법이었다. 네루는 딸에게 보낸 편지에서 이렇게 말하고 있다.

무장 반란은 인도 인민에게는 불가능하게 보였다. …… 그러면 남은 길은 무엇이겠느냐? …… 바로 이 순간 간디가 그의 비협조 강령을 제시했던 것이다. 그 강령은 아일랜드의 신페인처럼 우리로 하여금 자신의 힘에 의지하고 자신의 힘을 기르도록 가르쳤다. 그리고 그것은 분명 정부 당국에 압력을 가하는 매우 유효한 방법이었다. …… 그것이 정부에 대하여 놀라운 압력을 주는 동시에 인민의 힘을 강화할 수 있는 것만은 틀림없는 사실이다. 그것은 철저히 평화적이었지만, 그렇다고 단순한 무저항은 아니었다. 사티아그라하는 비폭력적이기는 했지만, 악에 대해 하나의 엄연한 저항이었다. 그러므로 그것은 사실상 평화적인 반란이며 가장 세련된 전쟁으로, 국가의 안정을 위협하는 것이었다. 또한 대중을 움직이는 가장 적절한 방법으로서 인도의 국민성에도 적합한 것이었다.

마하트마 간디의 탄생

간디는 인도의 특성을 고려해서 이 운동을 전개하면서 계급과 카스트, 종교의 구분을 넘어서 연합할 것을 호소했다. 그는 힌두와 소원했

네루와 간디

던 무슬림과의 연대에 많은 노력을 기울였다. 무슬림 또한 이에 호응하어 직극 동참했다. 또한 힌두교 내에서 불가촉천민에 대한 차별노 없앨 것을 주장했다. 비협조 운동을 통해 인도는 전국적인 차원의 반영투쟁을 처음으로 전개할 수 있었다. 운동이 진행되면서 인도인의 영국에 대한 적대감은 점차 커졌다.

비협조 운동의 정치적 프로그램은 영국 왕실로부터 받은 작위와 상훈의 반납, 국공립학교 학생과 교사의 자퇴 및 사직, 식민정부의 사법과 행정을 마비시킬 변호사의 휴업, 관리들의 사퇴를 비롯하여 입후보 및 투표를 거부하는 지방의회 선거 보이콧이 포함되어 있었다. 경제적 프로그램으로는 경제적 자립을 위한 스와데시 운동, 국산품 애용과 농민과의 일체감을 상징하는 물레 돌리기, 카디 운동 등이었다. 이는 외국산결국 영국산 옷감과 외국 상품 불매운동으로 이어졌고, 1921년에는 토지세 납부 거부 운동도 벌어졌다.

그러나 비협조 운동은 기대만큼 성공하지는 못했다. 국민회의 인사들은 모두 사퇴했으나 지방의회 선거는 무난히 시행되었다. 2백여 명의 변호사가 업무를 중단하고 비협조 운동에 동참했으나 사법행정은 마비되지 않았다. 영국 왕실에서 받은 작위를 돌려주는 것도 전체 5천 186명 중 소수만 참가했다. 타고르를 비롯한 24명이 '영예'를 반납했을 뿐이었다. "사탄과도 같은 식민정부에 협조하지 않겠다."라는 간디의 말을 실천한 공무원은 드물었다. 국공립학교와 대학을 자퇴하거나 사직한 학생과 교사가 벵골주에서는 10퍼센트에 이르렀으나 나머지 주에서는 많지 않았다.

비협조 운동이라는 특이한 투쟁방식은 정글의 법칙에 익숙한 영국 정부를 당황스럽게 만들었다. 반영 기운이 인도 전역을 휩쓸자 영국 정부는 1921년 11월 사태를 진정시키기 위해 웨일즈 왕자의 인도 방문을 추진했다. 간디와 국민회의는 이를 거부하는 운동을 전개했다. 웨일즈 왕자가 봄베이에 도착했을 때 그를 환영하기 위해 나온 사람들은 유럽인과 기독교인, 일부 상층 사람들에 불과했다. 대영제국의 왕세자는 말을 탄 채 텅 빈 거리와 닫힌 창문, 그리고 그 위로 흐르는 무거운 정적을 뒤로하고 거리를 지나야 했다.

비협조 운동 중에서 스와데시 운동은 상당히 효과를 거두었다. 외국 상품의 불매 운동이 본격화되면서 1920~1921년 외국산 옷감의 수입은 전년도의 102억 루피에서 57억 루피로 절반으로 줄어들었다. 농촌의 재건을 돕기 위한 '틸라크 스와라지 기금'도 1억 루피나 모였다. 많은 양의 영국산 옷감이 불태워졌다. 물레 돌리기와 카디 운동이 전개되면서 손으로 짠 옷감의 생산량이 많이 늘어났다.

비협조 운동이 가장 성공적이었던 곳은 인구 대다수를 차지하고 있던 농촌이었다. 역설적이게도 비협조 운동 프로그램이 잘 기획되지 않은 곳일수록, 국민회의의 조직적 통제가 미치지 못하는 지역일수록 비협조 운동이 성공적으로 진행되었다. 가장 열정적으로 간디를 지지하고 운동에 동참한 것은 국민회의의 변방이었던 간디의 고향 구자라트의 농민과 간디와 같은 카스트였던 상인들이었다.

농촌의 비협조 운동은 이미 지방에 광범위하게 퍼져 있던 긴장과 불만이 간디의 요구와 결합하면서 대중 운동으로 발전했다. 정부의 삼림 규제에 불만이 높은 삼림지역의 항의운동, 정부의 주류 거래에 반대하여 시작된 금주 운동, 토지세 납부를 연기하려는 농민들의 납세 지연 운동 등이 간디의 비협조 운동과 결합하면서 그 강도가 한층 높아졌다.

민족주의자 네루의 고향이며 국민회의의 중심지였던 갠지스 평원도 비협조 운동이 활발하게 전개되었다. 네루는 1920년 여름 오드 지방을 방문해 농민 운동이 아래로부터 확산되어 가는 과정을 확인하게 된다. 네루는 그 광경을 자서전에서 이렇게 묘사하고 있다.

농촌 전체가 열정과 기이한 흥분에 불타고 있었다. 엄청난 수의 농민이 참여하는 모임이 입소문을 통해 금방 열렸다. 한 마을이 다음 마을에 연락하고 그 마을은 또 다음 마을에 연락했다. 이러한 방식으로 금세 모든 마을은 텅 비고 집회장소로 가는 남녀노소의 행렬이 시골 길을 뒤덮었다. 더 빠르게, 시따람-시따라아아아아암의 외침이 공중을 뒤흔들고 여러 방향으로 퍼져나가서 또 다른 마을에서 그 외침의 메아리가 되돌아오면 사람들은 물밀 듯이 쏟아져나오고 있는 힘을 다해 집회장소로 달려갔다.

비협조 운동은 각 지역의 불만사항을 해결하기 위한 투쟁과 결합하여 나타났다. 수천만 대중이 중앙에서 진행되고 있는 헌법개정과 같은 정치발전 문제를 이해할 수는 없었다. 민족주의와 스와라지 개념도 이해하기 어려웠다. 대중에게는 자신 앞에 놓여 있는 현실 문제를 해결하는 수단으로서 비협조 운동이 필요했고, 또한 이를 위해서는 메시아적 인물이 필요했다. 그런 점에서 각 지역의 항의 운동이 비협조 운동과 연계될 수 있었던 것은 간디라는 지도자의 카리스마가 크게 영향을 미쳤다. 간디가 가는 곳마다 그를 보기 위해 사람들이 몰려들었다. 대중은 간디를 사악한 식민통치를 바로잡을 '마하트마'이며 '메시아'로 여겼다. '간디의 통치', '간디 왕에게 승리를!'이라고 외치며 역전에서, 시장에서 간디를 기다린 농민들은 막연하게, 그리고 자기 나름으로 간디를 이해했으며, 그의 이름으로 운동에 참여하여 성과를 높였다. 이옥순 교수의 『인도 현대사』에는 그러한 사정을 보여주는 다음과 같은 내용이 나온다.

현재 오지에서도 자자한 간디의 명성은 정말 놀랍다. 그 누구도 간디가 어떤 인물인지, 무엇을 하는 사람인지 알지 못하는 듯하다. 그러나 간디가 하라고 명령한 것은 반드시 따라야 한다는 사실은 명백해보인다. 그는 마하트마라거나 힌두승려라거나 알라하바드나 데오타에 사는 브라만이라고 일컬어진다. 어떤 이는 간디가 1야드당 3에나에 옷감을 파는 포목상이라고 말했다. 어디선가 간디 상점(알라하바드 시에 문을 연 스와데시 상점)에 대하여 들은 모양이다. 가장 유식한 사람은 간디가 국가를 위해 훌륭한 일을 하는 사람이라고 말했다.

간디의 위대한 지도력이 확인되다

비협조 운동을 통해 간디는 인도 민족운동의 최고지도자로 우뚝 섰다. 간디는 인도 민중의 마음을 사로잡았고, 그들을 무아의 경지까지 이끌었다. 대중은 "마하트마 간디 키 자이!"를 소리높이 외치며 비폭력과 비협력을 모토로 한 새로운 투쟁에 기꺼이 참가했다. 인도 민중은 그 과정에서 자신들의 힘을 발견했다. 대중들은 마하트마의 존재를 믿었다. 그들은 마하트마를 자신의 어려움을 해결하고 악을 선으로 바꿔줄 메시아도 이해했다. 그들은 산니 정권을 바랐다. 그들은 산니가 통치하던 사신들의 빛을 탕감해주고, 세금을 감면해주며 핍박과 설움에서 해방해줄 것이라고 믿었다. 지주의 착취를 끝내줄 수 있다고 믿었다.

그러나 간디는 그들의 기대와 멀었다. 그는 "지주의 작은 핍박은 참아야 한다. 지주에 대한 투쟁은 바람직하지 않다. 지주들 역시 종속된 처지인데 그들에게 고통을 주어서는 안 된다."라고 했다. 인도인은 모든 힘을 모아 강력한 지주, 즉 식민정부와 싸워야 한다고 주장했다. 비협력운동은 계급 간의 분화와 투쟁을 조정하여 통일적인 이슈에 집중하는 방향에서 진행되었다. 간디는 '계급 없는 사회'를 이상사회라고 여겼으나 그것은 유산계급의 자발적인 부의 이양을 통해 얻어진다고 믿었다. 간디는 '계급 투쟁이 아닌 계급 간 협력으로 계급 없는 사회를 이루어야 한다'는 입장이었으므로 법률과 행정, 물리력을 동원한 해결 방안을 반대했다.

국민회의 조직과 대중의 폭력적인 행위의 균형 위에서 진행되던 비협조 운동은 충격적인 사건이 발생하면서 새로운 계기를 맞는다. 1921년 모플라의 난이 일어나 폭력적 사태가 발생했고, 1922년 3월에는 갠지스 평원 바르돌리에서 농민들이 경찰을 공격해 22명이나 죽이는 폭력사태가 일어났다.

간디는 큰 충격을 받았다. 간디는 참회의 단식을 했다. 그는 "비폭력에 대한 훈련과 자기 통제가 충분히 준비되지 않은 상황에서 전국적으로 사티아그라하를 시작한 것은 큰 실수"라면서 비협조 운동의 중지를 선언했다. 네루를 비롯한 국민회의 지도자들은 한참 기세를 올리고 있는 운동을 철회한 것에 분개하며 간디를 비판했다. 그러나 대중은 '마하트마'만을 지도자로 여겼기 때문에 비협조 운동은 거기서 멈췄다. 1922년 1단계 비협조 운동이 그렇게 끝났다. 그러나 비협조 운동은 영국의 인도 지배가 끝날 때까지 계속된다.

비협조 운동을 통해 간디의 영향력이 엄청나다는 것이 확인되었다. 그러나 경찰은 불복종 운동과 비협조 운동을 중단하자 그를 구속하기로 했다. 운동이 중단된 상태였으므로 간디를 구속해도 별일 없을 것으로 판단했다. 말하자면 그는 무장해제된 상태였던 것이다. 1922년 3월 10일 간디는 구속되었다. 간디는 구속을 예상하고 3월 9일 《영 인디아》에 쓴 '만일 내가 구속된다면'이라는 글에서 이렇게 말했다.

정부의 폭력으로 피의 강물이 흘러도 나는 두려워하지 않는다.

3월 18일 재판에서 간디에게 6년의 징역형이 선고되었다. 1922년 이후에는 재판 없이 가뒀기에 당국이 간디를 재판에 부친 것은 이것이 마지막이었다. 간디는 3월 20일 사바르마티 감옥에서 예라브다 감옥으로 이송되었다. 간디는 독거수로 생활했다. 그는 감옥 도서관에서 책을 볼 수 있었고, 바깥에서 책이나 정기간행물을 살 수도 있었다. 그는 매일 아침 4시에 일어나 해뜨기 전까지 기도와 명상을 하고, 낮에는 책을 읽고 글을 썼다. 그는 읽거나 쓰는데 6시간을, 물레를 돌리고 솔질을 하는 일에 4시간을 할애했다.

1924년 1월 12일 간디는 감옥에서 갑작스레 석방되었다. 맹장염 때문이었다. 그는 바깥 병원으로 옮겨져 수술했다. 수술 뒤 2월 5일 정부는 간디를 무조건 석방하기로 했다. 그가 감옥에 가 있는 동안 국민회의는 모딜랄 네루의 아버지와 나스 등 지방의원 신거 참여파가 장악했다. 힌두와 이슬람의 연대에도 금이 가고 있었다. 힌두교도와 이슬람교도의 충돌로 다수의 사망자와 부상자가 발생하는 사건이 일어났다. 1924년 9월 18일부터 간디는 3주간 죄를 씻는 단식을 했다. 간디는 이렇게 말했다.

신이 왕좌에서 쫓겨난 것 같습니다. 신을 우리 마음에 복위시키도록 합시다.

간디는 1930년 다시 소금 투쟁을 통해 불복종 운동을 전개한다. 3월 12일부터 4월 6일까지 지지자와 함께 아메다바드에서 단디에 이르는 4백 킬로미터의 소금 행진을 감행한 것이다. 처음 78명으로 시작한 대열은 시간이 지나면서 수천 명의 군중이 따르는 행진으로 변화되었다. 인도 식민당국은 5월 4일 간디를 체포했다. 간디는 1931년 1월 26일까지 감옥에 있었다. 그해 3월 5일 간디-어윈 협정이 체결되었다. 자가 수요를 위한 소금 생산이 허락되었고, 그에 따라 불복종 운동이 중단되었다.

1932년 1월 4일 간디는 다시 예라브다 감옥에 투옥되었다. 그는 힌두교인과 불가촉천민을 분리한 선거를 반대하며 '죽을 때까지 한다'는 각오로 단식에 돌입했다. 단식 6일 만에 영국의 동의 아래 힌두교인과 불가촉천민 사이에 이를바 예라브다 협정이 체결되어 단식을 끝내게 된다. 1933년 《영 인디아》를 《하리잔》으로 바꾸었고, 1942년에는 이것을 10개 인도어로 발행한다. 간디는 불가촉천민^{하리잔, 신의 자식}을 위한 캠페인에 들어갔다. 하리잔 운동을 위해 1933~1934년에 10개월간 전국을 순회했다.

1934년 5월, 간디는 시민 불복종 운동을 완전히 정지하고, 국민회의 지도부를 사직했다. 그리고 그는 건설적 프로그램 운동에 전념하기로 했다. 1935년부터 1939년까지 민중 운동에 전념하던 간디는 인도 중부에 있는 와르다 근교의 세바그람에 운동본부를 세웠다. 1937년 2월에는 주의회 선거에서 의회당이 승리하여 11개 지방 중 9개 지역에서 인도인이 장관을 차지하게 되었다. 1938년 간디는 국민회의 의장 보세와 대립하게 되며 이듬해인 1939년 제2차 세계대전이 발발하자 간디는 히틀러에게 서신을 보냈다.

1940년 6월 간디는 국민회의에서 물러났다가 8월에 복귀했다. 간디와 국민회의는 참전 반대와 개인적인 불복종 운동을 전개했다. 그는 군비 계획을 반대하는 성명도 발표했다. 1942년 8월 8일 인도의 완전 독립을 요구하며 영국군의 철수 결의문을 발표했다. 8월 9일 간디는 다른 의회지도부와 함께 체포되었고, 인도에서 대규모 반영봉기가 발생했다. 1943년 영국의 통치에서 벗어나기 위해 찬드라 보세는 일본과 연합하여 '인도 국민군'을 창설했다. 1944년 간디가 푸나에 감금된 동안 아내 카스투르바이가 사망했다. 5월 6일 그의 건강이 악화되어 석방되었다. 간디는 진나가 주도하는 이슬람 동맹과 화해를 위해 노력했으나 실패하고 말았다.

1945년 8월 마침내 제2차 세계대전이 끝났다. 1946년 이슬람과의 통합을 시도했으나 실패하고, 8월 16일 칼리카타에서 유혈 사태가 발생하여 벵골과 비하르로 확산 되었다. 1947년 6월 3일 영국 총리 클레멘트 애틀리가 파키스탄과 인도의 분리를 발표하고, 국민회의와 이슬람 동맹이 이에 동의했다. 간디는 이를 두고 '정신적 비극'이라고 칭했나. 8월 15일 두 국가는 분할 독립했다. 간디는 9월 1일 칼리카타에서 이슬람교와 힌두교의 화해를 위해 단식을 시작했다. 1948년 1월 20일 뉴델리에서 간디를 노리는 폭탄 테러가 발생했고, 1월 30일 힌두교 광신자 나투람 고드세에 의해 뉴델리에서 암살당함으로써 간디는 파란만장한 삶을 마감했다.

비폭력으로 이상사회를 꿈꾸다

간디는 흔히 '20세기의 성자'로 지칭된다. 인도 민중은 '위대한 영혼'을 의미하는 '마하트마'라고 부른다. 그가 이처럼 인도인과 세계 사람들의 관심과 숭배의 대상이 된 것은 그의 투쟁방법의 위대함 때문이다. 그가 이끈 비협조 운동, 불복종 운동은 비폭력적인 방법으로 수행되었다. 간디는 정당한 수단과 방법을 통해서 영국으로부터 인도의 스와라지를 이루려고 했고, 나중에는 완전 독립을 요구했다. 만일 인도가 폭력적인 수단으로 영국과 투쟁했다면 인도는 엄청난 유혈 사태를 맞았을 것이다. 영국의 군사력을 고려할 때 폭력 투쟁으로 독립을 이루기도 어려웠을 것이다. 그런 점에서 간디의 방법은 인도의 상황에 맞는, 적절하면서도 인도 민중의 힘을 끌어낼 수 있는 마력을 가진 것이었다.

영국의 식민정부는 비협조 운동에 대해 적절한 대응방법을 찾지 못했다. 식민정부는 비협조 운동이 정점에 이를 때까지 지켜보는 소극적인 정책을 취할 수밖에 없었다. 영국의 이러한 대응방식은 1921년에도 그랬고, 1930년에도 계속되었다. 영국은 간디와 국민회의 지도자, 인도 국민을 1922년 이후에는 언제든지 영장 없이 체포했고, 재판 없이 감옥에 가두는 등 강압적 통치 방식을 늦추지 않았다. 식민정부는 간디의 비협조 운동이 절정을 넘어 종결 상태에 이르면 간디를 비롯해 지도자들을 체포했다. 그러나 간디를 감옥에 가둘 수는 있어도 그의 가르침을 가둘 수는 없었다. 영국은 간디의 뒤를 받치고 있는 수억의 인도인을 의식하지 않을 수 없었다. 인도인의 절대적인 지지를 받는 간디는 곧 인도에서 식민정부와 대등한 위상을 확보했다.

간디의 비협조 운동은 인도의 독립을 향한 영국의 무장해제를 촉진했다. 간디는 비폭력 불복종 운동을 통해 세계에 반영 투쟁의 정당성을 알리고 대영제국을 압박했다. 영국은 강한 무력을 가졌으나 그 무력을 인도에서 마구 사용할 수는 없었다. 야만의 세계에 문명을 전파한다고 선언한 영국이 거친 옷감을 걸치고 맨발에 '간디 모자'를 쓴 맨손의 인도인들에게 총칼을 쏠 수는 없었다. 그렇게 하면 "비폭력은 인간의 법칙, 폭력은 짐승과 정글의 법칙"이라는 간디의 주장처럼 영국은 '짐승'과 '야만'의 주인공이 될 것이었다.

간디의 비폭력과 불복종 운동은 그동안 폭력 앞에서 무기력했던 '보통사람들'을 독립 운동으로 끌어들였다. 폭력적 지배에 대항한 폭력투쟁을 벌일 수 있는 사람은 소수였지만, 폭력 없는 불복종에는 다수의 사람들이 참여할 수 있었다. 그 방법도 쉬웠다. 물레를 돌리고, 카디 운동에 참여하고, 외국상품 불매 운동에 참여하는 것은 어렵지 않은 일이었다. 특히 손으로 짠 카디는 종교와 카스트, 계급과 지역을 뛰어넘어 '하나의 인도'라는 정체성을 공유하게 했다.

인도의 경제사학자 더트^{R. P. Dutt}는 간디를 "혁명의 물결 속에서 대중의 지도자라는 위치를 유지하려는 수단을 찾은 인물", "인도 혁명의 요나"라고 혹평하면서 비폭력의 주술로 대중을 통제하여 폭력 혁명의 가능성을 차단했다고 비판했다. 그러나 모든 짐을 종합할 때 인도가 폭력 투쟁으로 영국의 지배에서 벗어나기는 어려웠을 것이라고 여겨진다. 영국의 군사력이 인도 민중의 폭동을 진압했을 것이고, 세계의 여론 또한 인도에 유리하지 않았을 것이다.

여러 면에서 간디의 비협력과 비폭력은 혁명적이었다. 1년 안에 스와라지를 달성하겠다는 간디의 말은 실현되지 않았지만, 이 운동을 통해 수많은 인도 민중을 반영 투쟁에 동원함으로써 식민정부와의 역학 관계에 큰 변화를 가져왔다. 오랫동안 잠복되어 있던 인도인의 에너지를 민족 운동의 흐름으로 끌어들일 수 있었고, 서구적 이념과 제도에 기반을 둔 엘리트와 친족, 카스트, 마을과 지방 등 식민화의 변방에 사는 대중을 함께 연결했다. 이후 인도 국민회의가 성장하면서 간디의 메시아적 이미지는 점차 사그라지고 정치의 영역이 확대되었다.

인도와 중국은 아시아뿐만 아니라 세계에서 가장 많은 인구와 큰 영토, 오랜 역사와 찬란한 문화를 보유한 거대 국가다. 이들 두 나라는 서양이 근대화를 통해 세계의 중심으로 부상하기 전까지는 세계에서 경제적으로 가장 부유하고 정치·군사적으로 가장 강력한 힘을 가진 곳이었다. 그러나 이들 두 나라는 유럽의 팽창과 더불어 서구의 국외 식민지 침략의 희생물이 되었다. 중국은 19세기 중반 이후 서구 열강의 침략 과정에서 반식민지로 전락했고, 인도는 18세기부터 시작된 영국의 1백여 년에 걸친 침략으로 19세기 후반 완전한 식민지로 전락했다.

그러나 20세기 두 나라는 제국주의 침략 전쟁과 식민지 지배에서 벗어나기 위해 민중의 거대한 힘을 동원하여 반제 투쟁을 벌이게 된다. 그런데 이 두 나라의 식민지 반제투쟁의 양상은 매우 다르게 전개되었다. 잠재된 민중의 힘을 동원하는 원칙은 같았지만 이를 끌어내는 방법은 완전히 대조적이었다. 인도는 간디라는 영혼의 지도자가 이끄는 비폭력, 비협조, 불복종 운동을 통해 반영 투쟁을 전개했던 반면, 중국은 마오쩌둥이라는 공산주의 혁명가가 이끄는 장기적인 인민해방전쟁을 통해 반일 반제 투쟁을 전개했다. 이 두 나라의 민족 운동, 혁명 투쟁은 두 지도자의 이념과 전략만큼이나 다른 모습을 띠었다고 말할 수 있을 것이다.

인도와 중국은 각기 자기 나라의 특성에 맞는 지도자를 만났고, 지도자의 특성에 맞는 투쟁 방식을 선택했다. 인도의 방식을 중국에 적용할 수 없고, 중국의 방식을 인도에 적용할 수 없다. 그렇다면 역사에는 일종의 필연이 있을까? 중국은 중국의 역사적 조건과 경험, 중국 민중의 속성, 침략자 일본 제국주의의 특성에 따라 혁명 전쟁이라는 방식이 나왔고, 인도는 인도의 역사적 조건과 경험, 인도 민중의 속성, 침략자 대영제국의 특성에 따라 비폭력 불복종 투쟁 방식이 나왔다.

세계 역사를 볼 때 간디의 위상은 매우 특별하다. 지금까지 수천 년의 역사 과정에서 민중이 자기 해방을 위한 투쟁에서 폭력적 수단과 방법을 사용하지 않은 경우는 찾아보기 어렵다. 모든 경우 해방 투쟁의 수위가 높아가면 조직적인 무력 투쟁을 사용하게 된다. 최종적인 승리를 보장할 수 있는 가장 중요한 힘은 대중의 조직된 물리적 힘이다. 그것은 마지막에는 정규군의 형태로 발전된다. 그러나 간디는 전혀 다른 방법으로 인도 민중을 이끌었다. 그는 당장 승리하지는 못했지만, 궁극적인 승리의 초석을 놓았고 그 승리의 원천이 되었다.

간디는 계급 없는 사회를 이상사회로 보았으나 계급 투쟁이 아니라 계급 협조를 통해서 그길 실현힐 수 있다고 보았다. 세세 역사를 통해서 이 같은 이상론을 설파한 경우는 찾아보기 어렵다. 가장 최근의 이상사회 주장이었던 마르크스의 공산주의, 사회주의는 철저한 계급 투쟁을 통한 계급의 절멸을 추구했다. 그러나 최초의 사회주의 국가 소련은 70년이 채 안 돼 붕괴했고, 중국 또한 자본주의로 돌아섰다. 계급 투쟁을 통한 이상사회 건설은 사실상 어렵다는 것을 보여주고 있다. 그렇다면 간디의 그와 같은 이상사회 건설론은 과연 타당할까? 그 타당성은 쉽게 확인되지 않지만, 계급 없는 사회가 이상인 만큼 폭력 없이 비폭력적인 방법으로 계급 협조를 통해 계급 없는 사회를 건설하자는 생각은 이상주의라는 점에서는 그 가치가 아직도 살아 있는 게 아닐까?

KI신서 5650

스토리 세계사 · 8

1판 1쇄 인쇄 2014년 8월 12일
1판 1쇄 발행 2014년 8월 25일

지은이 임영태
펴낸이 김영곤 **펴낸곳** (주)북이십일 21세기북스
부사장 임병주
출판사업본부장 주명석
책임편집 정지은 장보라 양으녕
마케팅 민안기 최혜령 이영인 강서영
영업본부장 안형태 **영업팀** 권장규 정병철
출판등록 2000년 5월 6일 제10-1965호
주소 (우 413-120) 경기도 파주시 회동길 201 (문발동)
대표전화 031-955-2100 **팩스** 031-955-2151
이메일 book21@book21.co.kr **홈페이지** www.book21.com
트위터 @21cbook **블로그** b.book21.com

ISBN 978-89-509-5592-2 13900
        978-89-509-5595-3 13900 (SET)

책값은 뒤표지에 있습니다.